【中国第一所民立师范学校】

南通师范史

NANTONG SHIFAN SHI

（1902—1952）

都樾 著

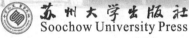

苏州大学出版社
Soochow University Press

图书在版编目（CIP）数据

南通师范史：1902—1952 / 都樾著. -- 苏州：苏州大学出版社，2023.9
（江海文化丛书 / 姜光斗主编）
ISBN 978-7-5672-4369-9

Ⅰ.①南… Ⅱ.①都… Ⅲ.①师范教育—教育史—南通—1902-1952 Ⅳ.①G659.29

中国国家版本馆CIP数据核字(2023)第175493号

书　　名	南通师范史（1902—1952）
著　　者	都樾
责任编辑	薛华强
助理编辑	汝硕硕
出版发行	苏州大学出版社
	（地址：苏州市十梓街1号　邮编：215006）
印　　刷	南通超力彩色印刷有限公司
开　　本	890 mm × 1 240 mm　1/32
印　　张	10.25
字　　数	257千
版　　次	2023年9月第1版
	2023年9月第1次印刷
书　　号	ISBN 978-7-5672-4369-9
定　　价	48.00元

图书若有印装错误，本社负责调换
苏州大学出版社营销部　电话：0512-67481020
苏州大学出版社网址　http://www.sudapress.com

"江海文化丛书"编委会

主　任：周剑浩
成　员：李明勋　姜光斗　李　炎　季金虎
　　　　施景铃　沈启鹏　周建忠　尤世玮
　　　　徐国祥　胡泓石　沈玉成　黄建辉
　　　　陈国强　赵明远　王加福　房　健

总　编：尤世玮
副总编：沈玉成　胡泓石

"江海文化丛书"总序

李 炎

由南通市江海文化研究会编纂的"江海文化丛书"（以下简称"丛书"），自2007年启动，从2010年开始分批出版。

我想，作为公开出版物，这套"丛书"面向的不仅是南通的读者，还会有国内其他地区甚至国外的读者。因此，简要地介绍南通市及江海文化的情况，显得十分必要。这样不仅便于读者了解南通的市情，以及江海文化形成的自然环境、社会条件和历史过程，而且也便于读者了解出版这套"丛书"的指导思想、选题原则和编写体例。总之，介绍这套"丛书"相关的背景情况，将有助于读者阅读和使用。

南通市位于江苏省中东部，濒江（长江）临海（黄海），三面环水，形同半岛。它背靠苏北腹地，隔江与上海、苏州相望。南通以其独特的区位优势及人文特点，被列为我国最早对外开放的14个沿海港口城市之一。

南通市所处的这块冲积平原，是由于泥沙的沉积和潮汐的推动自西北向东南逐步形成的，俗称"江海平原"，是一片古老而又年轻的土地。境内的海安县[1]沙岗乡青墩新

---

[1] 2018年，经国务院批准，撤销海安县，成立海安市。

石器时代遗址告诉我们，距今约5 600年，就有先民在此生息繁衍；而境内启东市的成陆历史仅300多年，设县治不过80多年。在漫长的历史过程中，这里有沧海桑田的变化，有八方移民的杂处，有四季分明、雨水充沛的天时，有产盐、植棉的地利，还有一代代先民和谐共存、自强不息的人和。19世纪末20世纪初，这里已成为我国实现早期现代化的重要城市。晚清状元张謇办实业、办教育、办慈善，以先进的理念规划、建设、经营城市，使南通走出了一条与我国近代自开商埠的城市和曾被列强所占据的城市迥然不同的发展道路，因而被誉为"中国近代第一城"。

南通于五代后周显德五年（958）筑城设州治，名通州。北宋时，通州一度改称"崇州"，又称"崇川"。辛亥革命后，通州废州立县，称"南通县"。1949年2月，南通县改县为市，市、县分治。1983年，南通地区与南通市合并，实行市管县新体制，并沿用至今。目前，南通市下辖海安、如东二县，如皋、海门、启东三市，崇川、港闸、通州三区和一个国家级经济技术开发区[1]；占地8 001平方千米，常住人口约770万，流动人口约100万。据国家权威部门统计，南通目前的总体实力在全国大中城市（不含台、港、澳地区）中排第26位，在全国地级市中排第8位。多年来，在各级党委、政府的领导下，经过全市人民的努力，南通获得了"全国文明城市""国家历史文化名城""全国综合治理先进城市""国家卫生城市""国家环保模范城市""国家园林城市"等称号，并享有"纺织之乡""建筑之乡""教育之乡""体育之乡""长寿之乡""文博之乡"等美誉。

江海文化是南通市独具特色的地域文化，上下五千年，

---

[1] 2020年，南通市下辖如东一县，如皋、海安、启东三市，崇川、海门、通州三区和一个国家级经济技术开发区。

南北交融，东西结合，它具有丰富的历史内涵和深邃的人文精神。同其他地域文化一样，江海文化的形成，不外乎两种主要因素：一是自然环境，二是社会结构。它与其他地域文化不尽相同之处是：由于南通地区的成陆历史经过了漫长的岁月和不同的阶段，移民的构成呈现出多元性和长期性；客观上又反映了文化来源的多样性及相互交融的复杂性，使得江海文化成为一种动态的存在，是"变"与"不变"的复合体。"变"的表征是时间的流逝，"不变"的表征是空间的凝固；"变"是组成江海文化的各种文化"基因"融合后的发展，"不变"是原有文化"基因"的长期共存和特立独行。对这些特征、这些传统，我们需要全面认识、因势利导，也需要充分研究和择优继承，从而系统科学地架构起这一地域文化的体系。

正因为江海文化依存于独特的地理、自然环境，蕴含着自身的历史人文内涵，因而她总会通过一定的"载体"体现出来。按照联合国教科文组织的分类，"世界遗产"可分为三类，即世界文化遗产（包含文化景观）、世界自然遗产、世界文化与自然双重遗产。而历史文化人物、历史文化事件、历史文化遗址、历史文化艺术等，又是这三类中常见的例证。例如，我们说南通人文荟萃、名贤辈出，可以随口道出骆宾王、范仲淹、王安石、文天祥、郑板桥等历代名人在南通留下的不朽篇章和趣闻轶事；可以随即数出三国名臣吕岱，宋代大儒胡瑗，明代名医陈实功、文学大家冒襄、戏剧泰斗李渔、曲艺祖师柳敬亭，清代"扬州八怪"之一的李方膺等南通先贤的生平业绩；进入近代，大家对张謇、范伯子、白雅雨、韩紫石等一大批南通优秀儿女更是耳熟能详；至于说现当代的南通籍革命家、科学家、文学家、艺术家及各行各业的优秀人才，更是不胜枚举。他们身上都承载着江海文化的优秀传统和人文精神。同样，其他类型的历史文化也都是认识南通和了解江海文化的亮点与切入口。

　　本着"文化为现实服务,而我们的现实是一个长久的现实,因此不能急功近利"的原则,南通市江海文化研究会在成立之初,就将"丛书"的编纂工作作为自身的一项重要任务。

　　我们试图通过对江海文化的深入研究,将其中一部分能反映江海文化特征,反映其优秀传统及人文精神的内容和成果,系统地进行整理、编纂,直至结集成"丛书"。这套"丛书"将为南通市政治、经济、社会全面和谐发展提供有力的文化支撑,为将南通建成文化大市和强市提供参考,同时也为"让南通走向世界,让世界了解南通"做出贡献。

　　目前,"丛书"的编纂工作正按照纵向和横向两个方向逐步展开。

　　纵向——精选不同时代南通江海文化发展史上的重要遗址(迹)、重大事件、重要团体、重要人物、重要成果,确定选题,每一种写一方面具体内容,编纂成册。

　　横向——从江海文化中提取物质文化或非物质文化的精华,如"地理变迁""自然风貌""特色物产""历代移民""民俗风情""方言俚语""文物名胜""民居建筑""文学艺术"等,分门别类,进行归纳,形成系列。

　　我们力求使这套"丛书"的体例结构基本统一,行文风格大体一致,每册字数基本相当,做到图文并茂,并兼有史料性、学术性和可读性。先拿出一个框架设想,通过广泛征求意见,确定选题;然后通过自我推荐或选题招标,明确作者和写作要求,不刻意强调总体同时完成,而是成熟一批出版一批;最后经过若干年努力,基本完成"丛书"的编纂和出版。有条件时,还可以不断补充新的选题。在此基础上,最终完成"南通江海文化通史""南通江海文化学"等系列著作。

　　通过编纂"丛书",我有以下四点较深的体会:

第一，必须有系统深入的研究基础。我们从这套"丛书"，看到了每一单项内容研究的最新成果，而且作者都是具有学术素养的资料收集者和研究者；同时以学术成果支撑"丛书"的编纂，增强了它的科学性和可信度。

第二，关键在广大会员的参与。选题的确定，不能光靠研究会领导，发动会员广泛参与、双向互动至关重要。这样不仅能体现选题的多样性，而且由于作者大多是会员，他们最清楚自己的研究成果及写作能力，只要充分调动其积极性，可以提高作品的质量及成书的效率。

第三，离不开各方面的支持。这包括出版经费的筹措和出版机构的运作。由于事先我们主动向上级领导汇报，向有关部门宣传，使出版"丛书"的重要性及迫切性得到认可，基本经费得到保证；与此同时，"丛书"的出版得到苏州大学出版社的支持，以及该出版社从领导到编辑的高度重视和大力配合；印刷单位全力以赴，不厌其烦。这大大提高了出版质量，缩短了出版周期。在此，我们由衷地向他们表示谢意和敬意！

第四，有利于提升研究会的水平。正如有的同志所说，编纂和出版"丛书"，虽然有难度、很辛苦，但我们这代人不去做，再过10年、20年，就更没有人去做，也就更难做了。我们活在世上，总要做些虽然难但应该做的事，总要为后人留下些有益的精神财富。在这种思想的支撑下，我深信研究会定能不辱使命，把"丛书"的编纂及其他各项工作做得更好。

研究会的同人嘱托我在"丛书"出版之际写几句话。于是，我有感而发，写了以上想法，作为序言。

2010年9月

（作者系南通市江海文化研究会第一届、第二届会长）

目 录

"江海文化丛书"总序 ……………………………… 1

第一章 风云开张师范校（1902—1911） ……………… 1
第一节 通州民立师范学校和公立女子师范学校的创立   2
　　一、实业教育救国 ………………………………… 2
　　二、江宁兴学之争 ………………………………… 4
　　三、自立师范学校 ………………………………… 7
　　四、创办女子师范 …………………………………23
　　五、两校创立的历史地位 …………………………26
第二节 清末两校的经费状况 ………………………32
　　一、通州师范的经费状况 …………………………32
　　二、通州女子师范的经费状况 ……………………41
第三节 校园建筑和教学设施 ………………………43
　　一、通州师范的校园建设 …………………………43
　　二、通州师范的附设机构 …………………………47
　　三、通州女子师范的校园与校舍 …………………52
第四节 学制、课程与附设专科 ……………………54
　　一、两校的学制设置 ………………………………54

　　　　二、两校的课程设置 …………………… 56
　　　　三、两校的附设专科 …………………… 60
　第五节 师资选聘与教学状况 …………………… 66
　　　　一、两校师资的选聘与培养 …………… 66
　　　　二、创办初期的教学情况 ……………… 75
　第六节 两校管理状况与学生学习生活 ………… 84
　　　　一、清末两校的管理情况 ……………… 84
　　　　二、学生的学习与生活 ………………… 89

第二章 坚苦自立弄江潮（1912—1937） ………… 101
　第一节 民国初年两校沿革 ……………………… 102
　　　　一、两所师范学校发展概述 …………… 102
　　　　二、代用、县立与私立 ………………… 107
　　　　三、学校管理变革与校董会组织 ……… 111
　第二节 两校的学制、课程与教育实验 ………… 123
　　　　一、学制的变迁 ………………………… 123
　　　　二、课程与教学改革 …………………… 126
　　　　三、开展教育实验 ……………………… 134
　　　　四、完善教育实践体系 ………………… 143
　第三节 办学经费、校园建设与教学设施 ……… 147
　　　　一、经费状况和学校基产 ……………… 147
　　　　二、两校的校园校舍建设 ……………… 158
　　　　三、图书馆的设立与充实 ……………… 159
　　　　四、附属小学的沿革与发展 …………… 160
　第四节 教师与学生 ……………………………… 169
　　　　一、两校的师资状况 …………………… 169

二、招生、录取及在校生情况 …………… 170
　　　三、校园的学习、生活与课外活动 ……… 173
　第五节　两校师生的革命斗争 ………………… 190
　　　一、从五四到五卅 …………………………… 190
　　　二、黄绍兰与中共一大召开 ……………… 194
　　　三、两校党组织的成立 …………………… 196
　　　四、两校师生的革命活动 ………………… 201

第三章　不系之舟铸师魂（1938—1947） …… 211
　第一节　南通师范"侨校" ……………………… 212
　　　一、迁校经过 ……………………………… 213
　　　二、侨校办学沿革 ………………………… 216
　　　三、侨校的师资与教学情况 ……………… 220
　　　四、侨校学生的学习、生活与活动情况 … 226
　　　五、侨校的办学经费 ……………………… 234
　第二节　女师侨校和城内女师 ………………… 239
　　　一、女师四迁 ……………………………… 239
　　　二、城内女师 ……………………………… 240
　第三节　两所师范学校的复校重建 …………… 243
　　　一、南通女子师范的恢复 ………………… 244
　　　二、通州师范的复校重建 ………………… 250

第四章　涤旧布新探索行（1948—1952） …… 257
　第一节　南通解放前夕的两所师范学校 ……… 258
　　　一、两校维持办学 ………………………… 258
　　　二、整理学校基产 ………………………… 263

三、两校办学经费与清寒助学 ……………… 267
第二节　南通解放初期两所师范学校的改造与发展 … 271
　　一、两所师范学校接受中共的领导 ………… 271
　　二、建设新型规范化师范学校 ……………… 276
　　三、两所师范学校的办学发展与教学改革 … 288
第三节　通州师范改公历程 ……………………… 299

后　记 ………………………………………………… 309

第一章 风云开张师范校

(1902—1911)

第一节 通州民立师范学校和公立女子师范学校的创立

近代著名实业家、教育家张謇及其三兄张詧在光绪二十八年（1902）创办的通州民立师范学校（简称"通州师范"）和光绪三十一年创设的通州公立女子师范学校（简称"通州女子师范"），是南通地区近代学校教育的源头，同时也在我国近代最早一批创办起来的师范学校之列，在教育史上有着重要的地位。

一、实业教育救国

光绪二十年四月，在近代中国积贫积弱、内忧外患的环境之中出生、成长的张謇，通过自己的刻苦勤学和不懈努力，终于夺得了甲午恩科状元的桂冠。然而，不久之后爆发的中日甲午战争却把他立于庙堂、报效国家的理想击得粉碎。面对"甲午中国师徒败衄，乙未马关订约，国威丧削，有识蒙诟"[1]370的耻辱局面，回到家乡丁忧守制的张謇痛定思痛，绝意仕进，在张之洞和刘坤一等封疆大吏的支

通州师范总理张謇像

持下,"冒中国缙绅先生之所不屑,从事工商实业"[2],立足通海地方,创办大生纱厂,从事沿海垦植,自下而上积极推进中国早期现代化的进程。同时,在致力于地方下层事业,披荆斩棘、艰辛努力的过程之中,张謇也深刻体会到国家政治的黑暗、官僚的腐败、士大夫的无能和老百姓的无知,并对国家、民族危机日迫的时势局面逐步形成了一个越发清晰、明确的判断,即"中国恐须死后复活,未必能死中求活"[3]1537,尤其"以政府、社会各方面之见象观之,国不亡无天理"[4]690。面对危局,张謇秉持"须是将先知觉后知、先觉觉后觉之责任,人人肩上各自担起"[5]170的儒家信条,认为"我辈尚在,而不为设一策,至坐视其亡,无人理"[4]690。于是,张謇又依据儒家"民惟邦本"的民生思想,提出:"国亡"如果仅是一家一姓政权的消亡,而民心、民气、民生尚在,国家就有复活的希望。反之,"人莫哀于心死,国莫哀于民亡"[6]492,"人民经不得亡,亡后担不得恢复"[4]1026。那么,"救国"应首先"保民""生民"。但在残酷的历史现实之中,民生同样面临着严重的危机,尤其是在近代工业社会到来的大势之下,"今有亡理二:一道德堕落,一生计困穷。穷在无实业,堕落在无教育"[6]492。由此,张謇坚信"天下将沦,唯实业、教育有可救亡图存之理"[4]576,"求活之法,惟有实业、教育"[3]1537,进而从远处着眼,近处着手,"倡教育、实业并行之说,躬实行之,以范天下"[7]。

张謇自青少年时代起致力于科举,长时间接受着传统的书院教育,光绪十一年(1885)中举以后,他先后应邀主持赣榆选青书院、崇明瀛洲书院、江宁文正书院和安庆经古书院,积累了举办传统教育的丰富经验。而在躬耕农工商实业的过程中,张謇越来越深刻地认识到经世致用之学和西学西艺的重要性。于是,维新变法前后,张謇开始投身于举办近代学校教育的实践活动。光绪二十四年,张謇赴京参加翰林院散馆考试，为恩师翁同龢草拟"大学堂办法"和"学堂奏"，被管学大臣孙家鼐奏派为京师大学堂中文教习；他又在其主持的江宁文正书院创办起明算小学堂，附设了西学堂，"专教英文、翻译、算学、地志"[8]；同时，他奉命将上海广方言馆筹改为工艺学堂，[9]3928又赞助实业家经元善创办经正女学，开中国女学之先河。此时，张謇已成为世人眼中"学问富赡，才力开张，讲求东西各国政治教育各门学术"[10]的致用之才。

光绪二十七年（1901），在经历了八国联军侵华战争之后，《辛丑条约》的签订让中国进一步坠入了苦难的深渊。为挽救统治危机，腐朽没落的清政府被迫实行"新政"。张謇应两江总督刘坤一、湖广总督张之洞之邀，与何嗣焜、汤寿潜、劳乃宣、郑孝胥等东南新知名流一起，参与了后来作为清末新政改革纲领的《江楚会奏变法三折》的起草工作。为此，他专门撰写出洋洋洒洒二万余言的《变法平议》，全面阐述自己关于国家改革的思想、主张和建议。在这篇被时人评价为"雄辩高谈，繁征博引"[11]的变法文稿中，张謇主张将"普兴学校"作为新政要旨之一，建议用五年时间，"由各府州县小学、中学循序而至高等学堂、大学堂之序"[5]48，健全教育体系，并强调首先创办小学堂，附设师范班，迅速培养师资，进而创设寻常、高等师范学堂。

二、江宁兴学之争

光绪二十七年八月，清政府下"兴学诏"，在全国掀起了普兴学校的热潮。在此前后，张謇再次受刘坤一、张之洞委托，会同缪荃孙、罗

张謇与沈曾植（中）、刘世珩（左）合影

振玉、黄绍箕等新知士绅，与江鄂负责学务的官员一起，在江宁（南京）就如何兴办近代学校教育先后三次集议，研究规划国家学制系统的奏稿，对办学的宗旨、学制、课程、教材及兴学次第等问题进行了深入探讨，并分别以江宁、武昌为中心推进示范性的学校体系建设。这一过程中，张謇等士绅与学务官员之间在确定办学宗旨、编制中小学课程、编译各科教材等方面达成了共识。如在办学宗旨上"主中宾外，不废诵读，是定向方针"[4]508；课程方面参照了日本教育的资料，商定了寻常、高等小学和中学的课程；为编译教材筹设由缪荃孙、张謇任总纂的江楚编译书局；试办学校方面，形成将江宁六大书院改设为省城大、中、小模范学堂的建设方案。尤其是江鄂两省共同组织了近代中国第一个官方教育考察团，由罗振玉带队赴日本开展教科书编写调查，考察教育教学和学校管理方法。

然而，在"科举未停，民智未启"[1]371"官民不知学校之果为何物"[7]的过渡时代，随着兴学研讨的深入具体和切近落实，官绅之间也在新式教育的价值取向、制度设计、兴办次第等方面产生了分歧和激烈的争论。

在兴办学校的价值取向上，从中央到地方的各级官员，一方面大多视兴学为政绩，所谓"疆吏之办学堂也，不过借此以聊博维新之名誉，逃外人之滋议，且可以多安置私人之所"[12]；另一方面，他们对西学西艺和学校教育的认识十分简单、片面，所谓"于学校事全无主见，止是扶墙摸壁"[3]1656，对系统引进包括学制、课程、师资在内的近代教育体系并不重视，乃至颇有抵触。当张謇等开明士绅主张兴学之初应当系统学习西方教育思想、制度、体系，尤其提出"日本与我国同洲、同文、同种，改良学制在我之先"[2]，"求师莫若日本"[13]之时，守旧官僚们认为张謇、罗振玉等"大抵心醉日本，凡事皆欲仿而行之"[14]，是"知新而舍其本"[15]，因而对他们的兴学主张心存芥蒂，颇有非议之词。

在兴学次第方面，清政府各级官员以"亟亟乎求成"的心态，争先恐后地赶办京师大学堂、通省大学堂及高等学堂，并积极推广"以大学堂兼包中、小学堂"的兴学模式。对此，张謇、罗振玉等认为有悖于学校教育由低级到高级的发展规律，主张"教育一事贵明秩序"[16]，应当按小学、中学、大学的次序兴办学校，更应当首先解决学校师资缺乏的问题，所谓"立学校须从小学始，尤须从师范始"[5]70。于是，张謇、罗振玉主张缓建官员们最感兴趣的江南高等学堂，将有限的教育经费首先用于举办师范学堂和中小学。

在往复辩论之中，双方各执己见，矛盾纷争愈演愈烈，到光绪二十八年（1902）二、三月间，江宁布政使吴重熹、江安粮储道胡延、江南盐巡道徐树钧等官员在两江总督刘坤一面前异口同声、极力抵制张謇、罗振玉先办师范学堂和中小学的兴学方案，并说："中国他事不如人，何至读书亦向人求法？"[4]517这一切是因为张謇相信了罗振玉的判断，而罗振玉则是过于相信日本人的教育了。对此，刘坤一也只能向张謇表示"此事难办，叹息不已"[4]517。面对"制军无力气，司道颇阻碍，绅士多议论、逞意见"[17]的兴学乱象，义愤之下，张謇决定回到家乡，依托自己所创办的实业和地方社会力量，从师范学堂和小学入手，在南通建设一个学

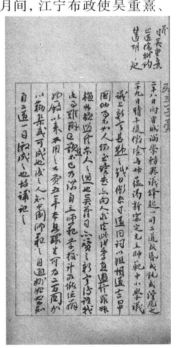

张謇日记记载的江宁兴学之争

校教育的示范区,立志"以南通教育,树全国之模范"[18]。后来,张謇在光绪二十八年(1902)二月的日记中专门补记了这段"兴学之争"的具体情况,并不无感慨地说:"乃谋自立师范学校,计所储任办纱厂以来不用之公费,五年本息环生可及二万圆,加以劝集,或可成也。后之人知中国师范之自通州始,必不知自二道一司激成之也。故补记之。"[4]517

三、自立师范学校

(一)集议创办

光绪二十八年三月初七日,张謇乘江轮离宁赴沪,与罗振玉商量在通州自立师范学校之事。十七日,返回通州后立即紧锣密鼓地开始筹办。十九日至二十二日,张謇"集通、如、泰、海各属士绅范当世、沙元炳、沈文瀚、周家禄等议设师范学校"[19],议定在通州城兴建一所"通州合州公共"[20]的师范学堂。张謇把办纱厂五年来未支用的两万多银元的酬劳拿出来,加上亲友、乡绅捐助,用于建筑校舍,开办费用由通海五属(通州及其下辖如皋县、泰兴县、静海乡、海门直隶厅)按学额比例分任,并请大生纱厂予以拨助。四月十七日,张謇亲自草拟了《通海请立师范学校公呈》,又经沙元炳、李磐硕等各属士绅会商、审议后,于五月初呈报两江总督刘坤一。五月中旬,两江总督正式行文批准。批文如下:

> 来牍阅悉。兴贤育才,首重师范。在官费绌,造就未宏,全赖贤绅士就地筹设,辅官力之不及,冀推行之渐

上海《选报》1902年8月14日转载了《中外日报》有关成立通州师范的报道

广也。贵绅等集资创设寻常师范学校,并拟先后附设寻常、高等小学校,约以三科,递供实验,用意深远,立法精详,良深嘉慰,应准立案。希候札饬该州、厅、县出示晓谕,并行派办处知照。至学规、课程应先由贵绅等酌拟试办,俟准京师大学堂奏准颁行再行转发遵守。此复。[21]

两江总督批文的下达,标志着通州师范学校正式创办。对于张謇在通州倡办师范学校,上海的《中外日报》和《选报》在光绪二十八年(1902)七月以《张季直修撰上江督刘制军论立师范学校书》为题,先后刊登、转载了张謇所撰《通海请立师范学校公呈》和江督批复的主要内容,这是近现代新闻媒体对南通师范最早的文字报道。在文末,《中外日报》的编者还加以评论说:

自去岁奉旨饬各省督抚、学臣设立大中小学堂后,其后复两降谕旨,限令刻日开办,于是各省疆臣无不以设立学堂奏闻。当□读其文非不灿然可观也,而考其实则管理之不得其人,教授之不得其法,几于各省一律。于此而言,作育人材,开通风气,是犹南辕而北其辙也。而论者不究其受病之原,徒指摘其管理之无法,教授之不善,而归咎于任用之非人。不知学堂之设,在西国为恒事,在吾国则为创举,因之管理之法、教授之法,能心知其意者十不得一二,则其舛误荒率、动遭指摘也,亦固然无足怪。然则,师范学堂之设,其可缓哉!吾是以有感于张修撰之禀,特为之发其微指也。[21]

(二)废庙兴学

在集议自立师范学校之时,张謇认为:"校地校舍不可不慎思审察,而猝求之城市庐舍湫溢烦嚣之处,则地难;全创乎图书、仪器、体操、礼乐之室,则费难。"[22]于是,依据

第一章 风云开张师范校（1902—1911）

1907年所摄通州师范全校景

光绪二十四年（1898）清政府"废庙兴学"之诏，在光绪二十八年三月下旬，张謇考察了位于通州城东南城濠之外于明万历年间修建的古刹千佛寺，认为此庙"三面环水，有屋数十间，年久失修，近遭火毁其正殿，并无田产，止一僧人。惟庙旁略有隙地，兼有古树，实旷静之胜处，亦基址之可凭"，如将其作为校址，"修葺造筑，需银逾万，较之买地特建，兹犹省啬"。[22]因此，将此地确定为建校基址。为尽快将学校开办起来，张謇一开始打算"一面就千佛寺经营修造，一面权租城西京江公所先行试办"，并预计"三四月后当可成就"。[22]但经三次实地考察后，张謇看到公所地方狭小，屋舍采光、通风也不符合学校卫生要求，加之学生寄宿不便，认为"若堂堂正正举办学校"[3]1656则不合适。于是，决定在千佛寺校址基本建成之后再招生开学。五月，学校动工兴建。张謇专门研究了这块建校基址上的人文历史，考证出这里是五代十国时期修筑的通州第一座城池——静海军城的旧址，到明万历二十四年（1596）州人在旧址上建文昌阁，阁东立书院，三年后又在阁南建千佛寺。光绪二十八年正月千佛寺遭火灾，主殿被焚毁。于是，张謇依据基址原有三面临濠的地形，担土填河，拓展地基，筑堤修桥，便利交通。又在阁寺、书院中式建筑风格、布局的基础上，经罗振玉、汤寿潜、木造高俊等人参谋规划，校舍建筑"采日本学校建筑法，自绘图度工为之"[4]1018，"以大阪府寻常师范学校、东京寻常师范学校等的建筑物为榜样，设计了该校的讲堂，礼堂，教室，校长，教

9

习室、事务室、雨操场、宿舍、食堂以及附属小学"[23]215,使整座校园的建筑融合了中式书院、日式学校和古典园林的建筑风格。到光绪二十九年(1903)正月,校园主体工程竣工。校址呈南北长、东西窄的狭长形,建筑布局东西分列三部,南北前后六进。以后,又陆续添建一些教学、生活辅助用房,直至光绪三十一年四月才按建校时的规划设计全部完工。此时,学校"先后建屋一百零四间,楼一百七十二间,廊庑一百十六间。适其地势以为深广,凡容生徒上下三百余人。息寝盥澡,听视吸嘘,量光度气,惟善是的,罔敢臆造"[1]331。校园占地约41亩,建筑面积8767.5平方米,总计用银76450.554元。又因学校东南紧接明万历四十六年(1618)始建的三元桥,校史上又称之为"三元桥校址"。

(三)研定章程

两江总督的批文一到,张謇即邀请同科进士、在籍翰林院编修沙元炳从如皋赶来通州,"会议师范学校,拟开办章程"[4]521。此后,直至光绪二十八年九月,张謇参照罗振玉所办"教育世界社"翻译的各国私立学校和师范学校章程,以日本明治年间颁布的《师范学校令》《师范学校学科及程度》等有关章程为蓝本,亲自草拟学校各约及章程。之后,这些制度、章程又经过肄业于南洋公学第3届师范班的张謇门生江谦和应邀来校任教的

《通州师范学校章程》书影

教习木造高俊、王国维、吉泽嘉寿之丞等人的补充、完善,最终汇编成《通州师范学校章程》,由上海澄衷学堂印书处刊

行。该章程除收录了《通海请立师范学校公呈》和上呈张之洞的《通州师范学校议》之外，还包括通州师范学校开办章程、招集生徒章程、学课章程、教习考核章程、职务章程、管理章程，于是纲举目张，不仅为通州师范的开校办学提供了制度依据，更为清末完整地引进近代师范教育体系提供了范例。如"开办章程"规定："为本州、厅、县地方小学校预计，故采各国私立学校章程，创设寻常师范学校，讲求教授管理法、修身、历史、地理、算术、文法、理化、测绘、体操诸科学，庶为童幼子弟立受教之基础"；"师范学开办后八个月，附设高等、寻常两科小学校，以资练习"；学生入学资格为举、贡、生、监。"招集生徒章程"规定："本校生徒额数：通州二十，泰、如各十六，海、静各十，外府外省额三十六，共一百八人"；学生入学年龄初为18岁至30岁，几年后有高等小学毕业生，则减至16岁至20岁。"学课章程"规定：学校设四年制师范本科，"为小学亟须教习计"，兼设二年制速成（简易）科和一年制讲习科，并"俟本科四年卒业后增高等师范学科"；学校课程除国文、伦理、日文、史地、算术、理化、博物、图画、体操等普通课程和教育、教法专门课程外，设政治经济学、农学、英文等选修课程。"管理章程"则对学校教职员工作职责、学生起居作息和学校各场所管理提出具体要求。[22]

学校章程确定校名为"通州民立师范学校"，校门建好后张謇亲笔题写了"师范学校"四字镌刻在门额之上。对于题写校名一事，后来曾流行两种说法：一是校名原先定为"师范学堂"，张謇请其恩师翁同龢书写；后来决定改"堂"为"校"，张謇只得模仿老师的书法风格，写了个"校"字替换上。二是张謇最初题写的校名是"师范学堂"四字，站在一旁观摩书写的通州乡绅王兆芳提出："堂者，办事之处也。此乃授业解惑之所，应改为'校'字。校者，教也。"[24]

张謇认为很有道理,当即将写好的"堂"字裁去,重新写了个"校"字补上。关于"学堂"改"学校",则在保存至现在的校门旧照中可以看到,门额上的"校"字与其他三字确实略有差别。今天我们检索2012年上海辞书出版社出版的《张謇全集》,张謇在日记、文稿中使用"学校"一词最早在光绪二十七年(1901),之前只称"学堂",次年筹办通州师范时则直接写作"师范学校"。张謇使用"学校"一词,可能是受到何嗣焜、罗振玉等人的影响,也是对日本学制中一律称"学校"而不称"学堂"的移植。在清末,学校一般都称为"学堂",通州师范称"校"而不称"堂"显得十分特别,并且后来张謇在通州创办或规划设立的各级各类学校也大多称为"校"。由此,光绪三十四年发表的《江宁提学使呈报全属学堂一览表》在南通州直隶州学堂表中专门注明"通属学堂立案本名强半系称学校"[25]。至1912年民国成立,教育部通令全国将"学堂"一律改称"学校"。如此看来,张謇在清末兴学之时率先称"学校"体现了他的远见卓识。

(四)筹集经费

张謇自立师范学校,办学经费的筹集是成败的关键。创办学校所需的巨额建筑费和开办费由张謇带头捐资,张詧、沈燮均、高清等亲友共同赞助,得以解决。为解决学校开办后的日常办学经费问题,张謇在创校之时初步考虑了三个筹集经费的渠道。一是打破近代欧美、日本师范生免费入学惯例,按清政府"民立学校得收膳学费"的规定,隶籍通海五属的学生免学费,外地学生每年缴纳学费24元;学生膳费每年80元,学校补贴一半,学生缴纳一半。二是鼓励热心教育、公益的地方人士常年捐资助学,学校在"开办章程"中明确规定:"乡里好义之士,愿助本学校经费银五百圆以上者(田亩、书籍,照此估计),子弟一人在学不纳膳费,并准有考察本学校之权","寓居之人,其同乡能鸠助银三百圆者,准有一人在学永远免纳学费"。[22]三是开创"实业与教育迭相为用"[4]536的办学模式，张謇凭借其纱厂创办人的地位，说服大生纱厂各股东，同意在纱厂资本渐固、盈利日丰的基础上，拨出部分余利襄助通州师范办学。其具体情况，光绪二十八年（1902）《通州大生纱厂第四届述略》记载如下：

> 是以创办师范学校，其额通属占三分之二，外府外省占三分之一。开学以后，岁费滋繁，现于原章余利作十三份派分者，匀增一份作十四份，为师范学校经费。咨呈督部立案断限，以后不得更议增加。同此议者，创始办事而亦有股本之人也。有股本则余利十分中有应分之利，办事则花红三分中有应分之利，非徒慷他人之慨也。各股东有外府外省人，师范学校有外府外省额，利益共之，亦非有所偏厚。各国师范皆官立，通州师范，本各国代用之例。又各国学费官皆补助，通厂官机亦作商股，随众分助，犹三江师范经费，提银圆局赢余之例也。为学校计者，谓每年厂利无定，而校费日益，不若准校费所需，于厂章例有善举内开支，或谓于公积项下，生息开支，是均然矣。然揆之各股东，较量赢缩之心，或不尽洽，故仍匀增一份，咨呈立案，庶劝学惠商，不相妨而相成。[26]

后来，呈报两江总督、南洋大臣批准，确定自光绪二十九年起，七年时间内，大生纱厂每年拨付一份红利给通州师范，是年学校即收到大生纱厂拨助银14952.609元。因此，后来留校任教的第1届师范本科毕业生顾怡生曾说："本校与大生厂其关系是先天的，论事业，则大生先于师范，论动机，则师范先于大生。"[27]

（五）选聘教职

《通州师范学校开办章程》规定："本学校拟请师范

教习四人，监起居一人，校董一人，司帐、管书各一人，丁役十三人。"[22]四名教习中，聘请日籍教师1人，教授日文和教授管理法；中文教习3人，教授伦理、算术、测绘、体操、文法、历史、地理、理化课程。但在近代中国学校教育肇端之时，师范教育"科目之属于文科性质者，若国文、若史地等，则国内之硕学硕儒尚不难延致；属于理科性质者，若数学、若博物、若理化，则决聘用客卿；惟教育、哲学、伦理等科，涉及古今中外学说之融合脱变，非阐国学并兼通西说者，不能任之，而物色颇感不易"[28]。由此，通州师范开办之时，教职员的选聘成了张謇最煞费苦心的一件事，所谓"走之急于谋教习过于诸生"[3]1418。最初张謇想聘请已在上海创办过学农社、《农报》馆、东文学社、《教育世界》杂志社，并担任湖北农学堂监督的罗振玉来主持通州师范开办事宜，但罗振玉事务缠身，无暇赴通，于是推荐了自己的弟子王国维和日籍教习木造高俊、吉泽嘉寿之丞等三人来通襄助通州师范的开办并任教。其中，王国维早年就读于上海东文学社，后留学日本，曾肄业于东京物理学校，此时病休回国，正襄助罗振玉编辑《教育世界》杂志，张謇聘其到校主讲伦理及国文课程。木造高俊毕业于东京帝国大学汉文选科，应聘通州师范前是上海东亚同文书院的首席教授，张謇邀其任教日文、教育、历史课程，并"敦请这位精通中国法制的首席教授木造担任制订通州师范学校诸章程及规则实质性的责任者，不久还打算任用其为通州学务处顾问"[23]229。吉泽是王国维在东京物理学校结识的数学科同学，赴通前曾担任过中学和大学预备科教员，张謇聘其教授理化、算学课程。同时，张謇还聘请了江南陆师学堂第二班刚刚毕业的优等生、被"保县主簿荐部选用"的池文藻担任图画、体操教员。光绪二十九年（1903）二月初，王国维、池文藻与日本教习木造高俊、吉泽嘉寿之丞一同到校。张謇自任学校总理，又邀请太仓王康寿担任监理，襄理校务，张謇不在校时，"监理有代总理之责"[3]1421。王康寿出身江南理学世家，其父王汝骐曾任海门师山书院山长，是张謇青年时代的恩师之一。王康寿幼承家学，与近代教育家唐文治是同学。监理、教习到任后，参与了学校章程规约的修订、校园和讲堂的布置、学生的招考、教材的编印、日常的管理等各种开校的具体事务。相较于当时各省官方筹办各级学校时，任命学堂督办、监督、提调、委员、总教习等各种职位，大量聘请外籍顾问、教习，造成人事倾轧、尸位素餐，工作上效率低下，经费上靡耗巨资的混乱现象，通州师范筹办之时，可谓是人员精干，经济节撙。

（六）编印教材

对于学校教科书，张謇早在光绪二十七年（1901）撰写的《变法评议》中就建议"译书分省设局"，主张："今中国为先河后海之谋，宜译东书；即为同种同文之便，亦宜译东书。"[5]50九月，他参与江宁兴学讨论时，与罗振玉等一同商订寻常、高等两级小学及中等学校课程，即打算使用日本现成教材的译本作为学校课本。此时，罗振玉主办的《教育世界》杂志也已连载了日本《学校管理学》《学校卫生学》《教育学》《教授法》等教材的译文，翻译、出版了包括《万国地志》《伦理学》《心理学》《博物教科书》《理化示教》《动物教科书》《植物教科书》《小物理学》在内的《科学丛书》，可作为师范学校部分课程的代用教材。然而，兴学之初，适用于寻常师范学校的教科书很少，且往往印数少，无从购买。因此，通州师范开校之时，发给学生的书籍仅有"日文读本及文法人各六册，《日本新辞林》一册，《汉文典》一册"[29]134，主要是学习日文和汉语语法时使用。就《教育世界》社出版的日人川野健作所著《汉文典》来讲，当时国内也只此一种汉语文法教材。至于历史、地理、算术、理化、教育学、教授管理法等课程,当时只能由学校编印教习的讲义。为了解决教科书问题,光绪二十八年(1902)正月,张謇以"中国师范学校尚无相当之教科书,所有讲义

南通州翰墨林编译印书局

须随时编辑,而非随编随辑随印,则缮写既不胜其繁,寄印于上海又不能应用,因复鸠合同志集股,设一印书局,冀于兴学有益,亦可传习印刷之工艺"[30]53。印书局设于通州城南门外城濠边西园旧址,因该园旧有原通州知州唐陶山题写的"翰墨林"匾额,故命名为"南通州翰墨林编译印书局"(简称"翰墨林书局")。书局股本额定银两万四千两,共分五股,其中张謇、通州师范和周记各一股,张詧两股。翌年八月,书局正式开工,张詧任总理。翰墨林书局为通州师范编印讲义,出版翻译及自编的各种教科书,后来还为师范学校编印《校友会杂志》《实习教授评案》,以及各种纪念册、校友录、账册。当然,书局先后出版的教科书不仅有师范学校教材,还包括用于小学、中学及各专门学校的各种教科书。光绪三十年七月,上海道奉两江总督之命专门发布了保护翰墨林书局版权的文告。翰墨林书局的创办比商务印书馆晚五年,是中国近代印刷工业的先驱之一。此外,光绪三十二年,张謇又投资参与创办了当时资本最雄厚的中国图书公司,还曾任董事长。总之,对教科书的选用,张謇和学校其他办事人在开创之时可谓费尽心思。如光绪二十九年三月,通州师范开校前夕,张謇写信给友人赵凤昌,与他商订在上海澄衷学堂印书处影印通州师范用书法字帖之事,信中说:

此间定四月朔开学。因思国文中有书法一门,兼真、行、草,若人人求精本临摹,断无是事,即一

人照备一分，书本亦不整齐。弟顷思一法，取真、行、草各三、四种，用影照石印，装订成本，即为各处学校教字课本，费本轻而为用普，料亦不至折本。所采真、行、草书，拟：真，颜、欧、苏、赵（《多宝塔》、《皇甫碑》、《常州谢表》、《御服碑》）；行，王、颜（《集书圣教》、《大令帖》、《三表》、《坐位帖》）；草，怀素、孙、米（《千文》、《书谱》、《米临十七帖》）。有此十一种，似亦可作普通之用，唯精本难求，最好乞兄向屺怀商量借影，或兄出藏本之精者付影。弟所有皆非精本，今姑寄去米临十七帖一分，此即近拓也，或即用不甚精之本亦可，既取其速，又此本非为成家之书而设也。此事作为澄衷学堂之版亦可，作为通州师范学校版或作为弟与兄两人私事亦可，听兄斟酌见复。此事舍兄无能胜任愉快者，想亦乐为也。[6]121

书信中张謇对学校教材编辑、选用一事考虑之周详、细致亦可见一斑。

（七）招录学生

在筹集资金、建造校舍、聘请师资等一系列准备工作之后，光绪二十九年（1903）二月，通州师范开始组织招生考试、录取工作。招生考试分为初试和复试，在通海五属由州、厅、县发布告示，对外府外省则在上海报纸刊登招生广告。二月初六日，近代上海四大报纸之一的《新闻报》在第四版刊载了《通州师范学校招集生徒简要章程》，其具体内容如下：

> 招集通、泰、如、静及海门五属举、贡、生、监，并寄居五属之外府外省及非寄居之外府外省举、贡、生、监。
>
> ——校舍止容一百八人，通州额二十，泰、如

各十六,静与海各十,外府外省三十六。

——五属中如有一属不足额,以他属人补;五属俱不足额,以外府外省人补。

——以性情敦淑、品行端正、学力通敏、身体健全兼四者为上格,学力、身体稍次者为中格。

——应本科及速成科者年十八至三十岁为合格,应讲习科者不拘。

——试卷由各人自备,卷面写明年岁、履历及住址:某人,某籍,某出身,年若干岁,父某兄某或伯叔某,现住某处。

——五属自出示日起十五日交卷各学署,由学署交府、县衙门,专丁转送本校;外府外省人登报日起十五日,试卷经邮局寄本校。过阅竣之期不收。

——欲就本科、速成科者,经义、地理、历史须全作,算术、教育题能作者作,不能作者听;讲习科止试一经义、一论,或止经义。

——曾习日文、英文者,各将所习何等之书填明卷面,俟到学日面试。

——录取者到学之期:五属开单传知,外府外省登报传知。

——录取者到学仍由本校集试一次,与初试相符者留校为试验生,具履历、愿书、保证书。

——履历、愿书、保证书式,五属于传知时散给,外府外省登报,到学时各另给一纸,由本人填写。

——保证人若非素有声望,须加请与总理认识之人或居近本校一里以内者同保。

——学服、操衣、靴帽及被、帐、席、茶水、灯油、夫役并由本校筹备,唯学服须缴价。

——遵定章民立学校得取膳、学费。本校约计本年经费即须一万三千员（元），五属止收膳费，每人每年四十员（元），外府外省每人每年六十员（元），正月、七月到校时先缴。

——五属好义之士如有助本校经费银五百员（元）以上者，田亩、书籍照此估计，子弟一人在学不纳膳费，并准有考察本校之权；外府外省人有助银三百员（元）者，其子弟或同乡一人在学不纳学费，若助五百元照五属一例。

试题：

经义题：书《礼记》《学记》篇后；论说题：王文成公论；历史题：两汉风俗优劣论；地理题：中国现今通商埠考；算术题：兹有金二百三十一斤、银二百七十三斤，各造重量相等之小块，每块重量几何？氧气占空气百分之廿一，今有长十二尺、阔十二尺、高九尺之室，其中有氧气几立方尺？教育题：问孔子教授法之大要，试举其见于经籍者言之。

履历、愿书式：某府某县，某出身，某人父兄伯叔，某居某处，年若干岁，曾在某处学习，某学已未经卒业。今愿就学师范，承试录取，许可入学于贵校之预备科，卒业后入本、中、速成科，以备从事于小学校教习。自当恪守校规，一意力学，不致半途倦退。设因修学不勤、行止不轨而被退学，或不能尽教育之义务，应照校章缴还补助之半费。特具履历、愿书是宝。某年某月某日某人押。

保证书式：某省某府某县某人某处，今保某人就学贵校，遵守校规，专意力学。万一在校有于校章程应退学之事，除退学外应将贵校补助一半之学资偿还。若本人力不能偿，愿为代偿。具此保书为证。

某年某月某日某人押。

经初试，师范本科初录64人参加复试，讲习科录26人免复试。三月二十六日上午，学校组织复试，考试科目为经义兼国文、历史、地理、算术四项，试题由张謇亲出，王国维、池文藻、木造、吉泽四位教习监考，下午组织体检，最终录取56人（正取49人，试验生7人）。对当天复试、体检详情，顾怡生在1947年5月撰写的《开校时的几个回忆》中有详尽回忆、记载。

（八）开校演说

光绪二十九年四月初一（1903年4月27日），通州师范正式开校。前一日，师范本科生入校缴费并领取操衣和帐、被等生活用品，夜晚均住校；晚上，总理张謇在庶务宋龙渊陪同下到校园各处一一巡查、指示。开校日早晨八点，总理、监理、庶务、教习及师范本科、讲习科新生齐集礼堂，举行开校礼，"先谒圣，次谒师"[29]133。礼毕之后，张謇等教职员到寿松堂迎送道贺的地方官绅。下午四点多，师范生集中到礼堂，张謇请通州名士范当世登台演说，范当世因病仅讲十多句话即退堂。张謇随后在总理室撰写了《开学与教习、监理致词》、《总理开校演说词》（一名《师范学校开校演说》），揭明办学宗旨，并对教职员和师范生提出期望。晚饭时间，《总理开校演说词》由文案誊录并张贴到校园公告栏，通知学生阅看。其全文如下：

> 今日是通州师范学校落成与诸君协兴普及国民教育造端之第一日。诸君既来学，志趣已自向明，愿以下走创立此校之宗旨，与诸君言之。
>
> 中国今日国势衰弱极矣，国望亏损极矣。国者民之积，民之中各有一身在焉。国弱望亏，其害之究竟，直中于人人之一身。环顾五洲，彼所称强大文明之国，犹是人也。以我中国黄帝尧舜神明之胄，退化

不振,猥处人下,至有以奴隶目我者,诸君以为可耻否乎?

欲雪其耻而不讲求学问则无资,欲求学问而不求普及国民之教育则无与,欲教育普及国民而不求师则无导。故立学校须从小学始,尤须先从师范始。我中国二千年前教育与各国师范义法近者,独《礼记·学记》一篇,然沉晦久矣。管理卫生亦不及各国之详。各国师范学校皆国家建立,七八年来无可希冀,欲与二三同志图之而又无资,遂有从事实业之想。数年以来,竭蹶经营,薄有基础,益见实业、教育二事,有至密至亲之关系。勉强图之,然智浅能薄,唯恐有误教育之心,不敢斯须忘也。

下走生平及数年以来,所与二三同志摩厉而

通州师范礼堂内摄影

夹持者,以忠实不欺、坚苦自立为宗旨。今日建立此校,所愿为诸君相期者,亦唯此忠实不欺、坚苦自立二语,为诸君摩厉夹持之助。

诸君诸君,须是将天下一家、中国一人、民吾同胞、物吾与也之道理,人人胸中各自理会;须是将先知觉后知、先觉觉后觉之责任,人人肩上各自担起。肯理会,肯担任,自然不惮烦琐,不逞意气,成己成物,一以贯之。孟子曰:"人皆可以为尧舜。"愿诸君开拓胸襟,立定志愿,求人之长,成己之用;不妄自菲薄，自然不妄自尊大。忠实不欺，坚苦自立，成我通州之学风。庶几实业、教育，扩而日新，佐下走不逮，岂惟下走之幸？亦诸君之荣也。[5]69-70

演说词中张謇尤其强调一种来自传统文化，并能使"来学"的青年们在国家的现实危机中披荆斩棘、奋勇向前的精神力量。至宣统元年（1909），时任监理江谦建议将开校演说词中"忠实不欺、坚苦自立"八字立为校训，作为通州师范每位师生的座右铭。

作为中国近代开教育风气之先的创举，通州师范学校的建成与开学也得到社会尤其是新知群体的关注。光绪二十九年（1903）四月初七日，学校开校一周之时，《新闻报》以《记通州师范学校》为题，在头版报道了学校开校情况，其后又全文转载于同年出版的《济南汇报》第21期上。该报道内容除全文刊录张謇的《总理开校演说词》《开学与教习、监理致词》之外，文首加编者评论，具体如下：

> 通州张殿撰謇既创办大生纱厂而大利兴，复立垦牧公司，今又设师范学校，所以兢兢于实业、教育者，有盛心焉。夫国何以贫，在多游民，多旷土，而不得其养。既养矣，又囿于智，怠于学，以逸豫而耽安逸，久之将事业俱废，是养而不教之为害也。天下之大事业而巴（已）矣，士农工商，中国强为区之，于是天下之事业让农工商以独为，而士坐安于穷，遂不可以谋生。其能者第为官以渔利，于所谓事业无与也。张殿撰淡于仕进，以一国之治，始于一乡，是亦为政。乃兢兢于实业、教育而必期其成，所谓先养后教，无弃地、无弃材也。今实业成矣，而教育以兴，先之以师范，师道立则善人多。由一乡之善，推而至于一国之善，治天下其庶几乎？[31]

上述报道，阐述了在民富国强的大目标之下，实业、教育作为基础性事业的重要性，对张謇兴实业、办教育，立之于一乡而后及之于一国的实践路径予以了充分的肯定。

四、创办女子师范

在创办通州师范学校的同时，张謇认为女子也应"与男子享同等之教育"[32]107，进而提出"女子教育不可无师"，且"幼稚之教育惟女子天性为近，故小学以女子充教师者什七八"[30]168，于是得出了"国民教育尤须有母"[33]的结论。光绪二十八年（1902）五月初，张謇就与罗振玉"议女师范学校"[4]521，并告诉挚友徐乃昌"拟立一女子师范，不知能成否耳？"[3]1636通州师范开校之后，光绪二十九年四月至六月，张謇应邀赴日本观摩大阪博览会，考察其实业、教育，前后70多天。其间，他参观的第一所学校便是长崎私立鹤鸣女子学校，后来在参观大阪桃山女子师范学校时，他详细记录了学校的建筑营造、教学设备和教学活动等状况，并在观摩附属幼稚园儿童游戏教学及女师范生体操、裁缝等课程教学时发出了"美哉！美哉！"的感叹。[4]543同时，他又向日本友人详细询问了幼稚园保姆之事。日本之行使张謇进一步加深了对女子教育、女子师范教育的认识。

光绪二十八年五月，张謇的三兄，在江西担任地方官的张詧辞官回乡，很快成为张謇开拓实业和各项事业的重要助手和依靠，地方上许多具体的事务由张詧来牵头和直接组织。到光绪三十一年，张詧私人捐资购买了通州城东吕家巷（今柳家巷）陈氏旧宅，在张謇及其他乡绅的协助之下，修葺为校舍，分南北三进、东西三部。十二月，创办"通州公立女子学校"。光绪三十二年二月，聘请桐城姚鼐后裔、范当世夫人、近代女诗人姚蕴素为校长兼教国文，保昊为监理，日籍教师森田政任教算术、体操、唱歌、图画、手工；张詧自任总理，顾似基、陈启谦、徐联蓁任经理，张謇、孙宝书、诸宗元、高清为名誉员。总理、经理和名誉员负责筹款及校外联络诸事。学校刊布校章，招收小学高等、初等各一级，共35人。三月初一日（3月25日）开校，学校开办费及经常费共计用银13400元。

通州女子师范总理张詧

光绪三十二年（1906）十一月，张詧、张謇到女子学校考察学生成绩，决定将学校改设为"通州公立女子师范学校"。十二月，由翰墨林书局印行《通州女子师范学校初办章程》，明确学校为"以养成高等小学、初等小学教员，期于女学普及为宗旨"的女子寻常师范学校，招收四年制师范本科（另加预科一年），"额设一百二十人，编制四级，每级三十人"，原初、高两等小学改为附属小学，并拟开办蒙养院，作为师范生的实习基地。[34]同月初，学校在上海《时报》首次刊登招生广告，其文如下：

南通州女子师范学校招考

学科：修身、教育、国文、历史、地理、算术、理科、家政、图书、体操、音乐、西文、手工。

资格：年十六岁至廿五岁，体健行端、文理通顺者。

考期：外籍自腊月初六至明正十八日止，随到随考。

学膳费：学费全年廿四元，膳费四十元。

报名处：南通州城内古城隍庙巷本校。[35]

光绪三十三年正月，通州女子师范招录8名师范生开学。此时，森田政回国，保吴辞职，学校聘任俞佳钿担任监理，沈明涛、易瑜、钱丰保、孙拯、秦卓然任教师范各科，这些女教习均为接受过新式学校教育或兼具旧学新知的女性，也是清末民初最早一批思想解放的女性。其中，俞佳钿为浙江湖州人，是我国近代女权活动家。担任通州女子师范监理后，她倡开女界劝捐会，定期组织学生演讲会、游艺会，开女子手工传习所，这些都是通州地方前所未闻的新鲜事。易瑜为湖南汉寿人，是近代女子教育家。她出身于书香门第、官宦世家，自幼饱读诗书，关心时事，接受新知。戊戌变法时，其与丈夫一起创办了"陇南致用学会"，呼吁举办女子教育和妇女不裹足。易瑜在通州女子师范任教师范国文，与校长姚蕴素志同道合，往来唱和，两人结下深厚的友谊。钱丰保是浙江钱塘人，光绪二十六年（1900）随家人东渡日本，入学实践女子学校，成为"该校接收的第一位中国女留学生"[36]，也是中国近代史上最早在日本留学的三位女性之一。她在通州女子师范担任师范算术、图画和日文教习。孙拯为浙江归安（今浙江湖州）人，光绪三十年入学中国近代女权启蒙之父金天翮创办的同里明华女校高级班，与同里自治学社的柳亚子、林蚪等交往频繁，积极倡导女性应"享平等自由博爱之幸福"和婚姻自由。她在通州女子师范教授师范修身、手工课程。秦卓然是江苏无锡人，光绪三十年就读于上海城东女学师范科，成为教育家黄炎培、音乐家刘季平的学生。应聘通州女子师范后，她任教师范理科、体操和音乐课程。

通州女子师范开学后，由于学级、学生数增加，原校舍不敷使用，加之不适合师范本科教学之用，于是在光绪三十二年酝酿改设师范之时，张詧、张謇兄弟决定异地重建校园校舍。十二月，张謇代其夫人徐端拟定了《通州女子师范学校募捐启》，提出"兴学之本，惟有师范"，并由徐夫人和张詧夫人邵氏带头，"普劝我通海一方之女界，各量愿力，捐施金钱，襄助女子师范学校之建设"[32]107。光绪三十三年

（1907）二月，张謇筹款购买城北顾氏珠媚园旧址，建筑校舍。四月初二日，邵、徐两夫人召集劝捐会，筹募建校资金。对此，上海《新闻报》《时报》和直隶《教育杂志》均将其作为教育界和女界新事进行了报道，如《新闻报》以《劝捐建筑女校》为题报道如下：

通州女子师范柳家巷校址校门

> 通州女子师范学校自开办以来颇著成效，惟房屋因无的款建造，尚在租借民房。本月初二日，由校董邀请城乡热心女士，假张叔俨观察城南别业开会劝捐。是日到者仅有廿余人，而集款已有八千余元。其中，捐赀最多者为叔俨、季直两君夫人，各助一千五百元，余如范夫人、胡夫人皆出千元，至少者亦有五六十元之数云。[37]

宣统二年（1910）八月，珠媚园校舍落成，购地、建筑等总计用银33020元，随即师生迁入办学。通州女子师范也在此基础上获得了进一步发展。

五、两校创立的历史地位

我国古代的教育灿烂辉煌，但没有过严格的师资培训活动及相关组织、机构。在我国，"师范"一词最早见于《后汉书·文苑传》，所谓"学成师范，缙绅归慕"[38]，其本意是指可以师法的模范，在知识和道德层面"学高为师，身正为范"，在实践层面"师范"主要是个人自我勤学与修行的结果，而不是教育和培养出来的。基于此传统的观念，即使是张謇，当他在文正书院的弟子江谦等在光绪二十五年投考南洋公学师范院第3届师范班时,他也曾从"学成"自然成师成范的角度,不赞成弟子们去专门学习怎样成师成范。

我国的师范教育是在近代学习西方学校教育制度的过程中产生和发展起来的。西方的师范教育,开始于1681年法国拉萨尔在兰斯创办的教师训练所,随着学校教育的发展,尤其是在19世纪下半叶义务教育实施和教育制度确立的过程中,培养师资的师范学校在欧美、日本普遍发展起来。甲午战争后,基于"日本的教师在兵士的制服之后为国家取得了胜利"[39]的认识,师范教育和学校教育受到越来越多有识之士的重视。光绪二十二年(1896),梁启超撰写《变法通议》,作"论师范"一篇,在近代中国第一次对"师范教育"进行了较为完整、系统的阐述与规划,并得出了"欲革旧习,兴智学,必以立师范学堂为第一义","师范学校立,而群学之基悉定"的论断。[40]次年,盛宣怀创办的南洋公学首先设立师范院,"以教人为师之道"[41],真正开启了中国人创办师范教育的实践历程。清政府"兴学诏"颁布后,光绪二十八年,师范教育开始在江宁、直隶、贵州、四川、湖北、山东等地生根发芽,在京师大学堂开设师范馆培养师资的同时,各地也创设起一批中国最早的独立设置的师范学堂。其中,有宁属师范学堂,光绪二十七年十一月由两江总督刘坤一批准先借江宁城内毗卢寺试办,学额40名,两年毕业,光绪二十八年二月开学;[42]有直隶师范学堂,光绪二十八年由直隶总督袁世凯批准在省会保定开办,分设半年和一年、二年、三年四种学制,先借保定城内椿树胡同民房试办,六月第1届速成科师范生40人开学;[43]有贵阳公立师范学堂,光绪二十八年五月由贵阳热心教育人士于德楷、李端棻、李裕增、乐嘉藻四人共同捐资在南门外昭忠祠创办,学制四年,专门培养中学堂教习;[44]有川南师范学堂,初为光绪二十七年四月由署永宁道黄立鳌、署泸州直隶州知州沈秉堃在州城内设立的"川南经纬学堂"，翌年九月改为川南师范学堂；[45]有山东师范学堂，前身是光绪二十八年（1902）十月山东巡抚周馥创设的师范馆，次年九月改为山东师范学堂，学生分一年制速成科、二年制简易科、三年制完全科；[46]有湖北师范学堂，光绪二十八年五月由湖广总督张之洞借武昌保安门内全皖会馆创设并招生开学。[9]5026-5027

综上所述，光绪二十八年五月创立、光绪二十九年四月开校的通州民立师范学校是中国创办最早的独立设置的师范学校之一，虽不能确定它是否为中国第一所师范学校或第一所独立设置的师范学校，但它肯定是第一所民立（私立）师范。对此，1912年张謇在《南通师范学校十年度支略序》中有关通州师范创办，"后年许而张公之洞设于武昌，又后半年许而刘公坤一设于江宁"[1]371的忆述实有误，而其在光绪二十八年十月上张之洞的《通州师范学校议》中所称"中国之师范学校，自光绪二十八年始；民间之自立师范学校，自通州始"[5]66，则为信史。同时，通州师范在创办之时就从办学经费、学校建筑、设施设备和章程、学制、课程、师资、教材、招录等方面进行了精心筹备，从开校之日起，它就是一所设置完全、规范办学的寻常（中等）师范学校，这是同年创设的其他师范学堂所不及的。故此，1933年商务印书馆出版的《教育大辞典》在张謇人物词条中评价说："光绪二十八年毅然创设通州师范，实为中国师范学校之滥觞。"[47]

通州公立女子学校及女子师范学校则是近代中国人最早创办的女子学校和女子师范之一。在中国近代女子教育方面，经郑观应、陈炽、康有为等倡导，在光绪二十三年之后，经元善、吴怀疚、蔡元培等先后在上海、南京、常州等地创办了中国最早的女校。但由于受旧礼教思想的影响，清末兴学之时女子教育未受重视。清廷颁布的"壬寅学制"未将女子教育纳入学制体系，"癸卯学制"虽提及女子教育，但仅限定在家庭教育的范畴之中,认为"中国此时情形,若设女学,其间流弊甚多,断不相宜"[48]394。对于女子师范,《奏定初级师范学堂章程》则明文规定:"外国初级师范学堂,除男子初级师范学堂外,有女子初级师范学堂,有一师范学堂而学生分男女并教者。但中外礼俗不同,未便于公所地方设立女学,止可申明教女关系紧要之义于家庭教育之中。"[48]399-400由于官方不提倡公开举办女子教育,在兴学之初,女子学校在全国范围内只是凤毛麟角。直至光绪三十三年(1907)三月,清政府颁布《奏定女学堂章程》,才允许在各地创办女子学堂和女子师范学堂。由此,通州公立女子学校及女子师范的创办可谓是开风气之先。

参考文献:

[1]李明勋,尤世玮.张謇全集(第6册)[M].上海:上海辞书出版社,2012.

[2]张謇.开学与教习监理致辞[M]//通州师范学校.张先生像传.南通:翰墨林书局,1936.

[3]李明勋,尤世玮.张謇全集(第3册)[M].上海:上海辞书出版社,2012.

[4]李明勋,尤世玮.张謇全集(第8册)[M].上海:上海辞书出版社,2012.

[5]李明勋,尤世玮.张謇全集(第4册)[M].上海:上海辞书出版社,2012.

[6]李明勋,尤世玮.张謇全集(第2册)[M].上海:上海辞书出版社,2012.

[7]西谷虎二.题南通师范学校十年度支略后[J].南通师范校友会杂志,1912(2).

[8]金陵文正书院增设西学堂简明章程[N].申报,1898-07-08(9).

[9]刘坤一.刘忠诚公遗集[M]//沈云龙.近代中国史料丛刊(第26辑).台北:文海出版社,1966.

[10]苑书义,孙华峰,李秉新.张之洞全集(第3册)[M].石家庄:河北人民出版社,1998:1518-1519.

[11]新政刍言[N].申报,1901-05-27(1).

[12]杜士珍.学生潮[J].新世界学报,1903(12).

[13]张树年.张元济年谱[M].北京:商务印书馆,1991:40.

[14]白下官场纪事[N].申报,1901-06-04(3).

[15]张廷银,朱玉麟.缪荃孙全集(日记)(第2册)[M].南京:凤凰出版社,2014:169.
[16]罗振玉.学政私议[J].教育世界,1902(22).
[17]许全胜.沈曾植年谱长编[M].北京:中华书局,2007:276.
[18]张謇.本会会长演说词[J].南通师范校友会杂志,1914(4).
[19]本校三十年沿革略[M]//通州师范学校.通州师范学校三十周纪念册.南通:翰墨林书局,1934.
[20]学部总务司.第一次教育统计图表(光绪三十三年)[M]//沈云龙.近代中国史料丛刊三编(第10辑).台北:文海出版社,1985:448.
[21]张季直修撰上江督刘制军论立师范学校书[N].选报,1902-08-14(25).
[22]张謇.通州师范学校章程[M].上海:澄衷学堂印书处,1903(清光绪二十九年).
[23]荫山雅博.清末"日本型"学校制度在江苏的引进过程——以张謇的活动为中心[C]//尤世玮.再论张謇——纪念张謇140周年诞辰论文集.上海:上海社会科学院出版社,1995.
[24]季子.苦学成材的学者王兆芳[M]//南通县政府编史修志办.南通史话(第2辑).1983:61.
[25]江宁提学使呈报全属学堂一览表(续)[J].学部官报,1909(82).
[26]南通市档案馆.大生企业系统档案选编:纺织编Ⅰ[M].南京:南京大学出版社,1987:12-13.
[27]顾怡生.学芜生室稿本(第6册)[M].南通师范高等专科学校档案馆馆藏手稿,1945.
[28]钱啸秋.钱啸秋自选集[M].南通:南通市文学艺术联合会,2011.
[29]顾怡生.教育家顾怡生诗文选集[M].南京:江苏古籍出版社,1991.
[30]李明勋,尤世玮.张謇全集(第1册)[M].上海:上海辞书出版社,2012.
[31]记通州师范学校[N].新闻报,1903-05-03(1).
[32]李明勋,尤世玮.张謇全集(第5册)[M].上海:上海辞书出版社,2012.
[33]张謇.女师范校实习教授评案序[M]//通州女子师范校第一次本科实习教授评案.南通州:翰墨林书局,1911(清宣统三年):1.
[34]通州女子师范学校初办章程[M].南通州:翰墨林书局,1906(清光绪三十二年).
[35]南通州女子师范学校招考[N].时报,1907-01-15(1).
[36]周萍萍.日本女性教育家与女子学校(1868-1945)[M].北京:世界

知识出版社,2012:156.

[37]劝捐建筑女校[N].新闻报,1907-05-18.

[38]范晔.后汉书[M].北京:中华书局,1999:1777.

[39]丁韪良.同文馆记[J].傅任敢,译.教育杂志,1937(4):231.

[40]汤志钧,汤仁泽.梁启超全集:第一集论著一[M].北京:中国人民大学出版社,2018:56,54.

[41]论盛京卿创设师范学堂之善[N].申报,1897-03-05(1).

[42]师范章程述略[N].新闻报,1902-01-14.

[43]直隶总督袁拟订直隶小学堂并师范学堂暂行章程[N].申报,1902-09-14(12).

[44]贵阳公立师范学堂章程学规[J].教育杂志(直隶),1905(2):21,22.

[45]京报全录·奎俊片[N].申报,1902-11-09(13).

[46]咨鲁抚奏东省师范学堂改为优级师范[J].学部官报,1910(122):2.

[47]朱经农,唐钺,高觉敷.教育大辞典[M].上海:商务印书馆,1933:1007.

[48]璩鑫圭,唐炎良.中国近代教育史资料汇编·学制演变[M].上海:上海教育出版社,1991.

第二节 清末两校的经费状况

一、通州师范的经费状况

通州师范是在清末学校教育肇兴时期，在张謇的经济事业已有根基的基础上创办起来的。作为第一所民办的师范学校，它开创了中国近代教育史上一种崭新的办学模式。新式的私立学校曾是中国近代教育开创过程中一支重要的办学力量，它的产生和发展"对中国社会和中国教育的影响是特殊的，又是重要的"[1]，在促进我国近代新教育产生、弥补近代公立学校教育不足、节约国家财政、率先进行教育教学改革等方面发挥了极其重要的作用。然而，近代中国私立教育的开创与发展又是充满艰辛和曲折的。政治上的不稳定、经济上的财力有限，以及政府的宏观管理缺乏长远规划、科学指导等，严重阻碍了各种新式私立学校的发展，甚至影响了它的生存。张謇在通州师范的办学过程中也同样预见到和面临着诸多困难，尤其在办学经费上更有"岂惟创办不易，经久之费尤艰"[2]65的慨叹。

通州师范筹办之时，张謇在《通海请立师范学校公呈》中分析说："学校有官立、公立、私立三法：用国税立者曰官立，用地方税立者曰公立，用民人私财立者曰私立"，"私立者谓之代用学校，言民立而官察其章程课级，不背文部之条教规制，则认可之，以代官立也"。[3]43因此，民立师范是代为官立的代用师范，其办学性质是官督民办。作为"私法人"，民立学校必须依托更为广阔、深厚的社会基础,并且这种社会基础也随着社会的进步、国家的强盛和国民素质的提高,在力量结构、经济基础等方面不断变化、不断壮大。为使通州师范能顺利开办,并为学校能长久发展,张謇在创校十年间构建出一个依托社会力量尤其是近代新社会阶层、新知识阶层,以其所办实业系统为支撑,并不断谋求国家官费补助的办学模式,规划出包括乡绅捐资助学、收取学费膳费、依托实业拨助、增加学田基产、筹谋官费补助在内的五条获得办学经费的渠道,也为学校的开办、维持和发展提供了相对稳定的经费保障。

(一)乡绅捐资助学

张謇清醒地认识到在科举未停、民智未启的"过渡时代","岂唯民智不开而已?上而官智,中而士智,开瘠者复有几人?"[4]139甚至一部分守旧士人"造为学校如兴,饿死我辈之谣,纷纷煽惑"[4]139,因此,张謇、张詧只能身先士卒,带头捐资办学,以此倡导社会新风。通州师范创办十年间,学校"所取资,一唯謇所得于纺厂之俸给;不足,则叔氏退翁为之助;仍不足,则负债"[5]371,兄弟二人捐资总计银118937.337元,占1902年至1911年学校总收入银451710.795元的26.33%。在张謇兄弟的影响下,沈燮均、高清、沙元炳、陆藕堂、徐秋谷等热心地方公益的士绅,乃至恽祖祁、章邦直、端方等官员纷纷捐款助学,十年间捐资总数达银28323.889元,占学校总收入的6.27%。

然而,张謇兄弟的个人财力毕竟有限。张謇虽身为状元,服官翰林,但其家资不丰,且身遭国难,又因官场流毒日甚,早就绝意仕进。后来,虽经营乡里,创办实业,但他多为"通官商之邮"[6]1011,自己本身的投资并不多。三兄张詧虽曾在江西做过几年知县并捐官为候补道,但其为官清廉,也无多少积蓄。如此,张氏兄弟的私资难以久久支撑年复一年不断增加的师范学校办学经费。而他们的三五友好，少则百元、多则数千元的助款，相对于数以十万元计的师范学校办学费用，又只能算作杯水车薪，且捐资的可持续性不强，不能作为学校生存发展的经济依托。因此，两校创校人勉力支撑，所谓"朝即甲事，乙赢十金而暮去之若浼焉"[7]。到1921年，通州师范创办近二十年之时，南通的地方教育体系已初步形成，张謇撰写《师范学校后记》一文，不无感慨地说：

> 夫举我国千七百余县视一南通，则南通小；举南通百二十余万人视謇一人，则謇小。以一人之觉察之知识之财力，而谋百二十余万众教育之母，其竭蹶宁待蓍蔡？而曾不知止，何其不自量也！然始固当之矣，当之则人举属之，属之而又难焉而委去之，其去不卒于为德几何，则于謇一人之义且不可缓也。财力诚薄不副事，顾事既举，则必求可大可久。求可大且久，则计之必深，为之必厚且坚。大也，久也，深也，厚也，坚也，事之所为干也。称事而用，用有值。宁能以小与暂与浅与薄与脆之值，易大且久且厚且深且坚之干？故事之干与用之节，正负绝相反，不能为比。謇虽力不及，欲节用，欲干事，其乌可得乎？[5]516

（二）收取学费膳费

近代欧美各国及日本"若师范则只有国立，不仅无私立，并无公立。盖义务与权利相衡，各国取于民者多，故任于民者重，抑师范国立亦寓统一教育之义也"[4]218。因此，按国际通例，近代中国先后创设的公办师范学校实行免费教育。通州师范作为私立学校，无力补贴学生全部学、膳费用，采取通海五属学生免学费，外府外省学生缴纳学费每年24元，所有学生缴纳半膳费，即每年40元的政策。当然，学生膳费学校补贴一半，"以助补半费计，岁费已四五千圆"[2]66；光绪三十年（1904）招收第2届师范本科时，不少学生家境清寒，学校决定膳费再减半数。但是，到光绪三十三年，由于来自大生纱厂的红利补助一度停拨，学校只得将学生膳费恢复为40元，又增收本地学生学费20元，外地学生学费再加10元。据统计，开校十年间，师范及附小收取学、膳费共计银76676.830元，占学校总收入的16.97%。

（三）依托实业拨助

为通州师范能大、久、深、厚、坚，张謇开创了"以实业辅助教育，以教育改良实业"[2]615的办学模式。光绪二十九年，他说服大生纱厂主要股东同意拨助一份红利作为通州师范的办学经常费，是年至宣统元年（1909）大生纱厂拨助经费共计银125957.941元，占学校十年总收入的27.88%。到光绪三十三年七月，大生纱厂

通州师范收到大生纱厂
拨助经费的收据

第一次股东会讨论"分派余利、花红之法"，与会股东提出纱厂拨助师范经费是张謇作为纱厂"总理个人之道德，与公司无涉"，公司在法律上没有协助师范经费的义务。对此，股东会商议"将师范经费一成包在总理花红之内"，定张謇所得花红在十四成中占二成，其中一成作为师范经费。这样，既遵守了公司法律，又解决了通州师范办学经费问题。但此做法遗留的隐患则是，如果将来纱厂总理易人，"不讲道德而据法律，则师范学校经费无着"，对此，股东会商定将来一旦总理另选他人，由董事局讨论解决办法。[8]

（四）增加学田基产

在依托所办实业补助办学的同时，张謇认为学校本身也应具备一种经济资源的再生能力。在通州师范开办时期，学校就利用校内月潭、校南校圃、校西南农场及江边荡田等基产资源进行生产获利，其收入可或多或少地贴补一些学校开支。方式主要有两种：一是田地招租；二是开设农工科，让师范生直接进行劳作生产。由此，在创校十年间，学校通过收取田租杂项，售出学生手工制品以及校有荡田、校圃、农场生产的农副产品，共收入银15325.972元，占学校十年间总收入的3.39%。光绪三十二年（1906）之后，学校附设测绘科、土木工科、农科、蚕科，办学规模不断扩大，办学常费严重不足，到宣统三年（1911）学校账面借款已达银34450.985元，于是张謇谋划为学校增添基产。当年三月，在通海垦牧公司第一次正式股东会上，通过对各股东的细致说服工作，大会通过了张謇的提议案，拨给通州师范一百五十顷垦田。其决议记录如下：

议长宣布总理提议案第五节"议定归通海小学堂及农学堂地亩变通一致之办法"。原文云："《集股章程》第九曰：核地载明可垦地一千一百五十顷，以一千顷归入公司，百顷归通海小学堂，五十顷归农学堂，早经股东承认，今分田之记在，事实上断不能办，且浑称通海小学，于名义上范围太广，于事实上势散数零，易启争端。通州师范学校为通海小学之母，惟有拟一变通办法，以一百五十顷

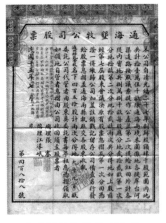

通州师范垦牧学田股票

之地核计四百五十股由股东拨助,即以股票照数填给通州师范及附设初中两等农校,每年由师范视收到股息若干酌减通海及他府省就学师范及农学生学费,以广教育。请公决。全体议决以股票填给通州师范学校。"[9]

通州师范垦田划拨在通海垦牧公司第四堤,该堤垦田共计10280.551亩,因大部分为通州师范所属垦牧学田,所以又称为"师范堤",其仓库也被称为"师范仓"。垦牧学田实际分田9900亩,最初委托垦牧公司管理、招租,计每年可得银4000元至10000元不等,逐步成为学校的大宗收入,在张謇去世以后更成为学校经济命脉所系。为此,1925年通海垦牧公司总理张謇、协理江导岷在学校保管的垦牧公司纸质股票背面特别注明:"此项股票经本校基产保管委员会公同议决永不用作借款抵品。"

(五)筹谋官费补助

"过渡时代之始,筹教育广及,固难;求广及教育之财政,尤难"[2]115,张謇为筹集通州师范办学经费深谋远计,殚精竭虑。然而,一方面,张氏兄弟的私人财力已日不可支,而他们同时还以私资举办了更多的地方慈善、公益事业;大生纱厂的拨助,一旦张謇"精力不能经营厂事,别(易)总理,则感情厚薄非法律所能绳,义务重轻尤非彼此所可例"[4]219;垦田学田则是刚从盐碱荒滩改良而成的新垦地,产量及租息有限,一时间只能解决学校部分常费所需。如1912年学校收入的上一年垦牧学田租息银4764.571元,仅占当年学校常费支出银29222.996元的16.30%。另一方面,自光绪三十一年(1905)开始,在张謇带领之下,通州开始规划普及教育方案,从"择要兴学"到"分路兴学",至宣统三年(1911)二月,张謇召集地方人士在通州自治公所召开特别大会,议定地方用五年时间,按十六方里设一所初等小学的要求,规划建设332所学校,达成普及四年制初小教育的第一步。那么,培养更多的师资就成为实施普及教育计划的重要前提,通州师范必须不断扩大办学规模,改善办学条件,这需要有更多、更稳定的办学经费。因此,张謇只能把通州师范发展的希望寄托在得到国家、政府的支持上,所谓"逆计来日之难,不得不鳃鳃过虑,迫求国家之补助者也"[4]219。

在筹办之时,通州师范即获得如皋、泰兴地方公费拨助银6300元。光绪二十八年(1902)十月,张謇向署理两江总督的张之洞建议给师范生学费补助。光绪三十一年四月,署理两江总督周馥巡视江北,到通州考察农垦、工业及教育状况,其间视察了通州师范,"临校谒圣,延见教员,察课如礼"[6]609,并在次年七月向清政府报告说学校教育"以江宁、通州成效为最著"[10]。光绪三十三年十月,张謇又邀请江宁提学使陈伯陶莅通考察学校教育。陈提学在通州前后六天,视察了通州师范,观摩了师范课程教学。在离通前张謇还特地陪同他登览狼山,并和诗一首:

淮南江北海东头,撮此青苍顾众流。脚底沧桑
千劫换,眼中薪火万方忧。
故人楫在浑殊世,使者车来已过秋。山睡待苏
民待腧,企公辛苦念吾州。[11]

诗中殷切期望陈伯陶能更多地关心通州教育乃至师范学校的建设发展。次年八月,张謇为通州师范申请学款事专门致函两江总督端方:"乞公即以建设之早、学科之完、校风之静,奏乞圣恩,岁予特别补助四五千两,庶州人有所观感而兴,而他处亦无从援引为例。查大生纱厂岁纳花纱捐税五万余两,若蒙朝廷允行补助有数,即可于此项捐税之内就近拨给。"[4]219为此,当年十二月和次年正月,端方先派提学使陈伯陶,后又亲临通州师范实地考察。最终他下令通如、大咸两个官盐号每年拨助学校办学经费约银5000元。至宣

统三年（1911），通州师范获得省款补助总计银19600元，加上通海地方木厘捐、机纱捐等收入银11273.144元，官费、公费补贴占十年间学校收入总数的6.83%。值得一提的是，端方自己也在1908年、1909年共捐资银2300元贴补给通州师范，此举对通州师范可谓是关爱有加。

然而，省款补助5000元仅为通州师范当年常费的四分之一不到，还不能成为学校办学的经济支柱。为此，张謇在谋划省款补助的同时，作《师范奖励约束补助说呈学部》一文，提出"宏奖励、明约束、公补助"的建议方案，试图在国家层面促使政府出台扶持师范教育的政策。对于"公补助"一项，他结合通州师范的办学情况"拟二说，以资采择：甲，助校。凡公立师范经费不足者，用国家税补助；凡私立师范经费不足者，用地方税补助，应请酌定补助所缺几分之几。乙，助学生。有家计实系贫苦而愿习师范，学可成就者，每年由本校察实报地方劝学所，酌助其每年膳、学费，在地方学费内开支"[3]157-158。但此时清王朝内外政治危机严重，国家财政濒临崩溃，根本无心无力去研究什么学校奖补条例，即所谓"国势如此，官帑之补助不可期"[2]65，无非是"求援于政府，政府顽固如此；求援于社会，社会腐败如彼"[2]461。

总的来说，通州师范开办的十年间，张謇规划了多种获得办学经费的渠道，也为学校的开办、维持和发展提供了相对稳定的经费保障。在这五条渠道中，我们也可以看到，一方面，主要的办学经费还是来源于张氏兄弟及其亲友的私人捐助和他们所办实业的拨助。另一方面，所有取得办学经费的渠道几乎都与张謇在南通的实业体系相关：参与集资的乡绅主要是大生企业系统的大小股东，张氏兄弟的私人收入主要来源于所办实业的酬劳和红利，学校基产主要为通海垦牧公司的赠地，甚至官费补助也是从大生纱厂花纱捐税和推进盐业改革而设立的官盐号中直接拨取的。这样，从经费来源上看，通州师范不同于其他同时代先后建立起来的私立学校，它是紧紧地依托于近代实业体系，并以其为经济基础的，同时实业经营的消长也必将决定着学校的生存与发展。

在经费支出上，一方面由于办学经费来之不易，学校经费支出以次第规划、相事节用为原则。另一方面，张謇将创办实业中获得的财务管理和档案管理经验运用于学校的办学中。1912年，学校将创校十年间的经费收入、支出状况汇编成《南通师范学校十年度支略》，张謇在序言中申明汇编缘由："回顾人世，曷禁欷歔！今十年矣，汇其收入支出之总数，以示诸生，以告一国。教育、实业，未易言也。立之有本焉，行之有方焉，次第之尤有序焉。"[5]371根据《南通师范学校十度支略》，十年间经费收入总数如前文所述为银451710.795元，加借款34450.985元，共计486161.780元。经费支出总数为银400913.974元，分项开支计有：学校开办费3257.826元，常年费225811.816元，建筑、培土费91779.159元，购置费22952.423元，博物苑营造费42240.245元，农科、农场建设费13447.585元，五山学校林种植费1424.920元。另外，其他存挂各户银85247.806元。

因为办学经费来之不易，学校倡导厉行节约。如学校专门设有"丁役节赏"项，奖励节约校费之人；对于学校欠缴膳费的教习则定期开列名单，追缴结清。当时也有人有意见，但张謇说："从前人不信读书人为钱财不清，今后为学人欲人信须从钱财清起。"[12]1428当然，学校在经费方面也并不是斤斤计较，尤其是对于经济困难的学生，开校之时就已实施减免、补贴政策。而在学校办学经费紧张之时，张謇一面带头与师生一起减膳助校，一面则嘱咐学校监理："诸生伙食费以适中为贵，不必专以省费为准的，致诸生受苦。"[12]1421其拳拳爱生之意溢于言表。

二、通州女子师范的经费状况

通州公立女子师范学校开办时名称上虽为"公立",但实际上并未获得地方多少公费支持,办学经费主要由张詧、张謇及热心教育人士捐助,在性质上与通州师范相似。与通州师范相比,女子师范规模较小,各项经费相对较少,如民国前学校总计支出银72063.751元,每年经常费约银4500元至7800元;师范学生人数远少于完全收费的附属小学人数,因而学校负担较轻;其学生家庭多属上层富有阶层,筹集捐募资金也就相对容易。女子师范经费来源主要有三。

（一）私人捐助

光绪三十一年（1905）学校开办及后来扩张迁校的建筑费主要由张詧、张謇私人捐资和陈启谦、冯熙宇、徐联蓁、范成、顾淑基等地方乡绅集资捐助。其中,学校开办及常费为银13400元;光绪三十三年至宣统二年（1910）,学校搬迁至珠媚园校址,所有购地、建筑、迁移费用总计银33020元,主要由张詧、张謇捐助。与通州师范一样,为鼓励社会捐资助学,《通州女子师范学校初办章程》中规定:"如有乡里好义之士捐助本校经费八百圆以上者,许其家有一人在校不纳学金及膳宿金;能每年担任本校经费一百圆以上者,本校认为名誉赞成员,许其家有一人在校不纳学金。"[13]至宣统元年,学校接受捐款总数为银40621.11元。

（二）收取学费、膳宿费

光绪三十一年学校规定收取学生膳宿费每年40元,学费小学高等每年12元,初等6元。次年十二月,招收师范本科生,规定每学期收学费10元（外府外省籍加4元）,膳宿费30元,走读收午餐费12元,分别在正月和暑假后开学日缴费。宣统二年,新校基本建成,招生规模进一步扩大,为吸引更多的学生来校学习,学校降低了小学的学费标准,高等8元,初等4元。据统计,光绪三十三年,学校收入学费银884元,膳宿费648元，杂费700元。

（三）校产收入

宣统三年（1911），受辛亥革命的影响，学校办学经费奇缺，招集新生时报名者亦寥寥无几。为解决学校经常费不足的问题，张謇私人捐助垦田十万步（约416.67亩），吕四彭培根堂又捐助垦田六万步（约250亩），这些垦田成为学校的永久基产，在清末民初每年田租收入约银1600元。

参考文献：

[1]吴霓,胡艳.中国古代私学与近代私立学校研究[M].济南:山东教育出版社,1997:527.

[2]李明勋,尤世玮.张謇全集(第4册)[M].上海:上海辞书出版社,2012.

[3]李明勋,尤世玮.张謇全集(第1册)[M].上海:上海辞书出版社,2012.

[4]李明勋,尤世玮.张謇全集(第2册)[M].上海:上海辞书出版社,2012.

[5]李明勋,尤世玮.张謇全集(第6册)[M].上海:上海辞书出版社,2012.

[6]李明勋,尤世玮.张謇全集(第8册)[M].上海:上海辞书出版社,2012.

[7]江谦.南通师范十年度支略序[J].南通师范校友会杂志,1914(4).

[8]南通市档案馆,张謇研究中心.大生集团档案资料选编:纺织编Ⅲ[M].北京:方志出版社,2004:288.

[9]南通市档案馆,张謇研究中心.大生集团档案资料选编:盐垦编Ⅰ[M].2009:174.

[10]江督周奏缕陈江南近年办理学务情形折[J].南洋官报,1906(59).

[11]李明勋,尤世玮.张謇全集（第7册）[M].上海:上海辞书出版社,2012:137.

[12]李明勋,尤世玮.张謇全集（第3册）[M].上海:上海辞书出版社,2012.

[13]通州女子师范学校初办章程[M].南通州:翰墨林书局,1906(清光绪三十二年).

第三节 校园建筑和教学设施

一、通州师范的校园建设

光绪二十九年（1903）通州师范开校之时，建筑东西分列三部，南北前后六进：从表门起，门以西有短垣及河，折而北，更东亦有短垣相接，门以内有巡房。校园中部自南而北，第一进为大门，门堂东为门房，西为存物房。第二进是客厅及乐仪室，中为厅，东西为学生会客处，再东为收支室，再西为文案室。第三进楼房，上层之东为图书室，西为仪器室；下层为

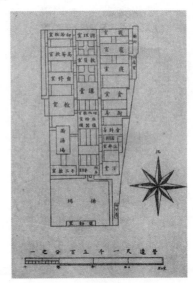

通州师范三元桥校址平面示意图

诵堂，东为本科教室，西为讲习科教室。第四进楼房，上层为礼堂，下层为讲堂，当中有通道，向北有门，中道东为小讲堂，西为图画教室。第五进楼房，上层为教习室，开校时木造高俊住最东一室，王国维住西一室，池文藻住最西一室；下层为时孙堂，堂东一室住监理王晋蕃、吉泽嘉寿之丞。第六进平屋，中为寿松堂，东为总理室。校园东部自南而北，依次为

浴室、休疗室、食料房、厨房、食堂，后为三排寝室。食堂为平屋；寝室前两排为楼房，楼上楼下都有盥洗室，后一排为平屋，寝室东侧沿河起厕所。校园西部自南而北，依次为庶务室、风雨操场和填土而成的广场。[1]132之后，学校又陆续增建校舍，新添建筑主要集中于校园东、西二部。至宣统三年（1911）时，东部后排寝室翻建为楼房。西部最南建附属工科教室，广场南部建附属初、高等小学三层教室，北部建前后三排教室、自修室，沿校河西围墙建附属小学成绩展览室、图书仪器室。

通州师范的建筑设计注重与近代学校建筑要求相符合。光绪二十八年（1902）十月，张謇在上书两江总督张之洞呈报学校筹办情况时，曾就学校校舍、校具设置情况做详细说明：

> 日本参考各国教室之度而为之，率曰：广二丈四尺，长三丈三尺为最大之限。又曰：窗之面积、校教室之面积，其比例不可少于一四。通州师范学校诵堂三，特别教室二，深广略过所云，而光线面积亦不止于一四，盖因地为之，又欲空气容积多也。椅案仿日制而略加高，广增，距离亦略宽。中人冬日衣厚，通州人冬日无不穿厚袄者，如日制为之，则于人气体习惯上不适。息修室（即宿舍兼供自修故名）有平屋，有楼，每间深一丈二尺，广一丈三尺，高一丈及一丈一尺。外有雨廊，内容二榻，榻广三尺四寸，长六尺二寸；案二，各广二尺，长三尺；镫高一尺，足低而盘广，用植物油。其他盥饮厕溲之所，亦师其意而参以习惯。计诵堂、息修室可容师范生一百八人。高等、寻常两小学校诵堂面积，各容八十人（以上校舍、器具）。[2]

张謇在规划学校建筑时参考了日本明治时期对学校建

筑的有关规定，如上引文中日本教室"广二丈四尺，长三丈三尺为最大之限"，是依据光绪二十七年（1901）《教育世界》杂志所载日本《学校管理法》中"通例室广二丈四尺，长三丈三尺为最大之限"[3]的规定；窗与教室面积比例不小于1∶4的说法则依据日本三岛通良著《学校卫生学》有关"窗之构造及面积"，"系以四一之比例为最小之限"的说法。[4]同时，在设计校舍建筑时，学校也注意到校舍要符合国人的生活习惯和南通的地域特点。

通州师范的校园布局讲求规划之整齐与布置之艺术。学校中部由南至北以表门—客厅—诵堂—礼堂—时孙堂—寿松堂为整个校园的中轴线，诵堂、礼堂建筑厚重雄伟，时孙堂、寿松堂布局雅致。学校东部为生活区，西部规划成教学区。整个建筑楞鳞槎枒，富有层次，花圃、荷塘错落其间，名树古木交相辉映、苍翠欲滴，可谓景色宜人。庭院小景也注重人工、天然的浑然一体，其间最负盛名的是寿松堂前的庭园。曾担任学校国文教师的李湘侨曾作有《寿松堂前花木记》：

> 寿松堂之前堂前为庭，即庭治圃，外薄四阶，中交二道，夹道冬青如矮垣，高略齐阶。阶篱相接以成圃，四面杂植花木其中。木有白松、杉、桧、桢各一本，花有牡丹、玉簪、月季、秋菊，多者二三株，萱与文竹各数丛，各圃不能遍有也。其制圃各一木，若为之主，群花媵焉。木下花旁各有石，离立者若蹬，甃者若峰岑。四木杉最高，松最苍郁，桢偃蹇斑驳独古劲。桧枝叶纤柔轻蕤多态。致诸花时以牡丹为富丽，萱簪菊竹恬素清正，风韵亦不减。桢俗名雀舌，亦松也。[5]

寿松堂因松而得名，张謇曾亲书堂名并题跋记其事："建学事兴，马齿五十，南陵徐太守赠松为寿。自维衰落，不足辱太守之爱,移植校庭,庶永嘉惠。岁寒相勖,窃志之已。"[6]298 由此,松之坚韧的品格化为张謇导兴教育的志气,使寿松堂成为学校精神的一种象征,从而也留存于后来诸多校友的记忆之中。

不仅校园布置精美,学校周边的环境也井然有序。学校三面环水,因此"通校有桥,桥有三。带校有河,河有岸砌以石,有墩壅以砾"[6]516,校河之西有学校附属的博物苑、测候所;学校之南又有附设农场、贫民半日小学(简称"贫民小学");学校之东,古迹三元桥、文峰塔、通明宫亦成画中之景。由此可见,通州师范创建之时不仅规模宏大,颇有"大学气象",而且环境幽雅,风景如画。近代史专家章开沅在其所著《张謇传》中即认为:"(通州师范)这些设施已经超过了一般中级师范学校的范围,显然是想往大专学校发展。"[7]20世纪20年代在通州师范担任英文教师的朱东润后来在他的自传中也曾写道:

> 我住的是寿松堂靠教室的一间过道楼,前面直看到十余里外的狼山,后面是一株银杏树,树上覆盖着数十年的凌霄,再后面是十亩荷花池,池外是一望无际的城河。整个校址轩敞,开阔,雄伟,……我到的时候虽然荷花已经渐衰,但是凌霄花正盛开,满树繁华,照耀着盛秋的艳色。寿松堂前的四棵大树,白皮松、罗汉松、杉树、桧树更是干霄卓立,苍翠欲滴,远处的狼山,青岚塞空。我到过不少地方,也住过许多学校,最值得怀念的还是南通师范。[8]

建校之初,通州师范注重教学设备的配备和辅助教学设施的添置。学校礼堂内先后陈设孔子、孟子、颜子、朱子等四位"至圣先师"石刻画像。刻像多有其出处,其中孔子碑像是光绪二十八年(1902)六月专程请人去曲阜孔林摹刻的吴道子所画孔圣像,颜子像是摹刻元至正年间成都学宫颜子像随刊本，孟子像是光绪三十一年（1905）请峄县县令姚鹏图拓的孟庙明天顺年间刻像，摹刻于孔子像之碑阴。礼堂内陈设古代礼器、乐器，为旧时流散于民间的通州旧学宫礼、乐器。另外，礼堂内还模仿日本学校悬挂天皇照片的形式，在偏室陈设光绪帝照片。讲堂、诵堂内布置的学生桌椅、教习坐几、讲台和黑板也是参考日本学校的设计和布置。例如，由王国维指导，在墙壁上设置四块以辘轳系绳可升降的黑板。息修室学生两人一间，初作为学生自修和睡觉之所，室内置床铺和

通州师范孔子像石刻拓本

学习用桌椅、书架。图书仪器室添置辅助教学和学生自修所用各种图书、仪器、标本，其中有关实验仪器、化学药品多购自海外。光绪三十二年为筹设测绘科、土木工科，学校又专门订购了一批测绘设备。体操器械室添置了操枪等体育器械。同时学校也为学生配备学习用具，据顾怡生回忆，学校在第1届学生开学时为每位学生配备了"画图器一副，曲线板、平行板、三角板、丁字尺各一件"[1]134。开校十年间学校教学、生活设备购置费总计银22952.423元。[9]

二、通州师范的附设机构

针对师范学生教学所需，学校在校内建设了附属小学，校外附设了博物苑、测候所、学校农场和贫民半日小学。

（一）附属小学

在张謇的兴学实践中，小学校谋划最早。在通州师范筹办之时，他参照东西各国师范学校制度，认为"寻常师范学中，亦必立一小学校，为师范生实践教授之地。是小学与师

范，其体用相受相成。故既立师范学，不得不兼高等、寻常两科小学"[10]。因此，他在《通海请立师范学校公呈》和《通州师范学校开办章程》中都拟定"师范学校开办后八个月，附设高等、寻常两科小学校，以资练习"[11]。

1906年通州师范附小师生在博物苑合影

光绪二十八年（1902）建筑学校校舍时即设计有各容80人的附属高、初等小学诵堂。光绪三十年十二月，由学校遣资留学日本的李元蘅学成回国，翌年七月被聘任为附属小学主事；八月学校又聘请已富教育经验的第1届简易科毕业生张师湛为师范算术教授兼附小科任教员；[12]同月，附属小学开始试验性的教学。光绪三十二年正月，附属小学校舍落成，其建筑为三层教学兼宿舍楼一栋，一、二层28间房为教室，三楼14间为宿舍，总计42间；教员预备室、成绩展览室、图画器械室共9间。同月，增聘教员6名。二月，附属小学正式开办。至宣统二年（1910），因附属小学学级数、学生数增加，调用师范西北两幢楼房，最北为初等教室，计14间；南为高等教室，计28间。原用校舍交给师范学校使用，同时借用师范校园外校圃房屋作为校外宿舍。

（二）贫民半日小学

光绪三十三年六月，通州师范为推广贫民教育，在学校以西建筑校舍，附设贫民半日小学，建筑及办学经费由师范学校统筹，管理由附属小学主事兼任。光绪三十四年正月，招生开学，同时师范附属小学单级部移并，并以该校为附属单级小学校。学校招收年龄不超过15岁的贫民子弟，单级编制，免收学费，"书籍、笔墨、纸张、石版等类，凡属课授要需，均由学校供给。成全无数青年，使为社会有用人材"[13]；教员二人，一为主任兼教员，一为教员或助教。宣统二年（1910）二月，贫民小学校舍改为通州师范附设农科教室，贫民小学移建于学校农场西南，改称"张氏私立贫民初等小学校"，"校舍纸窗茅屋，坭土作墙，纯似乡村风景"。[14]

（三）博物苑、测候所

19世纪末20世纪初，西学东渐，博物馆这样的新鲜事物也引起了有识之士的重视。张謇建设学校附设博物苑的想法来源有三：一是光绪二十一年（1895）上海《强学会章程》里最早提出了在中国创办博物馆的主张，身为强学会会员，光绪二十四年四月，张謇在草拟大学堂章程时也提出"宜有植物、动物苑，宜有博学苑"[15]的建议。二是受到罗振玉的影响。光绪二十七年，罗振玉在其主办的《教育世界》第一期发表的《教育私议》一文中提出了十项"兴学要义"，其中第十条便是立图书馆及博物馆。三是光绪二十九年考察日本期间，张謇参观了北海道农业学校博物馆及高等师范学校、理科大学附设的教育博物馆、植物园等。于是，张謇在光绪三十年十二月"以师范教授博物之须有所征也，始营苑于校河之西"[6]395，决定建设一所包括动植物园和博物馆在内的博物苑。光绪三十一年初博物苑正式动工兴建。张謇自任苑总理，聘任日籍教师木村忠治郎为顾问，任命师范生孙钺为苑主任，负责建筑工程。博物苑购地迁坟，拓地35亩，民国时期增至48亩。光绪三十二年十二月，博物苑的第一座建筑"测候所"建成，建筑物为三间平房，屋顶平台上有一露天的观象台，面积约4平方米，设有测量风力、风向、雨量等的仪器。其东侧设有寒暑亭，定时测量气温变化。1914年年底，苑南的南通农校建立测候所后，博物苑测候所的仪器并入其中。1915年初为了悬挂一幅巨大的宝塔形《华严经》竖幅碑刻拓片，张謇委托建筑设计师孙支夏将露天的观象台改建为尖顶气楼。测候所改造后改称"中馆",成为金石拓片和一些动物标本的陈列室。1915年1月,张謇为中馆题匾,匾跋云:"中国金石至博,私人财力式微,搜采准的务其大者:不能及全国也,以江苏为断;不能得原物也,以拓本为断。"[6]392 题跋实际上是张謇为博物苑藏品征集确定的方针。

中馆建成之后,博物楼(后称"南馆")和北馆相继落成。博物楼陈列文物和自然标本,宣统二年(1910)清政府在南京举办南洋劝业会,张謇任江苏各府属物产会审查长,闭会后他出资购买了各种展品,充实了博物楼收藏。楼上半圆形的阳台两边悬挂着张謇手书的楹联:"设为庠序学校以教,多识鸟兽草木之名。"这副联语概括地说明了博物馆的作用。北馆是五开间的两层楼房,为陈列清代南通画家钱恕长达十多米的《江山雪景图》手卷和在东海边出土的长达十多米的鲸骨骼而特地建造。

博物苑南馆外景摄影

苑内除用于陈列的建筑外,还按园林布局,建造了假山、亭榭、荷池。北馆前有美人石,原是通州珠媚园的一批湖石,后被狼山总兵取送于翁同龢,被拒后,置于常熟福山江边。此时张謇命人取回置于苑中,并作《美人石记》刻于石上,既取保护文物之意,又对恩师的清廉表示景仰。荷池中有龙头喷水,临河有藤东水榭,假山旁有国秀亭、国秀坛,坛内栽种牡丹、芍药。苑西北部有花竹平安馆,西南部有秋色坪,种植秋季花草。东南部饲养水禽。北部有小型动物园,饲养白鹤、鸸鹋、孔雀、山猫、箭猪、豹、黑熊、东北虎等动物。中馆前有药坛,种植中药草。

博物苑征集的文物、标本分自然、历史、美术、教育四部分,数量相当可观,至1912年共有2900多件。这些文物、标本先后由画家陈师曾、藏书家诸宗元、宣子野和木村忠治郎等人进行鉴定、分类、定名。经张謇苦心经营,到1912年,博物苑粗成规模,建筑房舍计73间,总面积计1898.7平方米,建筑及购置费共计银42240.245元。

博物苑的建设不仅为通州师范的教育教学提供了便利,而且也在南通地区发挥了良好的教育功能,产生了巨大的社会效益。至民国初年,"南通各校,凡讲关于动、植、矿物,常由教师率往参观,因之人多称为南通各校专设之标本室也"[16]。

1912年,博物苑基本布置就绪,当时通州师范已改成省立代用师范学校。由于张謇、张詧在博物苑的投资已超过银50万元,数额巨大,因此,博物苑脱离师范,作为张氏私人管理的事业,改名为"南通博物苑"。1928年后博物苑归南通学院管理,1936年南通学院董事会决议仍将其交由通州师范代管,直至1952年8月苏北南通博物馆成立。南通博物苑是中国人自己创办的最早的博物馆之一,而把一个规模宏大、门类齐全的综合性博物苑作为学校的教学辅助设施,在中国教育史上尤为罕见。

(四)学校农场

学校农场的规划、筹建源于师范学校农业课程的设置。光绪三十年(1904)学校将农业课程设置为师范生的必修科之一,光绪三十二年又附设农科。为便于学生进行农业实践,学校于光绪三十二年九月"营农场于校河之西南"[17],以后"相继办了关于园艺、作物、畜牧,都是分部实习,温室、养蚕室等亦先后添筑"[18]。至宣统三年(1911),农场占地27亩,房屋67间(其中教室、教习室、化学分析室各5间,农器室6间,温室7间，牧牛所5间），购地、建筑费总计银13447.585元。

三、通州女子师范的校园与校舍

通州女子师范在创校时购置城北陈氏老宅经修葺作为校舍，分南北三进、东西三部，其建筑为通州本地民居样式。光绪三十三年（1907），总理张謇又开始筹款购买城北晚明蓟辽总督顾养谦修筑的珠媚园废址及附近民舍建筑校舍，宣统二年（1910）六月落成，建筑"计楼房三十六幢，平屋七十三间，廊庑七十四间，平台一座，表门及后门三座，荷池一方"，总计用银33020元。[19]珠媚园校址"面临市河，东倚北城，地尚静爽，交通亦便"[20]。学校中心建筑为校西北的口字楼，南排楼房有

通州女子师范珠媚园校址校门

校长室、监理室和初小教室；东排为教室和办事室；西排为成绩展览室、教员室和初小教室；北排为教员室、雨操场和教室；楼中央为操场，四周植垂杨，间种玉兰、莘荑等花树。口字楼东紧附食堂，其南为空地，拟建女工传习所，再南为礼堂，礼堂南有两处大型的花坛，种植各式花木，花坛南边为门房、庶务室、会计室，最南面为表门，学校寝室在门房东南。口字楼东南有方塘回廊，池中种荷养鱼，方塘东侧原为土丘，顶上建亭，上下布植松竹，在一片青翠深绿丛中，与亭交相辉映。土丘北拟建幼稚园，再北拟扩地建附属两等小学。由此，珠媚园校址有楼，有池，有丘，有树，有圃，错落其间，既隐隐有一代名园之遗痕，又透出勃勃之生机，成为远近闻名的学校园林。

参考文献：

[1]顾怡生.教育家顾怡生诗文选集[M].南京:江苏古籍出版社,1991.

[2]李明勋,尤世玮.张謇全集(第4册)[M].上海:上海辞书出版社,2012:66.

[3]田中敬一.学校管理法[J].周家树,译.教育世界,1901(1).

[4]三岛通良.学校卫生学(续)[J].汪有龄,译.教育世界,1901(3).

[5]江苏省第一代用师范学校.李湘侨遗稿[M].南通:翰墨林书局,1926.

[6]李明勋,尤世玮.张謇全集(第6册)[M].上海:上海辞书出版社,2012.

[7]章开沅.张謇传[M].北京:中华工商联出版社,2000:156-157.

[8]朱东润.朱东润自传[M].上海:东方出版中心,1999:100-101.

[9]南通师范十年度支略[J].南通师范校友会杂志,1914(4).

[10]李明勋,尤世玮.张謇全集(第1册)[M].上海:上海辞书出版社,2012:44.

[11]李明勋,尤世玮.张謇全集(第5册)[M].上海:上海辞书出版社,2012:40.

[12]附属小学职员姓氏录[J].南通师范校友会杂志,1911(1).

[13]南通县张氏私立国民学校(又名贫民学校)[J].京师教育报,1917(41).

[14]王蜀琼.南通县教育及实业参观笔记[J].中华教育界,1915(7):7.

[15]李明勋,尤世玮.张謇全集(第8册)[M].上海:上海辞书出版社,2012:447.

[16]陈翰珍.二十年来之南通[M].南通:张謇研究中心,2014:79.

[17]本校三十年沿革略[M]//通州师范学校.通州师范学校三十周纪念册.南通:翰墨林书局,1934.

[18]季承恕.我校农场的历史及概况[J].南通师范校友会汇刊,1923(1):141.

[19]江谦.南通地方自治十九年之成绩[M].南通:翰墨林书局,1915.

[20]本校现状志略[M]//南通县女师范校十周年概览.南通:翰墨林书局,1916.

第四节 学制、课程与附设专科

清政府虽然在光绪二十八年（1902）八月颁布了《钦定学堂章程》（壬寅学制），但并没制定专门的师范学堂章程，因此通州师范在制定学制、专业和课程之时，只能参照《钦定学堂章程》中《京师大学堂师范馆章程》《钦定中等学堂章程》的有关规定，并直接引用日本近代师范教育法令、规程中的有关内容。

一、两校的学制设置

在学制设置上，《通海请立师范学校公呈》中明确规定，通州师范的学制"约以本科、速成、讲习"。这种三级学制的设置，一方面是考虑到国家兴学之初，入学者年龄差距较大，同时作为收取学膳费的民立师范，学生的经济承担能力也有所不同，因此"其班次则以年差，以力差，以愿差。年长而家贫愿就讲习者，学期一年为一班。年长而家贫，或不贫而愿就速成者，学期二年为一班。年富而家不贫，或贫而愿就本科者，学期四年为一班"[1]44。另一方面，考虑到与新式学校从无到有的兴学过程相合，即"设师范学八阅月后，附设小学校，供讲习科生之实验。第二年讲习科生给讲习科毕业凭证，分充各乡寻常小学校教习。以附设小学校供速成科生之实验，第三年速成科生给速成科毕业凭证，分充各乡寻常小学校教习。以附设小学校供本科生之实验，第四年减讲习、速成科生额，增本科生额。第五年立高等小学校"[1]44。

那么，三种学制中本科是接受四年完整师范教育的完全科，速成科（又称"简易科"）、讲习科则应师资培养急需情况缩减学制为两年、一年，随着本科学生毕业和培养规模的扩大，简易科、讲习科则渐次裁撤。

学校招考只有本科、讲习科，本科"录取入学者初为试验生，三个月后审定性行，可认为适当之选，乃许留学，第一年习豫备科"[2]。讲习科第1届学生实际在校学习一年两

1906年7月通州师范首届师范本科学生毕业合影

个月，第2届由于地方急需教员学习了六个月就毕业，到第3届以后才按规定修业一年。简易科是在本科学生入学一年后，挑选一部分年龄较大的学生改编而成。根据校章规定，简易科在已有一学期预科学习的基础上继续学习两年，其实际修业年限应为两年四个月，与日本明治时期规定的师范学校简易科修业年限相等。[3]在实际办学过程中，光绪三十年（1904）六月"因地方亟需教员，更择甲班本科中年稍长者十六人为甲班简易科"[4]，次年正月又从乙班本科选出10人为乙班简易科，六月甲班简易科毕业，十二月乙班简易科毕业。因此，简易科第1届学生实际在校学习两年两个月，第2届则学习两年。光绪三十年十二月，丙班本科招集时，学校决定今后不再分设简易科，由此简易科学制被裁撤。开校之后，学生届次以甲、乙、丙、丁排序，第5届即为第二次甲班，至宣统二年（1910）九月，师范本科不用甲、乙、丙、丁等字，改用"第×次"计。

在学校创办之初，张謇还规划"本科四年卒业后增高等

师范学科"[2]，培养中学和师范师资。但开校四年后此计划并未实施，一方面是因为办学经费筹措困难，多方设法也仅够维持，没有更多的资金开办高等师范科；另一方面，三江师范学堂、江苏师范学堂等优级师范相继开办，培养中等学校师资，后来通州师范也在辛亥前后聘用了一批优级师范学堂的毕业生来代替原来聘请的日籍教师。

通州女子师范开办时，按部章规定，师范本科修业期四年，由于招收高小毕业生，已具备"普通学力"，因此未设置预备科，附属小学初等、高等学制均为四年。

二、两校的课程设置

（一）通州师范的课程设置

在课程设置上，《通州师范学校学课章程》基本是移植了日本1892年7月颁布的《师范学校学科及程度》的相关内容，在开设课程科目、周学时数安排上略有调整，教学内容、要求上则基本一致。因此，日本学者荫山雅博认为："当时罗振玉和他的旧友、后来就任江苏师范学堂总教习的藤田丰八等齐心协力，主办了中国最早的教育专门杂志《教育世界》，介绍了明治日本的学校教育制度、教育行政制度、各种学校的课程等。而张謇则彻底地活用了罗振玉等提供的情报，致力于通州师范学校课程的编成。"[5]

在课程科目设置上，"学课章程"规定，师范本科设置伦理、教育、国文、历史、地理、算术、理化、博物、图画、日文、体操等11门必修课程，另外加设政治经济学、农学、英文3门随意科（即选修科目）。与日本师范学校课程设置相比较，通州师范必修课少习字、音乐课，增加了外国语；选修科目缺手工课，并将商业科目变通为政治经济学。课程设置的调整是参照了《京师大学堂师范馆章程》和《钦定中等学堂章程》中有关课程门目的规定，如"学课章程"中日文课程的各学年教授内容与《钦定中等学堂章程》中规定的外国语课程内容相同,仅在第四学年增加了"授以教授日文之顺序、方法"的师范专业要求。习字课因其教学内容包含在国文课教学之中而未单独设置。关于音乐课程,学校则于光绪三十一年(1905)请嘉定夏清贻授乐歌,后来附属小学音乐教员也在师范学校兼教风琴和唱歌,但音乐课作为列入课表的正式课程并专门聘请音乐教员则是在进入民国以后。

"癸卯学制"规定外国语课程"娴习普通之东语、英语及俄、法、德语。英语、东语为尤要"[6]407,通州师范学校因聘请多位日籍教师授课,所以外国语课程开设日语。至光绪三十一年,学校以教育学、西洋史、论理学等课程涉及欧美词汇、理论较多为由,决定从第2届本科第二学年开始改英文为必修课。当时师生中尚有不同意见,对此张謇在给学校的信中说:"乙班明岁功课本配定英文,嗣因有全班请改东文之说故拟改授东文。今来言愿习英文者十人,闻两可者尚有多数,则前所云全班同愿之说已不足凭,改换东文之说即可撤销。"[7]由此可见,对学生学日语还是英语,学校充分尊重学生的意见。资料显示,至光绪三十三年,学校第1、4届本科和农科学的是日文,第2、3、5届本科则学英文,而当年的教师中西谷虎二、陶驷原教日文,丁勉英教英文。[8]至1914年,学校最后一位日籍教师西谷虎二回国,日文才不再作为学校正式课程,学生一律学习英文。

对农学课程,通州师范"开办的第二年,校长(指张謇)即认农业为师范生的必修之科"[9],至光绪三十一年二月学校"建设五山学校林,简甲、乙班生十人分任种树之役"[4],次年九月与附

通州师范学生在农场实习摄影

设农科同时，设置农业课程为师范生必修课程。农学课除传授一些农业知识外，主要组织学生在附设农场劳动，也教学生手工，至宣统三年（1911）初从农业课程中分出手工课程，并逐步确立起民国以后的农工分科模式。此外，为推动清末立宪运动，培养国民自治意识与能力，光绪三十二年（1906）八月学校开设法政课。

在课程设置的时间次序和周课时安排上，通州师范本科第一学年是预科，其教学目标主要是打好学生的知识基础，因此在国文、历史、地理和日语课程上增加周课时数，而如教育、理化、博物、图画等课程第一学年则不开设。在周课时总数上，学校执行京师大学堂师范馆每周36课时的规定。随意科由学生自主选择，规定："第四年设随意科，听愿习者择一科目，去每周习国文之时刻习之，或寻常师范生毕业不更习高等者，听其择习。"[2]然而，开校后第一学期的实际课程及课时则由于师资配备未到位，未能按"学课章程"执行，师范本科每周"伦理（西洋伦理学史）二小时，《汉文典》二小时，算术六小时，日文十八小时，图画（用器画）二小时，体操六小时"[10]134。为让学生尽快听懂日籍教师的授课，日语课占到了总课时的一半。直至光绪三十一年学校派遣赴日留学的学生陆续回校任教，学校才得以全面实施"学课章程"的相关规定。

"学课章程"规定简易科为"试验留学后不愿就本科及第一学期试列二等者均就速成科，不习日文，惟在试验三个月及第一学期内仍同本科之豫科课程"[2]，其课程有伦理、国文、历史、地理、算术、教育史、体操、教育学等8门。讲习科学生在休息日到学校讲堂集中听讲，平时允许其旁听本科课程，其课程"以伦理、教育为主义，以历史、地理为旁及"[2]。第1届讲习科学生"每周各到校共三次"，课程、课时为"教育原理、教授法、理科每周各二小时，共六小时"。[10]134

综上所述,开校初期,通州师范已形成伦理、国文、历史、地理、算术、理化、博物、日文等文化课程,教育理论、学校管理、教授法、教授实习等教师职业课程,以及图画、体操、农科等艺体、技能课程相结合的近代师范教育课程体系,并具有自己的特色。对此,1918年张謇曾在通州师范的一次演说中自豪地说:"通校课程,均有特异之点在。而师范校为其尤。夫课程之订定,既须适应世界大势之潮流,又须顾及本国之情势,而后斟酌损益,乃不凿圆而枘方。"[11]383

(二)通州女子师范的课程设置

通州女子师范的课程设置最初也是参照了日本对师范学校的有关规定,并且在办女子师范学校之前,光绪三十二年(1906)六月校长姚蕴素还专程去上海参观女子学校,课程设置上应该也借鉴了上海的成功经验。同年十二月制定的《通州女子师范学校初办章程》规定,"修身、教育、国文、历史、地理、算术、理科、图画、乐歌、体操为必修科,外国文、手工为随意科"[12],共12门课程,而初办章程的分年科目中又增加了家政课。

《通州女子师范学校初办章程》

与通州师范相比较,在科目设置上通州女子师范增加了家政、乐歌与手工3门课程,这符合当时女子教育"讲习保育幼儿方法,期于裨补家计、有益家庭教育"[6]575的社会要求及培养要求；理化与博物两门课程则统合为理科一门课程。在课程的分年授课安排上，女子师范学校的历史、地理课仅安排前三学年，图画课则四学年均有。在课程的内容与进度方面，女子师范学校各课程内容总体更为简要，知识难度稍低，但分年进度的逻辑关系更为明确。与光绪三十三年（1907）正月颁布的《奏定女学堂章程》（以下简称《奏章》）中有关女子师范学校课程设置及要求相比较，通州女子师范将家事、缝纫两门课程合设为家政课，又多出一门外国文。在分年授课安排上，通州女子师范的国文课开设四年，《奏章》中则为三年；通州女子师范教育、家政课程在第一年开，手工、乐歌课程在第四年不开，仅安排三年，《奏章》则安排四年均设。

在实际办学中，据1915年通州女子师范编制的现任、前任职员录分析，一是首届师范本科将外国文设为随意科，光绪三十三年学校聘请钱丰保兼授日文，沈明涛专教英文，师范生可选英、日文中的一科学习，而自光绪三十四年钱、沈两位教习辞职后，学校则未再聘任教师任教英、日文，应当是按《奏章》规定取消了外国文课程。二是宣统二年（1910）通州女子师范首次聘请通州师范教员顾怡生兼任教育科教员，教授教育学和学校管理法，之前则未有教育课程专、兼职教员，教育类课程应是未按章开设。因此，通州女子师范是到1910年之后才真正具备了较为完整的师范教育课程体系。

三、两校的附设专科

在筹办通州师范时，张謇曾规划将来在中等师范基础上发展高等教育，建设文科（教育学部）、理科（博物学部）、农科（农艺化学部），从师范教育中衍生出实业教育和专门教育。通州师范第1届师范本科毕业以后，为了给地方举办各种实业和各项建设培养专业技术人才，也为了给规划中的专门(高等)教育奠定基础,自光绪三十二(1906)年起,张謇在通州师范创办、附设了测绘科、土木工科、农科、蚕科等专科,在通州女子师范附设了女子手工传习所,具体情况如下。

(一)测绘科

光绪三十二年九月,张謇因在通州兴办实业、教育,推行地方自治,急需测绘通州全境,并作为制订地方发展规划的依据,于是决定在通州师范附设测绘科,培养自己的测绘队伍,所谓:"欲实行地方自治,必先测绘各区舆图,乃就师范学校附设测绘专科,以养成测绘人才。"[11]278测绘科经过招考录取学生38人,并挑选了5名数学成绩拔尖的师范本科学生一并编入。最初,测绘科课程与师范本科基本相同,至光绪三十三年正月,学校聘请土木工程技师宫本几次主持测绘科事务,并负责所有专业技术课程的教学与实习。测绘科课程包括代数、几何、三角、物理、制图、测量、用器画、体操等8门。其中测量课程包括测练测量、手板测量、罗针测量、经纬仪测量、水准测量等内容,并着重实习。次年正月,43名学生学成毕业,他们大多数成为清末通州测绘局和清江测量局的技术骨干,后来为地方建设和治淮治运做出了重要贡献。

(二)土木工科

测绘科学生学成毕业后,为继续培养地方水利、交通和建筑工程人才,光绪三十四年正月学校继续附设土木工科。在测绘科毕业学生中挑选了9人编班,继续由宫本几次包班教学。开设的专业课程有力学、建筑材料学和施工法、三角测量、图根测量、河海测量、河工学、筑港学、道路学、制图实习等。宣统元年(1909)正月工科结业。这批学生中后来最出名的是孙杞,他在清末民初设计建造了江苏咨议局大楼、中国最早的现代化剧场更俗剧场和南通总商会大厦等建筑，其设计图纸被收入《中国建筑简史》，他也被誉为"近代早期有建树的一位建筑师"[13]。

（三）农科

张謇为给其开创的农垦事业培养农业技术和管理人才，在光绪二十七年（1901）创办通海垦牧公司时，准备在集股七成后，即"兴工筑第一、第二堤，兼试办畜牧及农学堂"[14]32，并对农学堂的校

由通州师范附设农科发展而成的
南通县私立农业学校

舍建筑、教习、管理等做了较为细致的规划。然而，垦牧公司开办后连年遭遇风潮雨灾，"财力大匮，工程窒务，多致停顿"[15]，又因垦牧区"水道处处淤垫，转运物料之难，百倍他处"，故而"农学校不得不稍缓"。[14]430

至光绪三十三年三月，张謇决定在通州师范附设农业本科，招收23人入学，其中大部分是来自师范本科二、三年级的学生。九月，农科开课。对此，上海《时报》曾报道说："通州师范学校附设之农科订于九月初一日开学，并令各生入校之时须各带草履、布衣，以备力耕之用。"[16]农科的校舍以师范学校在校河西南、博物苑南开辟的农场为基础进一步购地建筑，至宣统二年（1910）十二月，先后建成农场、教室、农器室、堆肥制造所、化学分析室、玻璃温室、果树园、试作园、蔬菜园等。光绪三十四年以后，农科先后聘请日籍教习照井喜三和毕业于江南实业学堂农学专科的吴峻、孙观澜担任主任。农科除设置国文、数学、理化、日文

等普通课程外,专业课程参照了光绪三十年(1904)创办的江南实业学堂农学专科的课程设置,开设土壤学、肥料、植物病理、矿物学、特用作物、化学分析、实地验习等课程。另外,为适应将来参与垦牧区的规划和建设需要,还加授测量、制图、三角等有关测绘的课程。宣统二年(1910)正月,张謇又再"定农科学课、教员"[17],进一步完善农科课程体系。

宣统二年十二月,首届农业本科学生毕业,在校学习三年又三个月时间,符合"癸卯学制"中初等农工商实业学堂学制三年的规定。此时,张謇认为农业技术教育所需的建筑设施、实验设备和专业师资均已达到举办中等实业教育的要求,遂决定将附设农科改设为"初中两等农业学校"。先办初等农业科,招收初等小学毕业生40人,学制三年。而考虑到经费筹拨和普通课程师资配备等问题,农业学校仍旧附属于通州师范。故此,宣统三年三月在通海垦牧公司第一次正式股东会讨论"归通海小学堂及农学堂地亩变通一致之办法"时,与会股东一致通过"以股票照数填给通州师范及附属初中两等农校"。[18]民国成立后,1913年1月,依据北洋政府"学校系统令"中"实业学校分甲乙二种,各三年毕业"[19]的规定,附属农校"改初中两等为甲乙种,厘订校则,定校名为南通县私立农业学校"[20]。8月招收甲种农科生30人,12月第一次乙种农科学生9人毕业。翌年6月,通州师范不再为农校统管经费、统配师资,农校与师范脱离附属关系,完全独立。

(四)蚕科

在附设农科的基础上,宣统元年二月通州师范又附设蚕科,招收学生20人,同年十二月毕业,相当于一年制的"速成科"。蚕科聘请浙江蚕学馆毕业的王仁寿、王坚任主任和教员,课程参照浙江蚕学馆课程设置而大大缩减,普通科目仅开设理科、体操,专业科目开设养蚕、制种、栽桑、缫丝等蚕学基本课程。

（五）女子手工传习所

光绪三十四年（1908）正月,张謇、张詧以"我国妇女向为分利之人,近年生活程度日高,故生计、教育尤不可不急于讲求"[20],在通州女子师范附设女子手工传习所,分编物、造花两科,同年六月学生毕业。女子手工传习所的创办开通海五属地方女子职业教育先河,为民国后南通县、如皋县开办女工传习所,成规模、正规化地开展女子职业教育奠定了基础。

参考文献：

[1]李明勋,尤世玮.张謇全集（第1册）[M].上海:上海辞书出版社,2012.

[2]张謇.通州师范学校章程[M].上海:澄衷学堂印书处,1903(清光绪二十九年).

[3]师范学校简易科规程[J].陈毅,译.教育世界,1901(9).

[4]本校沿革略[J].南通师范校友会杂志,1915(5).

[5]荫山雅博.清末"日本型"学校制度在江苏的引进过程——以张謇的活动为中心[C]//尤世玮.再论张謇——纪念张謇140周年诞辰论文集.上海:上海社会科学院出版社,1995:215-216.

[6]璩鑫圭,唐炎良.中国近代教育史资料汇编·学制演变[M].上海:上海教育出版社,1991.

[7]李明勋,尤世玮.张謇全集（第3册）[M].上海:上海辞书出版社,2012:1431.

[8]江宁提学使呈报全属学堂一览表(续)[J].学部官报,1909(82).

[9]季承恕.我校农场的历史及概况[J].南通师范校友会汇刊,1923(1):141.

[10]顾怡生.教育家顾怡生诗文选集[M].南京:江苏古籍出版社,1991.

[11]李明勋,尤世玮.张謇全集（第4册）[M].上海:上海辞书出版社,2012.

[12]通州女子师范学校初办章程[M].南通州:翰墨林书局,1906(清光

绪三十二年).

[13]孙模.通州师范学校日籍测绘科教师宫本[M]//焦波.外国人在南通.北京:五洲传播出版社,1999:55.

[14]李明勋,尤世玮.张謇全集(第5册)[M].上海:上海辞书出版社,2012.

[15]李明勋,尤世玮.张謇全集(第6册)[M].上海:上海辞书出版社,2012:586.

[16]农科开学[N].时报,1907-10-07(3).

[17]李明勋,尤世玮.张謇全集(第8册)[M].上海:上海辞书出版社,2012:697.

[18]南通市档案馆,张謇研究中心.大生集团档案资料选编:盐垦编Ⅰ[M].2009:174.

[19]宋恩荣,章咸.中华民国教育法规选编[M].南京:江苏教育出版社,2005:1.

[20]江谦.南通地方自治十九年之成绩[M].南通:翰墨林书局,1915.

第五节 师资选聘与教学状况

一、两校师资的选聘与培养

张謇极其重视两所师范学校的师资选聘,他认为"维教不可无师"[1]。通州师范开校以后,为能聘用到适用的人才,实行"唯才是举"的选聘政策。首先,在赴日本考察大阪博览会前后,张謇通过日本名人嘉纳治五郎、内藤湖南和旅日华侨王惕斋等介绍,先后聘请了8位教育经验丰富的日籍教师来两校任教,承担起师范学校的专业性课程。之后,又经罗振玉、钱念劬等介绍,聘请了一批曾在日本留学,接受过高等教育或专门教育,或毕业于近代中国最早的几个新式高等学堂并有一定教育工作经验的本国教师到校,逐步接替日籍教师承担师范学校及附设专科的教学工作。

(一)开校阶段的本国教习

在聘请的本国教习中,张謇对在开校时襄助最多的王国维(字静安)、王康寿(字晋蕃)、池文藻(字仲英)三位教习寄予厚望,他曾在给王国维的信中说:"唯仗先生与仲英先生及晋蕃先生协商校事。"[2]1421。这三位教习对通州师范有开创之功,但光绪二十九年(1903)十二月王国维应罗振玉之邀到江苏师范学堂任教,在通州师范仅一年时间;光绪三十一年六月池文藻考取清政府官费留学名额,赴日本学习政治经济科,七月王康寿被张謇派往海门高等小学堂任总理,两人在通州师范任职都不到三年。此后,学校聘请的本国教职员中的骨干有前江南陆师学堂教习马晋羲,张謇的弟子江谦,江南陆师学堂毕业的徐承业、戴仁寿,南洋公学毕业的潘灏芬、祝君舜、丁勉英等,之后则更有学校资遣赴日留学的学生回校任教。其中,先后担任学校监理兼教员的马晋羲、江谦最为重要。

马晋羲,字惕吾,湖南长沙人。早年参加科举,后致力于精研中国史地,尤"以地理专其学,而持是以为教授"[3]。19世纪末,他应邀担任江南陆师学堂国文、史地教习;光绪二十九年(1903)十一月,应聘来通州师范任教地理课。张謇认为马氏执教已有20年,"本邃心于中国舆地,去年又去东考察有得,极难得之选",[2]1419为此定其月俸比陆师学堂高20元,与王国维同为70元。此后,马晋羲在授课之余,笔耕不辍,编辑地理教学用书及资料,在商务印书馆和翰墨林书局连续出版了《中学地理参考书》《中国地理教科书》《中国地理讲义》《中国地理问答》等地理教学书籍。光绪三十一年七月,马晋羲接替王康寿担任学校监理,协助张謇聘请新学人才,扩充和稳定师资队伍,附设测绘专科,改革学生自修制度,组织教育见实习,筹办附属小学,使学校办学日渐稳定有序,教育教学日益正规化,组织管理逐步科学化。至光绪三十二年十二月,三年聘任期满,马晋羲辞职回乡任教,民国时期出任湖南第一女子师范校长。

江谦,字易园,号阳复,江西婺源人。光绪二十年拜张謇为师,光绪二十五年入学南洋公学师范院,后因病休学。通州师范创办之时,江谦"自先生始度校舍、议

江谦像

校章，即与闻讨论"[4]。光绪三十年（1904）正月，学校聘其接替王国维，任国文教习。光绪三十三年正月，又接替马晋羲任监理，成为学校具体校务的实际主持人。江谦信奉"阳明知行合一之学"，讲学、治校注重"以能读能耕之四字训，矫正袖手空谈之旧习"。[5]他善于谋划学校发展，协助张謇先后在学校附设农科、土木工程科、蚕科，开办小学教育研究所、贫民半日学校、塾师讲习所、单级教授练习所、甲乙种师范讲习所、初等小学教员讲习会、手工传习所。他办学思路开阔，支持日籍教师西谷虎二、木村忠治郎在学校推进教学改革与研究，积极倡导立校训、校歌作为学校精神的象征，着力培养学生学习生活中的"自治"精神。他致力于文字音韵之学，在近代中国最早提出使用汉字注音音标和改"官话"为"国语"的主张。通州师范在江谦的带领之下发展迅速，校誉日著，闻名全国，他本人也成了远近闻名的教育家。

光绪三十三年通州女子学校改办女子师范学校之时，学校聘用了俞佳钿、易瑜、钱丰保、孙拯、秦卓然、陈端书等一批新知女性担任教员，至次年正月这些教员先后辞职离通。受进步思想影响，自光绪三十三年七月起，学校决定聘请男教习到校任教，其中通州师范第1届简易科毕业生保思毓任教算术、图画，从南菁高等学堂毕业的尤金镛任教理化，浙江东乡杨向寅教授国文、历史、地理。从光绪三十四年正月起，学校决定"除体操、唱歌、手工、裁缝外，皆聘用男教员"[6]，之后通州师范第1届讲习科毕业生孙锦标、黄彦

1911年通州女子师范男教习合影

昇任教历史与地理,第2届讲习科毕业生王崇烈教国文,第1届本科毕业生顾怡生讲授教育。由此,一方面所聘文化课程教员绝大多数为通海五属人士,师资的本土化使通州女子师范的教师队伍稳定下来;另一方面,这些教员都是通州师范培养的毕业生或两校兼教者,有利于两所师范学校在教育教学和实习方面保持一致,更有利于地方小学教育的推广、普及。

(二)两校聘请的日籍教习

为在南通开启师范教育,办好两所师范学校,张謇不惜重金先后礼聘了8位日籍教师来两校任教。这在当时是非常特殊的,因为光绪二十九年十二月(1904年1月)清政府颁布的《奏定学务纲要》中明文规定:"省城师范学堂,或聘外国人为教员,或辅以曾学外国师范毕业之师范生。外府师范学堂,则只可聘在中国学成之师范生为教员。"[7]南通州直隶州则属于"外府",按例不得聘任外国教习。

学校教育肇兴,近代课程教学不得不走"异域借才"之路。在参与"江宁兴学之议"时,张謇即听取了藤田丰八的诸多意见,认为师范学堂兴办之时应聘用日籍教习,快速、有效地移植日本师范教育体制,建议在省城创办每届学额160人的师范学堂,第一年应聘用日籍教习2人。具体筹办通州师范学校之时,经罗振玉、王国维的推荐,张謇聘用了木造高俊和吉泽嘉寿之丞,并在他们的帮助下完成了章程制度的制定、校园校舍的建设和招生考试等一系列准备工作。之后,在日本考察期间,他又敦请日本教育家嘉纳治五郎、汉学家西村时彦和旅日华商王惕斋等帮助物色日籍教习,拟聘和田喜八郎与折井夫人等到通州任师范学校教习及保姆(幼儿教师),但未能谈拢。可见当时有意愿来中国又能适用的外籍师资人才一时难觅,加上通州师范属于私立,开给外聘教习的月俸没有官办学校优厚,吸引力就更小。比较而言,在光绪二十八年（1902）下半年已开设速成科的直隶师范学堂同时聘请了8位日籍教师，其中三人月俸银150两，两人110两，三人85两，同时每门课程均配副教习1名，由在学师范生充任，负责翻译并助讲，月俸24两。那么，聘请日籍教习加上所配副教习每月的薪水支出总计约银1100两。[8]这么多的资金是张謇和通州师范所不能承受的，于是王惕斋、嘉纳治五郎、内藤湖南等向张謇提出了一个招揽日籍教师的特别办法。对此，光绪二十九年九月上海《申报》曾有报道：

> 通州张季直殿撰欲礼延日本名流来华设教而一时颇难其选，且如南洋、两湖诸学校所聘教习，必月束修三百金，经费难筹，以致踌躇未决。近有人向殿撰献策，谓不如改聘去岁教科书受贿案内褫职之员，此等人虽品行胥无足观，然尽有学问优长堪主讲席者，若月致百金或七八十金修脯，自必欣然乐从，殿撰韪之。其人遂暗中物色，择行止稍稍端正者，聘定数人，按其学问之短长分为二等：一为曾在寻常师范学堂毕业者，令赴小学堂为师，一为曾在高等师范学堂毕业者，令赴中学堂为师。一俟通州斋舍落成即可来华教授。[9]

聘用在1902年年底卷入日本"教科书受贿案"但学问优长的教习，也是当时情况下的一种选择。一方面，这批人的学识与能力都是得到日本教育界认同的，其中有不少担任过师范学校的教谕乃至校长；另一方面，这批人在日本无法继续任教，不仅他们愿意到中国继续任教，以图谋生，就是当时日本的教育界也认为有利于缓解"教育者中出现了众多犯罪失职者"[10]的尴尬局面。用这种办法，张謇很快在两个月后聘请到卷入教科书案中的日本前宫城县视学官、前仙台中学校长西谷虎二来校任教日文、教育、西洋史、伦理学、论理学、英文等课程。但由于光绪二十八年十一月底至十二月初上海《申报》等报纸曾对教科书案做过数次报道，不仅介绍了该案的原委及涉案人员情况，还提及该案导致"污秽不合理之书籍公然列肆"[11]，因此西谷到校后，部分阅读过相关新闻的师生议论纷纷，认为师德为先为重，不应该聘用受贿且编辑"淫书"的人来校任教。张謇为此专门致函监理王康寿予以解释，并阐明自己的立场和观点。他说：

> 魏武求才不必廉士有行，为其需济用也。今其本纪中之令可考而知。今通州学校亦所谓求贤之急时也，但使所请人来，能供吾用，而有益于目下之学程，即无行，吾亦用之。宁不优于徒索重资、委蛇无用之外人乎？吾此次所订之约，约束甚坚，至于用意所在非诸生所能领悟也。须知此特须看作一画方圆之规矩，权轻重之衡石，涉津渡之桴筏，不必依魏照人师之义，作此迂论。人师之义，则我学校日后应担之责任耳。[复阅来讯，校中于教科书案似未明白。教科书案乃另一事也。教科书案者编辑教科得书贾贿，广为行用，此等事在中国今日政治不明之世必有人议辨（办）得太过，非淫书之谓也，误会太多。] [2]1422

张謇在聘请外国教习上"为我所用""依约办事"原则的确立，让西谷能立足通州师范，安心任教了11年时间。此后，光绪三十年（1904）正月和七月，同样卷入教科书案的远藤民次郎和木村忠治郎继西谷之后也应聘来校。远藤毕业于东京高等师范学校中学师范科，先后担任过岛根县师范学校教谕、校长和私立明治义会中学校校长。远藤在通州师范任教一学期，教授算术、理化。木村先后毕业于爱媛县寻常师范学校和东京高等师范学校理化科，曾担任日本福冈县、大阪府、大分县师范学校教谕和福冈师范小学主事，在日本是小有名气的教学法专家。木村到通州师范接替远藤教授博物、理化，还教授各科教学法，并指导教育实习，前后在校六年半时间。[12]加上后来在附设测绘科、土木工科包班教学两年的宫本几次，在附设农科包班教

在通州两所师范任教的吉泽嘉寿之丞和森田政夫妇

学一年的照井喜三，以及吉泽嘉寿之丞夫人、在通州女子师范任教一年的森田政，两所师范先后聘用了8名日籍教师。这样，从1904年至1911年通州师范每学期都有两到三名日籍教师在校任教。这些日籍教师为通州师范较完整地移植近代师范教育体制并培养其他实用技术人才奠定了基础，对地方教育体系的衍生发挥了重要作用。如吉泽、森田夫妇先后执教通州师范、扶海垞家塾、通州女子师范、通州高等小学，为近代南通教育制度的创立，为师范教育、小学教育和幼儿教育、女子教育的开启做出了重要贡献。西谷在通州师范教授五六门课程，是教学的多面手。为克服语言沟通问题，他在学生中倡导"自得主义"的学习方法，培养学生自学能力和学习的自觉性。木村教授博物、理化课程，重视直观教学和实验教学，支持张謇创办附属博物苑并担任顾问，帮助制定博物苑整体规划，指导制作各种标本。木村还教授各科教学法，传授在当时的日本已广泛运用且适合近代中国快速普及小学教育的单级教授法和赫尔巴特五段教学法，他先后指导五届师范生在附小开展教育实习活动，形成了科学、规范的师范生教育实践制度。西谷与木村还住进学生宿舍，与学生同食宿，倡导学生自治、节俭，以养成师范生之自治能力，向学校建议在开"国耻会"的同时开"国誉会"，

"言中国地力之雄厚并历史上武功之卓著者，以与近世对照，愧之励之，又振作之"[13]，他们真诚地希望中国富强起来。宫本关于建筑和测绘的实践经验丰富，对学生热情而严格，边传授专业知识边指导实地操作。对这些日本友人，后来江谦在晚年曾赋诗称赞："西谷雍容儒气象，木村评教新师匠，宫本精能土木工，东南三士堪称奖。"[14]

综上所述，在通州师范开办的十年间，日籍教师成为学校教育教学的重要支柱，正是在他们的参与和努力下学校才成了一所名副其实的师范学校。为此，通州师范也给予日籍教师相对丰厚的报酬，如初到学校时，木造、吉泽的月薪是银150元，西谷、远藤、木村分别为银100元、80元和120元，1905年后月薪都增至百元以上，其中西谷为150元。相较而言，本国教习一开始月薪多为40元，王国维、马晋羲最高，都是70元，1905年后月薪最高也就80元。

（三）两校自己培养师资情况

在开校后的十年间，通州师范在培养小学师资的同时，注重将优秀的师范生培养成师范教师。其培养途径有二。

第一，资遣学生至国内外高等学府深造。光绪三十年（1904）二月，学校派遣第1届师范讲习科学生李元蘅、王福基、樊璞及第2届师范本科学生缪文功留学日本宏文学院，第1届本科生曹文麟、赵邦荣也以私费一同前往，李、王、樊、缪四人在同年十二月学成回国。光绪三十三年正月，学校资遣第1届本科毕业生尤金缄、于忱留学日本早稻田大学师范科，两人于宣统元年（1909）四月毕业。宣统三年正月及1913年8月，派遣毕业生杨嘉南、刘延陵至上海南洋公学、复旦公学深造。因此，光绪三十一年通州师范经费支出项目中有补助派往日本、美国留学生费用银1004元和1054.684元，次年开支项下又有补助方、汪二生去沪深造学费49元。据统计，到1913年学校先后有19名学生到国内外高等学府深造。这些学生回通后,即被委以重任,他们承担起原来本地无人能教的数学、理化、博物、教育等课程的教学工作并参与学校管理。如光绪三十二年(1906),附属小学建成,李元藟被任命为主事,并负责师范教育实习工作;宣统二年(1910)七月,学校进行校务管理改革,留学归国的于忱、缪文功一主舍务,一主庶务,同时担负起教育、国文、修身等主干课程的教学工作。到20世纪20年代,李元藟又被委派至通海垦牧乡创办第二附属小学;于忱则在民国时期成为通州师范的实际负责人和第四任校长;缪文功于宣统三年担任通海五属公立中学校长。可以说他们成了推动通州师范和地方教育事业发展的重要力量。

第二,毕业留校,边工作边自修成才。学校最初几届学生中的佼佼者多在毕业时被学校留用,如顾怡生、黄祖谦、潘树声、马鸿翰、黄士高、凌之瓒、罗铭钟等都留校担任教员,黄广介、孙钺、冯廷燮、江之穆、明琪、张淦、陈榘等则充当职员。也有在小学锻炼数年后被邀请到师范学校任教的,如邹楫、冯撷馨、孙锦标、保思毓等。对于这些留校工作的毕业生,张謇要求他们"学问兼理论与阅历乃成,一面研究,一面践履,正求学问补不足之法"[15]252,因

顾怡生像

此,他们在工作中大多刻苦钻研,并逐步在教育教学甚至学术研究上有所建树。如第1届本科毕业的顾怡生在留校后发奋学习教育学、心理学、伦理学等专业知识理论,宣统二年七月受命主持学校教务,并代替日籍教师主讲伦理学、心理

学等课程,他着手翻译、编著了《论理学》《伦理学》《心理学》等教材,在民国初年被誉为"通州四才子"之一。

在国内外深造后回校任教的学生和留校工作的毕业生,逐步成为通州师范教职员的主干力量,改变了建校初期以日籍教师和外地教师为主的师资结构。据统计,在宣统三年(1911)上学期,通州师范教职员连总理张謇在内共32人,其中通州师范的校友17人;专任教师共19人,其中日籍教师1人,外聘教师5人,学校的校友13人。[16]而同一时期,通州女子师范本科的文化课程任课教师除校长范姚、监理王毓湖,以及理化、博物教师尤金镛外,其他教员都是通州师范的校友。这时两校的师资状况也标志着民国前后两所师范学校的办学逐步走出了模仿期。

二、创办初期的教学情况

优良的师资为两所师范学校的开创和发展夯实了基础,两所师范学校也在此基础上积极开展教育教学探索,并形成了自身的一些特点。

(一)重视国文教育

早在光绪二十七年(1901)九月,在与缪荃孙"论学校尚近"之时,张謇就认为创办新式学校当"主中宾外,不废诵读"[17]508。而作为体现和传承中华文化的载体,国文教育则关系到学校教育宗旨、目标的实现。尤其在学校教育肇端时期,"我之师范生所已能者则独有文字"[18]64,且"国文为通各科学之精神"[2]1427,反之"修身隳败,国文浅陋,虽精他艺,无当人师"[2]1432。由此,张謇认为"国文之不可不注意,国文课之不可不研究教法,而教国文之较他课为难"[15]226。在开校之初,学校聘请后来成为国学大师的王国维和张謇的得意门生江谦先后担任国文教习,张謇本人也经常亲自出题考学生,点评学生的习作,并和一些学生吟诗作赋。

在国文课教学要求上,张謇明确师范生学习国文的基本要求是"说一事使人了然首尾,说一理使人了然眉目,说一境使人如到其境,说一物如见其物",因而师范所教国文,不是"美术国文",不是"国粹之文",而是"适用国文"。[2]1427,1428在国文课教学内容上,顾怡生曾回忆说:创校之初"师范诸生,如甲班本科、简易科以及讲习科,对于国文之常识已丰,运于文章之技巧亦熟。无人倡文字但须实业有用之论,亦无人申鲁论辞取达意而止之求。师于时所订

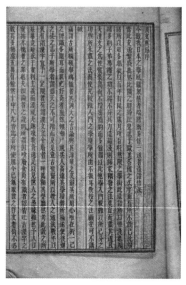

首届师范生使用的教材《汉文典》

课程,无国文讲读,有国文典而已。教授国文典者为王静安先生国维。师校有国文讲读,自光绪三十二年新班即丁班后称第四届本科者始"[19]。据此,学校创办之初因学生国文基础好,仅开设系统教授汉语语法的"汉文典",并作为师资培养的核心课程。自光绪三十二年(1906)九月第四次师范本科开始,国文课程分设国文讲读与国文写作,以后学校逐渐将讲授《说文解字》的文字教学、《马氏文通》的文法教学,以及选讲《论语》、《国语》、唐宋诗词的文学教学作为国文课程的主要内容,同时配之以作文练习与讲评,构成了通州师范区别于旧式书院微言大义的读经教学,凸显国文教育重实用、重分析的近代教学模式。在国文课教学时间安排上,光绪三十三年后,针对入学年龄大多在16岁左右的学生,其国文基础比前几届师范生薄弱的状况,学校决定"于正课外每晚加国文夜课一小时"[2]1430。

(二)开创教师职业能力培养模式

光绪三十年(1904)开始,日本教学法专家木村忠治郎到通州师范教授教育学及教学法,师范学校包括教育理论和教育见实习的教育课程体系建立起来。为给学生提供教育实践场所,光绪三十二年二月附属小学建成开学,开始学生分甲、乙两组,后来推行复式、单级两种编制。三月,木村带领首届师范本科学生到附小进行教育见实习。次年四月,学校又规定附小主事、教员负责师范生见实习指导。到宣统二年(1910)木村辞职回国之前,师范本科生的见实习活动都由其亲自指导,他还在本科生实习期间组织实习教授批评会,并召集城厢小学教员来校观摩,共同对教学进行研究。木村是一个博学多能、循循善诱、身体力行的指导者,他教会学生将师范课堂中所学知识、理论活用于教学实践之中,把当时盛行于欧美、日本的赫尔巴特"五段教学法"介绍给学生,并对书院式、私塾式的中国传统教育方法进行批判,对学生的创新尝试予以积极鼓励。每次实习结束后,木村会精选学生的实习教案、同学互评、指导教师评语编印成册,最后加上《木村先生之赠言》,编辑成《实习教授评案》出版,作为师范生和小学教师的教学参考资料。他还在学校主办"教授法练习会",带领全校师生开展教学研究,并"作为日籍人士首次对中国的小学国文科教授法进行了研究",[20]将研究心得和成果接连发表在日本的教育

《通州女师范校第一次本科实习教授评案》

杂志上。

木村所传授的教育教学理论和实习指导方法,对他所教的几届学生影响很大,并被其继承。宣统二年(1910)十一月,顾怡生负责指导通州女子师范第1届本科生实习,他按木村所传授的教育实习方法、模式,组成实习教授批评会,编辑、出版《通州女师范校第一次本科实习教授评案》。次年,顾怡生又结合自己的教育经验,撰写了《教生指导法》一文发表,从教生指导之时期、教生之配当、对于最初教生所当注意之事项、练习教授作用、练习训练作用、练习事务、其他之练习研究、教生之管理、指导者等九方面详细阐述了师范生教育见实习的各项要求、内容,这也成为1949年之前南通两所师范学校开展师范生教育实践的基本规范。相较于清末"我国旧日学章,虽于师范课程规定练习时间,大都视为具文,试习不过数次,其切实照行者,几为绝无仅有,遂使毕业诸生功亏一篑,学业成绩,纵有优良,而教授才能每虞短绌,实于教育前途多所缺憾"[21]的状况,通州师范重视教育实践可算是"绝无仅有"的一个特例。

(三)重视师范生职业人格养成

张謇认为师范教育的目的是"求于五洲,合智育体育;愿为诸子,得经师人师"[22],要求师范生"国家思想、实业知识、武备精神三者"全面发展,为此"师范造端教育,责任匪轻,故尤兢兢于国民教育奖劝实业及师范体操以兵式为主之定章"。[23]96贯彻在教学之中,首先就是重视伦理(修身)课程。在民国元年以前,学校先后任教修身课的是王国维、江谦、缪文功和张雍四位,他们都是德才兼备的名师名流,也都同时任教国文。其中,张雍任修身课时间最长,他在宣统三年正月师范本科新生的开学第一课上阐述了修身课的重要性:

今日第一日开学,诸生第一日上课,第一课便讲修身,可见本校对于诸生之身,十分注重。校中既十分注重,诸生岂能一毫自轻,既不自轻,则修身一课,自当注意。世界之物,无生而完美者,明珠白玉,虽是天生宝物,然而也要人功。园树修剪则成行,盆花修扎则成景,修之功也。予里有市屋,久藏煤,黑暗而恶臭。自屋主人雇匠而修改之,则白壁红窗,一转瞬而俨成精舍。予戚有炊室,下灰而上尘,虽灶下妪亦嗤为不洁。既而迁其灶,易其楹,凿壁为窗,稍稍修饰,今则窗明几净,为客厅矣,入其室者方诧为雅静也,修之功也。衣敝则改为,履穿则易制,附于身者犹求其美,而本来之身,反置之度外乎?面有垢则洗,发有腻则梳,人之情也。不洗不梳,未必人即相垢,然而不为也,以为非徒不美,且可憎也。然则一垢一腻之微,且不愿其留于身而必去之,而不道德之行为,不名誉之徽号,乃听其群集于吾身而不思去之,可谓爱身乎?爱好者,自孩提以来即有之特性。孩提之童,见一新衣,必争衣之,见一新冠,必争冠之,无他,爱好也。爱好者,好此身也。冠好衣好,吾身乃好。然则一二岁之时,且知爱好,一二十岁之时,反不知爱好,吾不信也。修身者,即因人人有爱好之特性而使之不汩没耳。非语诸生以困苦难行之事也,诸生勉之。[24]

张庸语言通俗易懂,析理深入浅出,与旧时书院、私塾的经学伦理课不同,更贴近生活,注重实用和审美,无怪乎张謇曾称其"诚恳冲夷,性情至美",为一时"人师之选"。[17]870

修身是一门实践性课程,张謇认为"教育精神上之病,为吾国前途之大隐忧",其病症表现在心理上的"私心"和生理上的"惰力",如果二病不去,"救亡图强之教育不可得而言也,教育之精神不可得而言也"[18]189,学校教育也就从根本上失败了。所以,他主张修身课就是要以"进公德"来"救私心",更要将课堂上学到的近代文明知识、公民素养及日常礼仪、生活规范施之以行动。他不时地亲自检查学生厕所的卫生状况,"以此验诸生公德之进退"[2]1417,他要求师范生经常参加劳动,养成劳动习惯,诸如打扫教室,关闭门窗,整理食堂桌凳等都要求学生自己动手。

张謇竭力提倡"军国民教育",以"救惰力"。由于"救弱之方,首在军务。欲国之人有军国民资格,必自培养完全之身体、保卫健康之精神始",故"学校当重体育"。[18]184宣统三年(1911)六月,张謇在中央教育会的演说中极力倡导在全国学校施行"军国民教育",主张学校"于体操、兵操、拳法、刀法、枪法,及游泳、竞漕种种游戏之法,与夫旅行远足之习劳,居处服食之简质,须极注意"[18]190。同一时期,通州师范在校内公布的"总理谕"中要求:"养成军国民教育,须从小学起,能行此军国民教育,须从师范起。何以能胜此任?今国势之岌岌如此,若教育不植其基,更无可以实行之地,凡在教育界者不得不任其责。本校诸生应明此义,应体察习惯。"[25]落实到具体的教育举措上,通州师范聘请有军事经验的教习担任兵式队列训练人员,设立学校运动部,组织学生到江宁参观军队,考察军事教育,并于宣统三年四月,将中国特有的健身方式——拳术列为必修课。同时,以师范学校为主,在光绪三十一年(1905)十月和光绪三十

1907年通州师范举办的模范运动会摄影

年(1907)四月组织"地方学校联合运动会"和"模范运动会",以运动会整肃的规则秩序、振奋的精神面貌及"体育之竞赛"达到"促诸生之进境"[18]384,"促地方教育之观念"[23]219的目的,这不仅在当时轰动了大江南北,更开通海地方体育运动的新风尚。

通州女子师范基于培养女子从事家事的能力和培养小学、幼稚园教师的双重目标,在开设普通科以外,十分注重手工、缝纫等劳技课程和音乐、舞蹈等艺术课程。如通州女子师范的家事(家政)课是师范生对裁缝、手工等家庭劳动技能进行学习、训练的综合课程,更作为修身课的实践之处。对此,张謇在宣统二年(1910)八月女子师范的开学致辞中曾说:"当注意家政,凡缝纫各科一切已为豫备。家政者,女子有益于世莫大之事业也。事业从学始。家政一科,多是作法,而妇德寓焉。无徒手空言而可为道德者。"[18]167 1913年3月,他又专门为学校题写了"服习家政、勤俭温和"八字校训。女子师范的家事课从本科二年级开始,学习"衣、食、住、裁缝"技能,第三年学习"编物、烹饪",第四年学习"育儿、看护、家计簿记及教授裁缝之次序方法"[26],毕业实习期间除教学、管理实习外,还在每周五下午实习烹饪。在清末,该课程除由范姚兼任教授外,并无专职教员,并只在师范科开设。

通州女子师范家事课实习摄影

参考文献：

[1]李明勋,尤世玮.张謇全集(第6册)[M].上海:上海辞书出版社,2012:330.

[2]李明勋,尤世玮.张謇全集(第3册)[M].上海:上海辞书出版社,2012.

[3]马晋羲.中学地理参考书[M].上海:开明印刷所,1905.

[4]江谦.南通师范十年度支略序[J].南通师范校友会杂志,1914(4).

[5]蒋维乔.江易园居士传[J].觉有情,1943(85/86):15.

[6]本校十年大事记[M]//南通县女师范校十周年概览.南通:翰墨林书局,1916.

[7]璩鑫圭,唐良炎.中国近代教育史资料汇编·学制演变[M].上海:上海教育出版社,1991:490.

[8]保定师范学堂职员教习姓氏薪金数目表(续)[N].大公报,1903-11-05.

[9]弃材可用[N].申报,1903-11-11(2).

[10]陶德民.付录1903年大阪来访の张謇と内藤湖南及び西村天囚[C]//明治の汉学者と中国:安绎·天囚·湖南の外交论策.大阪:关西大学出版部,2007:146.

[11]文字之狱[N].申报,1902-12-26(2).

[12]刘佳.通州师范学校与教科书疑狱——论张謇的外聘人才观[J].博物苑,2018(1):49-52.

[13]木村忠治郎.开会时之演说辞[J].通州师范校友会杂志,1911(1).

[14]江谦.梦游纪恩诗[M].上海:上海道德书局,1942:7.

[15]李明勋,尤世玮.张謇全集(第2册)[M].上海:上海辞书出版社,2012.

[16]本校职员姓氏录(辛亥上学期)[J].通州师范校友会杂志,1911(1).

[17]李明勋,尤世玮.张謇全集(第8册)[M].上海:上海辞书出版社,2012.

[18]李明勋,尤世玮.张謇全集(第4册)[M].上海:上海辞书出版社,2012.

[19]顾怡生.教育家顾怡生诗文选集[M].南京:江苏古籍出版社,1991:174.

[20]荫山雅博.清末"日本型"学校制度在江苏的引进过程——以张謇的活动为中心[C]//尤世玮.再论张謇——纪念张謇140周年诞辰论文集.上海:上海社会科学院出版社,1995:220.

[21]璩鑫圭,童富勇,张守智.中国近代教育史资料汇编·实业教育师范教育[M].上海:上海教育出版社,2007:825.

[22]李明勋,尤世玮.张謇全集(第7册)[M].上海:上海辞书出版

社,2012:440.

[23]李明勋,尤世玮.张謇全集(第5册)[M].上海:上海辞书出版社,2012.

[24]张庸.本校一年级修身课开始之演辞[J].通州师范校友会杂志,1911(1).

[25]通州师范学校揭示存稿[A].南通师范高等专科学校档案馆馆藏稿本,1911.

[26]通州女子师范学校初办章程[M].南通州:翰墨林书局,1906(清光绪三十二年).

第六节　两校管理状况与学生学习生活

一、清末两校的管理情况

张謇在创办大规模的近代化实业体系的过程中，把近代化的企业管理制度成功地运用到了企业的生产、运作和经营中，他认识到合理的管理制度的必要性，也逐步积累了宝贵的管理经验。当通州师范筹办之时，张謇也就自然而然地将其近代管理的意识与经验移植到学校管理之中，以使"师范学校"这个新生事物不断健强其生命力。为使学校管理有据可凭，通州师范开校之前，张謇主持起草了学校一系列章程制度，汇集为《通州师范学校章程》，使学校初步具备了一个结构层次清晰、工作分工细致、职责权利明确的近代化教育管理体系，同时这一体系也随着国家和学校教育形势的发展，不断得以补充、修正和调整，到民国成立之时基本成熟定型。

在学校内部管理机构及用人方面，张謇极其反对机构臃肿、人浮于事、职责不清的官僚式的学校管理体系。例如，同样属于中等师范、与通州师范规模相近的保定师范学堂开办时，设有总办、提调、总斋长、分斋长、文案委员、图书委员、仪器委员、司报委员、支发委员乃至司钟委员、监厨委员等21种管理职务，总计31人，每月月俸总计银1350两，另有"内外所用差役不下百余人"[1]。相较而言，张謇筹办通州师范时在管理用人上则十分节省。光绪二十八年（1902）五月起草的"开办章程"中除教习外拟请"监起居一人,校董一人,司帐、管书各一人,丁役十三人"[2]40,十月在上两江总督张之洞的《通州师范学校议》中张謇明确提出,"拟照奏定章程,设总理一人,教习或二人、或三四人,监理一人,司收支一人,司图书仪器一人,或增司书记一人"[3]65,并希望在通州师范这样的民办学校中利用其有限的灵活性建立起一种事权相对集中,权力结构比较单一的学校内部管理体制。因而,通州师范开校以后,直至宣统二年(1910)以前,学校的管理体系是一种从学校总理、监理到教习、庶务、书记、会计、杂务、杂役的单一的纵向结构。在此管理结构之中,除总理以外,监理、庶务也起到十分重要的作用。

"总理"是"日本及中国他校已有之名"[3]65,民国时期改称"校长",其职责是"主持全校教育、度支及一切事宜"[4]。张謇担任通州师范"总理"直至1926年逝世为止,其间,他最重要的职责是有效地利用其声望与地位,决定学校的教育方向、办学规模和筹集尽可能多的办学资金。除开学校筹创的三四年间,张謇并不具体地负责学校的某项事务。实际上,在开校十年间,由于张謇忙于厂务、垦务和通州乃至江苏学务,并投身于清末立宪新政运动,常年往来奔波于南通、上海、南京、苏州之间,在通州的时间很少。如光绪三十三年(1907)张謇曾自己计算说:"自元旦至除夕,合到家在家计之,仅三十九日。"[3]139虽然这里张謇所说的"家"是海门常乐的家宅,在通州的时间不计算在内,但我们可以推断他到通州师范处理校务的时间也是有限的。光绪三十二年以后,他对学校事务的意见多通过书信传达给具体的办事人。由于其他事务过于繁忙,在光绪二十九年赴日考察之前,张謇还想请浙江名士汤寿潜到学校代做两个月总理,如他能久居通州则由其正式接任,但汤氏因在家奉养双亲而未能履约。

"监理"这一名称应该是张謇在筹办学校过程中的一个创新，所谓"监理者，合日本舍监、中国监督而有时资为总理之权代而名之也"。[3]65按章程规定，监理的职责是："主持稽查校规、纠核全校工程、饮膳及暂时权代总理之事。"[4]从学校开办到1914年设置代理校长之前，先后担任学校监理职务的有王康寿、马晋羲和江谦三人。从学校管理的实际情形看来，这三位监理的管理责权超过了通州师范"职务章程"和"管理章程"中规定的"监理与诸生有德育、体育之关系，以维护诸生起居，匡饬诸生行止为专务"[4]的范围，成为学校事务的实际负责人。张謇也曾写信给监理王康寿，鼓励他必须勇于承担起学校实际负责之权，所谓"老监理有代总理之责，不为无权，一切尽可推诚婉商"[5]1421。由此，张謇对于担任监理的人选十分重视。最初，他聘请有旧式书院教育经验的王康寿担任监理，王氏在学校筹办及开学后的各方面管理、协调上颇为尽心尽力，但他在学校管理上也有令张謇不甚满意之处，如其心中主见不足，常为学生的意见所左右，又急于事功，缺乏临事审度、处事果断的领导能力，等等。因此，张謇在给王康寿的书信中对他多有劝诫、指导，如"学界之在中国今日本须耐心磨练，不可不求效，亦何能速效。愿先生因事弛张勿徒汲汲"[5]1421。光绪三十一年（1905）七月，张謇又聘任学校史地教习马晋羲接替王氏担任监理。马氏曾在江南陆师学堂任教，并到日本考察过教育，本来应该是张謇心目中主持学校事务的合适人选。但马晋羲于光绪三十二年十二月辞职回乡任教职，担任监理仅一年半时间。之后，由弟子江谦继任监理之职，张謇才真正获得膀臂之助，有"弟但为仆主持大纲""此校倚弟，仆乃放心"[5]1425的赞语。江谦治校有方，此后，学校监理一直未易他人。

　　关于通州师范的"收支""文案"，"职务章程"规定："收支一人，主全校用度出入及工程杂务"，"文案一人，主图书仪器及文报事","若收支、文案事冗,随时增杂务一人助理"。[4]学校开办时,考虑到学校事务的实际情况,分设庶务、会计、书记各一人。其中,庶务宋龙渊在学校筹划及开办之时,百事待举的情况下,具体负责校园、校舍的建设,博物苑、农场的营造,各种学校设备、用品的购置,经费的划拨、使用及学校校工、杂役的管理等,职责类似于后世的"总务"。另外,光绪三十二年(1906)以后,由于学校事业规模的扩张,学校还先后任命了附小主事、博物苑主任,以及测绘、农、蚕专科主任和后来的农校主任专任各事,后来的农校学生宿舍还专门设舍监一人进行管理。

当然,在开办初期,学校聘请的中、日教习也在不同程度上参与了管理,王国维、池文藻在学校各种章程的制订、教习的聘请及教学管理等方面出力颇多,木造高俊参与了学校的规划设计,木村忠治郎、西谷虎二则参与了博物苑的规划和学生管理工作。至光绪三十二年前后,缪文功、顾怡生、黄广介、黄士高、江之穆、明琪等各科学生先后留校任教、任职,充实了学校的管理力量,他们开始分担原来集中在监理、庶务身上的学校事务,比如,缪文功、顾怡生襄助江谦管理教务。宣统元年(1909)十二月,通州师范派往日本留学的于忱、尤金缄学成回校,他们在早稻田大学接受了三年正规的高等师范教育,回校任教任职后让学校的教育教学和管理获得了新的发展。次年七月,在学校监理之下,"分校务为教务、斋务、庶务三部,订事务分掌细则,以顾公毅主教务,仍兼授国文、教育,于忱主斋务,兼授教育,缪文功主庶务,仍兼授修身、国文"[6],学校原来纵向、单一的管理结构向横向延伸,后来缪文功辞职,改由宋龙渊任庶务主任。同时,因为在校班级和学生数增多,为便于学生管理,学校又从教习中选出年级主任,全面负责各年级、班级事务,又聘黄士高任学监,专责监督学生学习。经过学校管理改革,一个结构简明、完整的近代化师范教育管理体系在通州师范初步建立起来，也为民国以后学校的大发展奠定了管理基础。

通州女子师范的管理体制与通州师范不同。首先，在学校开办后，一直存在着两个管理系统。一方面，学校以张謇为"总理"，陈启谦、徐联蓁、刘象环等为"经理"，张謇、孙宝书、诸宗元、高清为"名誉员"，主要负责筹集资金并与校长范姚一同商定购房、营造、迁址、招生等学校重大事务。这个系统类似于以后的校董会。另一方面，学校聘请范姚为校长，总揽学校事务，直接参与各项管理，也直接参与教学，兼授修身、国文、历史、地理、家事等课程。

范姚闺名姚蕴素，字倚云，安徽桐城人，清代桐城派宗师姚鼐的曾侄孙女，近代著名爱国人士姚莹的孙女。她自幼传承家学，成为活跃在晚清文坛的女诗人。经清末文学家、教育家吴汝纶介绍，与清末号称"通州四才子"之一的范当世成婚。婚后，支持范当世积极参与张謇在家乡的兴学活动。通州女子师范创办之时，范姚不顾新丧，毅然出任校长。她不辞辛劳，与同人群策群力，苦心经营七八年，使学校发展成以女子师范为主干，附设初高等小学、女工传习所和幼稚园的综合性教

校长范姚小影

通州女子师范首任校长范姚像

育体系。她担任校长前后15年，提出"女子教育，贵观于今而慎其所当取，尤贵鉴于古而知其所当守"[7]的办学主张，由此清末民初通州女子师范独以校风质静著称于世。

宣统二年（1910）以前，通州女子师范由于学生数较

少（尤其师范生很少），校长之下只设监理一人和会计、书记各一人。监理先后聘任保吴、俞佳钿、王汪三人，主要负责辅助校长管理各项具体事务。宣统二年（1910）八月，学校迁入城北珠媚园新址，增设舍监，由保吴担任，同时增设"外庶务"一人。当然，与通州师范一样，学校教员在学校教育管理中同样发挥着作用，尤其是光绪三十四年（1908）学校文化课程全部改聘男教员后，毕业于通州师范的教员如保思毓、顾怡生、孙锦标、王崇烈，以及从南菁高等学校毕业的尤金镛等在其中有着很大的影响力。总的看来，通州女子师范的教学和学生管理系统在民国以前比较简单，较完备的教育管理体系是到了民国时期学校师范科规模扩张之时才逐步形成的。

此外，两所师范学校与附属小学的关系不同。通州师范附属小学建在师范学校内，师范学校总理、监理有权任命其主事并直接规划小学的发展，小学也必须负责师范学生的见习和教授实习事宜，但它自身是一个独立、完整的系统，小学主事具有独立的决策权，对师范学校而言是附属。因此，附小为解决儿童宿舍问题，"乃借（师范）校圃屋宇为校外寄宿舍"[8]。通州女子师范在1915年以前并无附属小学之称，也不设小学主事，而且民元以前，师范规模很小，两届师范本科总计学生17人，比起高、初等小学及预科学生人数少很多。因此，从初、高等小学到预科、师范本科，整个学校管理是一体的。

二、学生的学习与生活

（一）招生与毕业生情况

在招生对象的出身上，以往认为，通州师范招生的对象为"举贡生监"，但这种认识并不准确。招收"举贡生监"的说法来源于张謇光绪二十八年三月和五月起草的《通海请立师范学校公呈》和《通州师范学校开办章程》。但七月清政府颁布的"壬寅学制"规定高等师范学堂"招考举贡生监入学肄业"[9]242，而"中学堂附设之师范学堂，拟招贡、监、廪、增、附五项生员入堂肄业"[9]268。因此，作为寻常师范学校的通州师范在招生时并未录取举人出身的学生，并且第1届本科生中的达孚在入学当年乡试中举后便按规制退学离校。

关于学生的入学年龄，按"招集生徒章程"规定，学校初办时，学生年龄在18岁至30岁，待高等小学有毕业生之后即可调至16岁至20岁。实际上，一方面，这一限制只对本科师范生而言，讲习科学生年龄大的已有四五十岁。另一方面，直至民国初年在校本科生的平均年龄还在20岁到25岁之间，基本达到清政府颁布的《奏定初级师范学堂章程》所规定的学生入学年龄，但并未达到张謇所期望的学生入学年龄。

在招生的规模和地域范围上，学校章程规定招生名额每届108人，按通海五属和外府、外省分配。五属不足额，可由外府、外省借补，再不足额，宁缺毋滥。就学校实际的招生情况来看，民元以前各年招生人数并未达到计划的规模。招生采用考试的办法，考试内容为国文（经义、论说、书法）、地理（中国及各国地理之大要）、历史（中国及各国历史之大要）、算术（笔算：加减乘除、比例、百分算。珠算：加减乘除）、教育（中外教育沿革及宗旨）、日文（译书之一节）、英文（译书之一节），大体与《钦定考选入学章程》规定的速成师范馆的考试内容相类，只是程度略浅。具体考选细节前文第一节已有叙述。此外，也有因特殊情况直接入学的，如光绪三十三年（1907），山西巡抚丁宝铨为培养小学师资，以通州师范办学声誉好，特公费遣送10名学生入校，直接编入第五次本科班。

学校生源地域分布较广，主要来自通海五属，部分来自江苏各地，也有安徽、江西、山西等省远道求学的学生。据统计，1912年1月之前毕业的440名师范生中，247名来自通州城厢及静海乡，112人来自海门、如皋和泰兴，通海五属生源占比约为81.59%；江苏省内南北15个县的学生有44人，占比为10%；外省学生37人，占比约为8.41%。[10]

对清末进入新式学校学习的学生，时人曾有评论说："目下在学堂的学生，每百人之中，真正家道殷实的，未必有三家；勉强支持架弄的，约有五六十家；架弄不了半途而废的总有三四十家。"[11]通州师范创办初期的情形也与此相当，并且学校是民立师范，学生仍要缴纳部分学膳费，因此因为交不起费或出于留学、升学等其他原因辍学、中途离校的学生很多。如师范本科第1届招生56人（正取49人，试验生7人），毕业12人，2人被派遣至日本留学，16人转入首届简易科，其余26人辍学；第2届录取45人，入学40人，20人毕业，2人留学日本，10人转入第二次简易科，8人辍学；第3至第6届入学共139人，毕业生总计102人。针对因贫困辍学学生多的情况，学校除给一些清寒优秀学生减免学费、补助和借贷外，也别无他法。连张謇也只能无奈地说："诸生若必以膳学费多为苦，走亦何可强其必来，然师范与小学不同，多得良教员，少教几人，多成几人，未始不合算。"[5]1424

当然，正是本着"少教几个，多成几人"的现实认识，学校在开办十年间，为南通和全国各地培养和输送了一批优秀的毕业生。据统计，至1912年1月，学校前后培养了6届本科、2届简易科、6届讲习科，以及测绘、农、蚕、土木工科毕业生各1届，计有师范毕业生440人（其中本科134人、简易科25人、讲习科281人），测绘和工科43人（其中工科9人），农科23人，蚕科20人，共计毕业生526人。1914年，通州师范校友会统计了各地毕业校友的情况，1912年1月以前毕业、肄业的学生统计到367人，其中有133人在小学任教；53人在各地师范、中学和其他中等学校任教；34人担任省、县视学、教育会会长、第三科长、劝学员及乡（市）学务委员或成为教育机关职员；28人曾在日本、美国留学，或曾在京师优级师范学堂、两江师范学堂、南洋公学、京师法政学校、民国法政大学、北京大学深造，其中包括由学校派遣至日本留学的13人。

通州师范开办十年间毕业、肄业的师范生为地方小学教育的兴办和普及提供了教学、管理的基本力量。光绪三十一年（1905）五月，张謇创办通海五属学务公所，开始在地方规划、实施普及初等教育。到宣统三年（1911）二月，在张謇的积极推动下，通州开始实施"全国第一个县级普及教育的计划"[12]，计划用五年的时间建成332所初等小学。此时，通州师范培养的四百多名师范毕业生不仅为地方普及教育提供了师资保障，他们也成为地方教育行政管理和教育研究的基本力量。光绪三十三年正月，根据清政府《奏定劝学所章程》要求，通海五属学务公所分设为通州教育会、劝学所，分掌研究、执行之责。劝学所任命李元衡、张师湛、高镛等通州师范校友为"初等小学调查员"，对小学教育进行调查并撰写报告。之后，针对报告中提到的师资质量问题，师范学校主办暑期讲习班，对不合格的师资进行培训。劝学所又成立"单级教授研究所"，由李元衡和另外一位毕业生周维城以及师范教习木村负责培训单级小学教员，编写单级教科书、参考书，他们的成果后来被推广到江苏各地，为清末江苏甚至东南地区普及小学教育做出了贡献。

通州师范的毕业生也成为通州地方事业建设的基本力量，为我国的早期现代化事业做了不少贡献。最突出的例子是测绘班的毕业生，他们毕业后首先从事通州全境的测量，为地方事业的规划提供了重要的依据，随后又参与张謇从清末开始的治淮治运治江工程。如1914年，张謇亲赴淮河勘察，除聘用外籍水利工程师外，"所赖以为助者，则仅南通养成江淮水利测量局旧有之测员三四十人，胼手胝足，勉以集事"[13]。

通州两所师范学校的毕业生走上教育工作岗位之后，在教育、教学和研究的实际工作中，与母校之间在共同谋求教育教学改革、发展的方面紧密联系。为此，宣统二年（1910），经日籍教习西谷虎二竭力倡导，通州师范以东京高等师范学校校友会组织为榜样，以"亲睦同校交谊，研求教育进步"[14]为目的，成立了通州师范校友会。校友会以师范学校为总机关，成员包括

1911年出版的《通州师范校友会杂志》

毕业、肄业的校友，在校学生和现任、离任的教职员，会员缴纳会费；张謇、江谦任正、副会长，下设庶务、学艺、交际、通讯机关，每年开校纪念日（农历四月初一）召开校友大会，不定期举办各种研究会，每年编辑、出版《通州师范校友会杂志》，为校友提供教育实践和教育研究的交流平台。[14]校友会的成功组织和运作，也让通州师范成为通海五属乃至江苏小学教育研究的一个讨论、交流中心，促进了像小学单级、复式编制法和单级教授法、启发式教学法、自学辅导法等教育实验成果的完善与推广。

通州女子师范初建时，考虑到女学（尤其是女师范）还未得到政府之正式许可，所以一开始招生规模比较小。光绪三十三年（1907），办学规模有所扩张，计有师范本科学生7人，高小学生21人，高小预备学生22人，初小学生24人。[15]而师范本科至宣统二年十二月第1届师范本科生毕业后才招收第2届本科生12人。学生来源以通海五属为主，也有部分外

府、外省学生，且多出身富有家庭。1912年以前，学生毕业人数总计76人，包括师范本科8人，手工传习所12人，高等小学24人，初等小学32人。第1届本科毕业生中有4人留校工作，周冰被聘为学监，闵之宣、胡兆英和叶婧任附属小学教员。

通州女子师范首届师范本科毕业合影

（二）学生的管理与学习生活

通州师范对学生的教育管理十分重视，创校人张謇认为："教育事业，课程是一事，管理又是一事；学问是一事，道德又是一事。其间消息关联，正须下博学、审问、慎思、明辨功夫，非可苟焉为群儿自相假之事。"[3]335因而他主张严格主义教育，所谓"以教为育，便是干涉而非放任。放任者野蛮之事，干涉者文明之事"[3]74。在学校开办时，《通州师范学校章程》中就包括了详尽的学校管理章程，对学生点名、请假、大扫除等各项事务及学生在礼堂、讲堂、息休室、食堂等各处应注意之事项都有明确规定。如休息事务规定：在校内不得疾走、大呼、高歌、狂笑并娱弄乐器、任意涕唾污玷墙壁。当时，学校讲堂仅用于教师授课，课余学生的学习、生活以"息休室"为主。"息休室为诸生自修及寝息之所。分全室生徒为数班，各班置班长一名，以在校第四年生充之，初办试验三个月后择谨慎质重而年长者充之。"[4]班长"受监理约束，有指导班内生徒服从管理之责"，"掌传达命令、管理室内一切整洁事务及非常警戒"。[4]管理内容详尽细致，如"室内仪矩随时整顿修饬"条规定了息休室所有物品的放置及整理事项。

息休室的学生座位由班长配定，不许私自换动，不准看闲杂小说、报纸、杂志。光绪三十一年（1905）七月，学校增建自修室，实行寝室、自修室分离制度，管理也开始实行现代意义上的班级制。学生除以"班"或"班级"为单位进行自我管理外，学校还在礼堂、讲堂、食堂、浴室等处实行事务生制度。比如，食堂设管厨正事务生二人，六个月一轮；副事务生四人，一月一轮。[4]

　　由于学生广泛参与学校管理并对自身进行良好的管理，所以通州师范"所定丁役，视日本为多，视中国他校为少"，而之所以比日本学校的丁役多，也是因为"不得不求适于通行之俗惯"。[3]65在通州师范开校之时，雇佣的夫役计16人，较之两江师范学堂夫役135人之数，[16]有天壤之别。对于学生的自我管理，宣统二年（1910）十一月，江苏教育总会常任调查员黄炎培考察通州师范学校时"得他校所不经见之事三：（一）生徒轮日服管厨事务；（二）设苦学生额，服洒扫之勤务而免其学膳费；（三）教员每周于课毕，集生徒就报纸演讲时事"[17]。那么，在黄炎培看来通州师范的教育管理是有特色的。有了完备的制度，就必须严格执行。张謇认为："校章者，管理法也。监理能行，诸生能守，是为范之正轨；今日能守，异日能行，是为范之结果。"[3]75在培养过程中，学校把学生遵守校章、校规作为学生修身实践的重要表现，修身分数随时增减。如学校曾在校内张贴布告："自修室、寝室皆诸生实践学行之地。此次散学后留心考察，有扫除整洁而后行者，即有遗垢不洁而后行者，一一属监起居询察，洁者记奖，不洁记过，于修身分数上计算。"[2]284学校禁止学生吸烟、蓄刘海，违者酌情惩戒，并对严重违反校章的学生"随时开除，不敢贻误诸生而害及地方"[5]1432。又如，学校开办第一年就有学生因违反校规而被开除，至光绪三十四年，张謇在致学校的信中说："上半年农学生在校有不规则者数人本应即行斥退，以免害群。今以恶恶从短之义，姑予留学半年，并属管理人随时察看，若能痛涤前非，仍予终业，否则仍应随时退学。"[5]1430当然，有惩必有奖，如光绪三十四年十二月十日（1909年1月1日）第3届师范本科生毕业时，学校揭示公告："此次丙班毕业生周维城、施霖长四年全不缺课，敬事勤学，足为全校诸生之冠。叶诚、缪琛有三四学期不缺课，亦可嘉慰；叶诚为体操器械室事务生并教授乐歌，尤著勤勉之能，可为他日良教员之望。缪琛与汤彬为丙班班长，老成稳慎，不使同班有轶轨之举日见趋正服义。管厨事务生褚秉铎镇援，于所任之事勤实不苟，并足为同学矜式。照各国校章，应给奖励证书。"[5]1431奖惩是激励、鞭策学生学有所成，将来成为"良教员"的一种教育手段，所谓"赏罚者，整齐一校规则，锐厉一校精神之具也"[3]77。同时，学校也看到赏罚手段如果浮于表面，便不能激励学生丰富其内心精神，反而会有损于管理的实效，所谓"以功过定人学格，此法律之事也。法律原于道德：在团体则以法律济道德之穷；在个人则当以道德为法律之本。若诸生不勉进于道德，而本校断断冀以法律收效，此与养成良善教员之初心岂不大谬？"[2]284于是，学校更要求师范生养成高尚的精神品质，培养道德良心，力行简朴、有序、有节的校园生活，以成为"明公理、修公德之人"，"有礼法、不苟简之人"，"能成一业之人"。[3]75

通州师范要求学生培养人格"基础从能俭起"[3]123，并要求教职员做好表率。学校总理、监理和教习在校内一律穿布衣，与学生一同用餐，每餐为三荤三蔬或二荤三蔬。后来，学生了解到日本留学生饮食艰苦，一起请求学校减去一菜。到光绪三十四年，张謇又与学生约定："自今年始，每饭率以二簋，一腥一蔬，簋则重之。"[3]123不久为赈济淮河流域水灾难民，学校又决定："自二月朔日始，每一星期止星期三及六二日食腥，余皆蔬食，至四月晦日止。所节之资，于二月中旬计核汇沪,转解助赈。"[3]124俭朴的生活促成淳朴的校风,为此,黄炎培也曾评价说:通州师范"规址宏廓,仍不失为淳朴"[17]。

在清末,通州师范以管理严格著称于世,而此时反清的革命风潮日炙,并于辛亥前后渐成潮涌之势,学校中也有部分青年师生竞尚自由、平等之说,进而形成了

张謇为通州师范题写的校歌

宣统二年(1910)冬天开始的"剪辫风潮"。当时赴日留学的于忱毕业回校,被任命为斋务主任,与同学谈及辫发为"豚尾之害",不久校内有31名学生便剪去了辫子,之后附小主事李元蘅带头,一夜功夫又剪去30多条。到次年春,剪辫在师生之中蔓延成风。为避免引起清政府当局注意,于忱根据张謇的意见,给予剪辫子学生禁假三个月、记大过一次的处分。后来,张謇回校,召集了已剪辫的师生训话。他说:要朝廷立宪,要国家富强,不关辫子的事。你们这样盲动,和我的关系很大,我此番要进京陛见,不能不防备被人说坏话。因此他吩咐大家赶紧装上假辫子,并告诫今后不可再有"越轨"行动,说时声泪俱下。后来多数人又装上了假辫子。[18]

作为清末立宪派领袖,张謇认为救国的核心举措是通过教育提升全体国民的素质,进而促进国家社会经济的发展。所以他强调学校教育的统一性和强制力,主张"凡教之道,以严为轨;凡学之道,以静为轨"[3]208。为了加强对学生的训育,宣统二年八月学校规定"每月曜日或木曜日就屋内操场举行集合教训"[19],由总理或监理主持,针对学生各种思想、行为情况加以及时引导,以起到防微杜渐的管理效果。

有序的管理可以促进学生有效地学习。在中国现代学

校教育初创之时,学校的教学条件相当有限,缺乏充足、适当的专业师资,缺少丰富的学习材料,社会新知识、新观念又尚未普及,如此,造就拥有新思想、新知识的新式师资非常不容易。为能成功地培养出适应新教育的师资力量,通州师范主张在教师教学和学生学习上采取"自得主义"。所谓"自得主义",对教师而言,就是要根据学生个性发展的特点和智力发育的情况,因材施教,即教师的教育教学是"有方而无方,有法而无法之事也。人不可无教,故无世无地无事可以不教,是为有方。人不同世,世不同地,地不同事,事又各有其不同,执古以例今,执此以例彼,执甲以例乙,则扞格而不入,龃龉而不容,火水而不亲。各宜其所宜,各适其所适,是则无方"[20]436。对学生而言,就是养成学习的自觉性和自学能力。这种"自得主义"的教授、学习方法首先得到了西谷、木村等日籍教师的支持和配合,因为他们汉语会话不熟练,学生又初学日语,往往听不懂教师的课,课堂上答不出他们的问题,考试也会出现全班不及格的情况。但他们并不介意学生成绩如何,在课堂上,他们要求学生准备一本问答册,随时记录教师的提问和自己没有弄明白的地方,课后自己通过查找资料、互相交流等方式,弄懂问题。当时通州师范已有一个具备相当规模的图书室和阅报所,里面有各类书籍和近代报刊。木村和西谷则住进学生息休室,与学生一同讨论问题。张謇对此大加称赞,认为教师如此教,"必因其所能明而益以明,因其所能行而导以行";学生如此学,"或举一而即悟三焉,或兼两而始见一焉,或因负而觉正,因权而反经焉",最终获得良好的学习效果。[20]436同时,在晚清,学生入校前多未接受过系统的新知识学习,初学者对全新的近代化课程学习往往倍感吃力,所谓"苦学生之力作,即课程也"[5]1429。为此,通州师范对学习要求做了适当调整:"力作之外鲜暇,则国文、修身、算术为必修科,余为随意科。"[5]1429

通州女子师范学生的学习生活,富有特色的是定期组织各种活动。光绪三十三年(1907)三月学生组织演讲会,以后每逢土曜日(星期五)课后定期举办;同年六月在毕业典礼后开师生游艺会,以后也成为惯例;宣统元年(1909)三月开学生手工成绩展览会,并选送优秀作品到地方物产会展出;次年十一月,师范本科四年级学生在完成教授实习任务之后参观通州师范附小和明义女校,以后参观见习成为定制;宣统三年八月以后,每学年举行家庭恳话会。由此,丰富多彩的学习、娱乐活动使女子师范学生的校园学习生活比通州师范学生严谨刻苦的风尚多了一些轻松活跃的元素。

总之,良好的学校管理秩序和学生奋励读书的学习氛围促成了两校优良的学风、校风,为学校在民国时期获得长足发展,并形成自身的师范教育特色打下了坚实的基础。因此,创校人张謇曾颇为自信地声称:"中国师范学校之设以通州为最早,学校组织以通州为完全,学生风气以通州为安静。"[21]

通州女子师范举办的游艺会摄影

参考文献:

[1]保定师范学堂职员教习姓氏薪金数目表[N].大公报,1903-11-04.
[2]李明勋,尤世玮.张謇全集(第5册)[M].上海:上海辞书出版社,2012.
[3]李明勋,尤世玮.张謇全集(第4册)[M].上海:上海辞书出版社,2012.
[4]张謇.通州师范学校章程[M].上海:澄衷学堂印书处,1903(清光绪二十九年).

[5]李明勋,尤世玮.张謇全集(第3册)[M].上海:上海辞书出版社,2012.

[6]本校沿革略[J].通州师范校友会杂志,1915(5).

[7]范姚.南通女子师范学校十周年概览序[M]//南通县女师范校十周年概览.南通:翰墨林书局,1916.

[8]江谦.南通地方自治十九年之成绩[M].南通:翰墨林书局,1915.

[9]璩鑫圭,唐炎良.中国近代教育史资料汇编·学制演变[M].上海:上海教育出版社,1991.

[10]本校历年毕业生统计表[J].南通师范校友会杂志,1912(2).

[11]竹园.学生宜立爱群会[N].爱国报,1907-05-05.

[12]田正平,肖朗.世纪之理想——中国近代义务教育研究[M].杭州:浙江教育出版社,2000:678.

[13]李明勋,尤世玮.张謇全集(第1册)[M].上海:上海辞书出版社,2012:353.

[14]通州师范校友会会则[J].通州师范校友会杂志,1911(1).

[15]江宁提学使呈报全属学堂一览表(续)[J].学部官报,1909(82).

[16]桑兵.晚清学堂学生与社会变迁[M].上海:学林出版社,1995:167.

[17]黄炎培.常任调查员调查报告(第一次)[M].江苏教育总会文牍(六编).上海:中国图书公司,1911.

[18]南通文史资料选辑(第1辑)[M].南通:政协南通市委员会,1981:154-155.

[19]本校三十年沿革略[M]//通州师范学校.通州师范学校三十周纪念册.南通:翰墨林书局,1934.

[20]李明勋,尤世玮.张謇全集(第6册)[M].上海:上海辞书出版社,2012.

[21]李明勋,尤世玮.张謇全集(第2册)[M].上海:上海辞书出版社,2012:219.

第二章 坚苦自立弄江潮

（1912—1937）

第一节 民国初年两校沿革

一、两所师范学校发展概述

从1912年民国建立到1938年3月日寇占领南通，学校被迫迁移至海滨地区坚持办学，是南通师范历史上最为复杂、也最为曲折的一段时间。1933年6月，在学校纪念开校三十周年的庆典上，作为民国时期具体校务主持人之一的于忱，曾用简洁的言辞概括了学校办学三十年的几个阶段特征。他说："本校三十年，可分三期，开办至民元，先师（指张謇）创办艰难，民元至十五，为本校黄金时代，民十六至今，为本校最艰难时期。"[1]于忱的看法可能代表了当时在南通师范和南通女子师范工作的多数人的观点。民国元年（1912）和民国十五年对两所师范学校的办学历史而言是两个十分重要的时间标志。

1912年中华民国创立，在鼓舞人心的激烈斗争中一个崭新的政府在中华大地上诞生，民主共和的观念日益深入人心，富民强国的理想有了得以实现的新的希望。在这个新的创制、新的思想、新的尝试互相撞击的前进巨潮中，两所师范学校也与时俱进地跨入了一个崭新的发展阶段。张謇是两所师范学校进入"黄金时期"的关键人物——从领导清末立宪运动到在辛亥革命风暴中拥护革命、调和南北，他真正成为具有全国影响的政治人物。1919年5月在美国读书的朱经农写信给胡适，信中就当时中国的形势发表见解，他说:"现在稍为正派的人,大抵不以巢由自命(严范孙先生是一例),便讲村落主义(张季直先生之宣言),好象国家兴亡都可置之度外,不与他们相干似的。正人君子一个一个的躲起来,国家

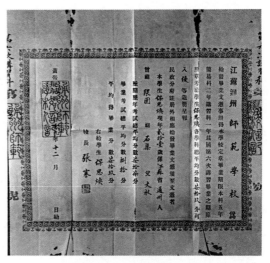

1912年通州师范讲习科毕业证书

大事不归小人把持又归谁呢?"[2]从其话语之中我们可以了解到,即使新文化运动已进入高潮阶段,在不少社会精英看来,张謇仍是一个极具号召力的领袖人物。因而,地位的变化也给张謇在清末已开创起来的诸多事业带来了新的生机与活力,尤其是可以让他实现富民强国的远大理想,放手从事规模更为宏大的"基础建设"。在地方教育事业方面,在他的带领之下,一个包括基础教育、职业技术教育、高等教育、师范教育、特殊教育在内的较为完备的地方教育体系建立起来,"南通教育模范县"蜚声海内。作为张謇实践其教育救国理想之源的师范学校也获得长足发展:师范学制由四年延长为五年、六年,招生规模成倍扩大;学校由私立改为省立代用师范学校,办学经费获得省款补助并逐年增长;接受过高等师范教育的本国师资基本替代了原来的外籍教师和旧式教习;由于积极倡导和推行各种教育试验,学校成为民国时期兴起的各种教育思潮的试验园地。同时,"中国私立之学、师范之校,本校为先例。嗣是而高等小学,而初

等小学,而中学,而农学,而商学,而女师范学,无不根萌本校"[3]240,因而,南通两所师范学校成为"南通全境教育之发源"[4],"远近各省之来观者,……称南通教育可模范一国,而归功于本校"[3]335。并且,南通师范的办学质量上乘,形成了鲜明特点。民国初年有教育专家曾总结出四点南通师范的优点:"有纱厂而后有斯校,款有专出,而后校无动摇,所以能直达目的而无旁顾之虑,与别之私立者情形迥别,其优一。……实习批评,在各处师范未办之先,早已行之,师范教授,全重实习。该校于开设之始,即著手于此,毕业各生,应用成绩,过于他校,其以此也,其优二。……管教各员,多经本校毕业,乐于校事,未更他职。任务既专,研求自熟,学校取得人之效,而师生无隔膜之虞。求之他校,亦未能多觏,其优三。参观全校文告甚少,而风纪甚纯,教法固新,而规律尤肃。……其实该校最注重训练,所以,管理各生,从不多饰文告,遇有事故,或特别事件,皆以训话行之,亦所以从无冲突风潮之事发生,而操行成绩甚佳也,其优四。"[5]由此,南通两所师范学校的办学声誉遍及南北。

  1926年,张謇在为南通地方事业奔波辛劳之中燃尽最后的生命火花,抱着许多未完的志愿与世长辞,他的离去使南通的各项地方事业进入了一个倒退、衰败的时期。就两所师范学校而言,之后因政府进行教育体制改革,规定师范学校不得独立设置,其面临着转向生存发展、经费筹集困难、招生规模骤减等一系列问题。其中办学经费的问题最为严重,尤其是南通师范在1927年取消代用,改为私立中学,省款停拨;大生纱厂又因经营困难,被上海银行财团接管,无力提供学校办学的巨额补贴;一些学校原来持有股份的企业、公司不是无红可分,就是破产倒闭;作为学校基产最重要的组成部分——能提供学校大量常年费、临时费的各处垦田、沙田又不断遇到各种产权纠纷问题,其中南通师范与海门县教育局之间发生了通海垦牧公司师范学田产权分割纠纷，前后长达八年时间的诉讼案更是让学校雪上加霜、伤筋动骨。在生存出现危机的情形下，学校的各项基础建设基本停滞，办学质量下降也就成为必然的趋势。

然而，在对学校这一时期前后所谓"黄金时代"与"衰退时期"的对比中，我们不能只是拘囿于那种盛与衰的价值判断，而应该站在由百年历史堆积起来的更高处向更远、更清、更深处看。如果看得更远一些，这个时代——大到国家，小到地方——本身就是一个大变局，学校只是这个变局的一个缩影。因势因人，学校曾经被推上时代的浪尖，成为感时先发的弄潮儿；落入低谷，它仍旧是逆境中奋力抗争的不屈者。如果辨得更清一些，学校在前一阶段有许多值得称颂的办学成果，而后一阶段学校身处逆境，却也开创了许多值得珍视的宝贵传统，如校董事会的创立及合理运作，使两所师范学校在新中国诞生以前虽历经艰难，却最终维系了教育命脉，且办学从未中辍，这不能不说是教育史上的一个奇迹。又如，1926年以后，革命的进步思想依托于当时学生自发组织的各种团体在青年中广为传播，从而，建立起南通地区最早的党支部，它培养、发展的青年团员、党员，将革命的火种撒遍了江海大地，并开创了学校优良的革命传统，为学校赢得了"红色师范""南通革命摇篮"的美誉。如果究得更深一些，在学校前后变化的背后是不变的学校精神和人格力量。这种学校精神的核心便是校训中的"坚苦自立"四字，1915年代校长江谦在对第10届本科毕业生的毕业训词中曾说："如校训所云：'坚苦自立，忠实不欺。'实能做到，则乐即在一'坚'字中矣。若一念不坚，则感苦之心，无以自解，自欺之念，随之以起，良心不安，是不乐矣。要养成此等乐，始为最贵之人。"[6]按一般的理解，这席话是针对师范毕业生提出的修身要求，而南通师范也正是因坚守着"坚苦自

通州师范创校人张謇亲笔题写的校训

立"的精神,在事业发展的时期,全校上下不因取得的成绩而自欺自喜,时时保持稳健的办学作风,力求稳步前进,所谓"弭求全之毁易,而副不虞之誉难"[3]335;在事业艰难的时期则更是坚忍弗乱,竭力维护学校的利益,增强其生命力,即使在学校因经费严重困难不得不拖欠教职员薪水的情况下,绝大多数教职员仍旧能一丝不苟地从事教学、管理工作,从未降低培养标准和教学质量。当然,"坚苦自立"的学校精神也是张謇的人格精神,在他去世以后,他高尚的人格精神继续通过各种不同的方式、途径在学校传承下来,作为一代代师生理想的人格榜样和取之不竭的精神源泉。1916年身为全国教育联合会代表之一的王孟瑶乘赴天津参加会议之机,先后参观了北京、天津、苏州、杭州、无锡、常州、南通等地的学校教育,在事后的参观感言中他曾不无感慨地说:"私立学校,其艰难困苦,皆较官立为倍,而任其事更捐巨赀、费时日以为之者,无他,其精神早含有牺牲性质,何问乎金钱也。……凡任其事者,无不含有牺牲性质,诚不以时代之减缩而稍杀其兴味也。至私立学校,如天津之南开中学,上海之南洋中学、浦东中学、民立中学,南通州之师范学校,无锡之竞志女学,天津之普育女学等,莫不成绩既优,成立亦久,而牺牲亦最大,真令人佩服不置。然此特其观及者也,其未经观及者,尚不知凡几。信乎其精神所表现不在个人而在团力,不在利益而在牺牲。此所以参观者之精神,亦被学校之精神所唤出也。"[7]

二、代用、县立与私立

南京临时政府成立后，蔡元培领导的教育部制定、实施"壬子·癸丑学制"，在中国开启了一个全面采用西方资本主义国家教育制度的教育改革新时代。新的学制参照日本、德国、法国的教育制度、体系，将国家教育体系划分为义务教育、普通教育、职业教育和师范教育四个系统。在师范教育方面，1912年9月和12月分别颁布了《教育部公布师范教育令》和《教育部公布师范学校规程》，明确规定了师范教育的培养目标、学制、课程、经费来源、招生、毕业生服务等各方面内容。在设立师范学校的问题上，规定师范学校以省为单位，根据地方情形统一设置，分为省立、县立和私立三种，在中国近代教育史上第一次以国家法令的形式正式承认了私立师范学校的合法性。

民国成立，改州设县，通州师范学校改称"私立南通师范学校"（简称"南通师范学校"）。此时，张謇期望利用时代转变带来的机遇，利用他个人急遽上升的威望，以及与各级政府良好、密切的关系，尽快地解决学校在过去无法解决的办学性质和办学经费等问题，从而扩大基础教育师资培养的规模，推动普及教育规划的实施。作为尝试，1912年7月至8月，南通县议会成立后，在张謇、张詧授意下，通过了议案，将办学规模较小、日常经费较少的通州女子师范改为"南通县立女子师范学校"（简称"南通女子师范"），除原有经常费外，不足之数，由县署拨款。然而，南通一县的教育经费十分有限，同样的办法不足以解决常年费达3万余元的南通师范学校的经费问题，于是南通师范学校只能积极争取省款的补助或直接成为省立师范学校。民元以后，根据《教育部公布师范教育令》，江苏先后确认了8所省立师范学校，通、如、海、泰地区"当省立师范应行设置之区"[8]，而尚未设省立师范。1912年11月,因南通师范学校"树各省先声,规模宏远,成绩昭著"[9],江苏都督程德全训令商改私立南通师范学校为代用师范学校,不复另设省立师范,学校改称"江苏省代用师范学校"(简称"代用师范")。对此,商务印书馆出版的《教育杂志》曾以"南通师范改为代用"为题进行了报道。其内容如下:

> 本年教育部令师范学校概为省立,程都督前商张君请以南通师范收归省有,改为通如泰海一带之省立师范。张君以个人担负力未尽,不允所请。事遂中止。近都督以南通师范系张君私立,教育部令又命收归省有,若复设立,有类骈枝。特拟变通办法,将私立师范作为代用,其师范生学膳费,岁由省库照额代缴,其科目、学程一切办法,与省立各校同,遵部令之规定,以便随时浃洽,共策进行云云。[10]

学校改为代用,与张謇在清末以民立师范代为官立学校的设想相符,也可以说是他在学校创建以后一心谋求的结果,用后来张謇之子张孝若的话来讲就是"由私人办的事业走到公家办的事业上去"[11]。

在南通师范学校改为代用之后,张謇又打算将南通女子师范也改为代用。为此,1912年年底他专门致函时任江苏教育司长的黄炎培,请求道:"女子师范,请并认作代用,……请于明年补助学生膳学费五千余圆(元)外,先拨一万五千圆(元),为建筑女工传习所、蚕科、保姆、医科之用,于女学必须猛进。"[12]然而,由于当时民国初肇,各级政府教育经费无法保证,加之1913年以后国家政局日渐动荡,南通女子师范改为代用一事也被搁置。而在实际办学上,南通女子师范名为"县立",经常费由县款补贴,但不足部分仍由张謇、张詧捐俸、拨红、鬻字以助,因此其性质实与"私立"相似。直至1920年12月,因为南通女子师范历年扩张,常年经费已逾万元，县款筹拨颇觉为难，并且学校虽为"南通县立"，其实如皋、海门、泰兴及江南各县都有学生入学，所以南通女子师范再次提出改由省代用的动议。1924年，南通女子师范和南通农业学校改省代用案经省议会二读会通过，初定每年补助12000元，并交省预算审查委员会制定补助方案。恰在此时，江浙战争爆发，省议会终止后未能继续开会表决，南通女子师范改为省代用一事也只能不了了之。

代用师范办学性质与私立师范有所不同，所谓"代用学校与补助私立学校，其性质、名称各有不同。盖补助私立学校，按照规程，其补助经费以占该校全年预算三分之一为限，而私立名义仍不变更。至于代用，则支给之数，初不以三分之一为限，其私立名义，且因之消失矣。质言之，代用与公立学校相去一间耳"[8]。因此，南通师范学校改为代用，为学校各项事业的发展提供了更坚实的保障。至1921年7月，如皋县立师范学校通过努力也改为省代用，南通师范遂改校名为"江苏省第一代用师范学校"（简称"第一代用师范"），如皋师范学校称"江苏省第二代用师范学校"。

然而，与省立同类学校相比，虽然学校在1924年接受省款补助费高达4万元之多，但总体上还是相对较少，并且补助费又经常因各种原因拖欠或通过其他方式支给，相当不稳定；学校教职员的授课费、俸薪更"视省立学校相差太远"[8]。因而，代用阶段只能视为学校发展进程中的一个过渡时期，最终还是应该争取省立。于是，1924年6月底，由于省补助费日绌，学校决定利用省议会召开大会之机，提出改为省立师范的议案。然而，大会期间发生了南通地区第一、第二代用师范学校争改省立之事，相争不下，最终两校议案均被搁置。1927年，南京国民政府实行大学区制，取消代用，并规定师范不得单独设置。由此，当时大多数师范学校转向生存，如第二代用师范学校改为省立如皋中学，直至

1932年后才恢复为省立如皋师范学校。

　　进入民国，张謇虽年事渐高，但仍为两所师范学校的生存发展费心尽力。除开每年承担两所师范学校约2万元的常年经费外，还经常捐款为两校扩张校园、添建校舍。直至去世前，1926年6月，为表彰甘肃天水来学的师范本科毕业生王新令在学期间五年未归家省亲的刻苦学习精神，张謇特别在中公园南楼为其设宴饯行；7月，张謇参加了南通女子师范第11届师范科和第1届初中学生毕业合影，这是他与师范学生一起拍的最后一张照片，他还作为通海垦牧公司总理署名签发了给第一代用师范的垦牧学田股票。

　　1927年6月，南京国民政府实行教育体制改革，首先在江苏、浙江试行大学区制，意在模仿法国教育行政管理模式，以大学院为全国最高的学术和教育管理机构，分全国为若干大学区，每区设一所大学，以大学统管全学区的中小学及社会教育，从而使大学院具有统一实施教育改革的学术权力。在大学区制改革的过程中，为统一教育经费规划，取消了各级各类代用学校，停止省款补助；大学院设大学委员会，下设高等教育、普通教育、社会教育、文化事业及若干委员会和直属国立学术机构，将师范学校划归普通教育系列，不得单独设置，培养小学教师的任务由中学附设的高中师范科承担。如此，江苏各师范学校纷纷转办中学或与当地省立中学合并，并附设三年制高中师范科。第一代用师范何去何从？1927年6月，校长张孝若召集与学校有关的南通各教育、实业团体代表开会讨论，决定恢复私立，成立校董会，改办中学。后经省令批准，定名为"私立张謇中学"（简称"张謇中学"），隶属国立第四中山大学管辖。张謇中学高中部专设师范科，同时招收初中学生，并将原有后期师范二年级学生移送至国立第四中山大学南通中学附设师范科。

　　国民政府的大学区制度改革用意虽好，但在当时的官僚制度下，这一试验急于求成，导致一片混乱。在师范学校改制的问题上则过于简单、草率，对第一代用师范改制的问题，则更未从学校的历史、设备、经费、地域及办学成绩、影响等方面加以细致周全地权衡，其结果只能是迫使学校恢复私立。改制后的私立张謇中学，由于筹措经费困难、学校地位下降等问题，不仅事业发展受阻，连学校生存也出现危机。大学区制的改革试行了不到两年时间便废止，其间张謇中学隶属关系三度变更，先是第四中山大学区，后是江苏大学区，再是中央大学区。1928年师范学校独立设置重新恢复，7月中央大学行政院批准张謇中学校董会的决议案，学校恢复为"私立通州师范学校"（简称"通州师范"），并参照私立晓庄师范学校略去"私立"二字，称"通州师范学校"，以后这一校名一直沿用到1952年。大学区制试验时间较短，新的"县立学校规程"还未来得及公布试验便停止了，因此改制只涉及省属学校，县立的南通女子师范则未受波及，基本维持原状。

三、学校管理变革与校董会组织

（一）1912年至1926年两校的校务管理

1912年1月，中华民国临时政府教育部颁布《普通教育暂行办法》，在学校管理方面规定："从前各项学堂均改称为学校。监督、堂长应一律改称为校长。"[13] 4月，南通师范学校"总理"改称"校长"。民国初年，南通两所师范学校沿袭在清末已确立的校长之下分设教务、舍务、庶务三部，分掌校务的教育管理结构。这一管理模式在1915年举行的全国师范学校校长会议上被认为有利于"系统之一贯""事务之进行"[14] 而得以推广，在南通两所师范学校一直保持到1949年南通解放，只在管理职务的名称上略有变动，如1915年"舍务部"改称"斋务部"，1927年"斋务部"又改称"训育部"，"庶务部"改称"事务部"。

1912年至1926年南通师范校长一直由张謇担任,1914年他出任农工商部总长,监理江谦代理校长职务,此后不再设"监理"。江谦任代理校长一直到1927年7月,前后14年。这14年间,江谦先后被委任为安徽、江苏教育司长,并被推选为众议院议员;1914年8月被教育部任命为南京高等师范学校首任校长。他身体一向不好,在主持南京高师期间又患了严重的神经衰弱,1917年不得不到上海调养。因此,江谦虽一直身兼代理校长之职,但自1915年12月参加了第10届师范本科毕业典礼之后,便不再过问学校日常事务,一些重大的校务决策则以通信的方式商订、解决。江谦病休以后,校务仍归张謇总领。所以,1927年7月张孝若在为学校恢复私立致省教育厅的呈文中说:"年来江代校长久病在假,校务已归先父策画,而孝若实赞助之。"[15]

当然,不论是张謇还是江谦,他们在学校管理结构中主要还是起到一个总领作用,主要决策办学方向、培养目标、学校规模、经费等问题,同时他们更是一种人格象征、精神象征,不断地鞭策、鼓舞和激励着全校师生将学校办好。这一时期学校的具体校务主要由教务、舍务(斋务、训育)、庶务(事务)等三个部门协同管理。在张謇去世之前,这些部门基本上由清末创校时期的老人如宋龙渊和学校早期的毕业生如于忱(第1届本科)、顾怡生(第1届本科)、黄祖谦(第2届本科)、王崇烈(第2届讲习科)等负责。1914年6月,顾怡生因病辞教务主任一职,荐数学教员黄祖谦继任;次年1月,宋龙渊因任地方工程事务,庶务主任一职由学监王崇烈继任;于忱则一直担任舍务主任。这一时期曾在南通师范担任近10年英语教师的朱东润曾评价这些先生都是旧社会里的"好人":他们严于律己,工作兢兢业业;他们除接受过正规的近代师范教育外,还多通过留学、深造和自学更深入地了解、掌握近代知识、文化,尤其是各种教育思想、理念,从而使自己的学识修养不断提高；他们从清末便开始从事学校管理、教学工作，也曾参与过南通地方自治事业的策划、管理工作，有着较深厚的社会阅历和丰富的管理经验；对于新时代思想活跃的青年教师和学生，他们多持宽容、理解的态度，能放手让青年人尝试各种新鲜事物。同时，他们也是这一时期南通乃至江苏教育界的名人，往往还身兼一些地方公职或社会职务。例如，于忱曾先后兼任南通县劝学所所长、省立第七中学校长，顾怡生曾担任南通县教育会会长、教育局局长，黄祖谦和王崇烈也在县教育会和各种研究会中兼职。当然，这些先生虽身兼数职，却皆能以校事为重，更毫不计较个人的得失。比如，顾怡生曾先后被任命或聘请为江苏省视学和中央大学教育学院教务长，但他坚辞不就，始终坚守师范教育。由此，这些先生的人品、学识、经验和能力，都使他们成为能让师范学校上下和衷共济的教育管理中坚。尤其是于、顾两位，于忱职务虽是斋务主任，实际上他在民元以后很长一段时间里是学校方方面面事务的负责人；顾怡生虽在1914年以后的一段时间内不任校职，但他的人品、学识让他在学校中始终有很大的影响力，他也一直参与学校重大事务的决策。1926年张謇去世以后，学校办学困难日重，在学校取消代用、改为私立、转办中学、恢复师范的急遽变化时期，这两位先生在稳定人心、维持办学和主持日常事务方面起到了关键的作用。

  这一时期南通女子师范校长更换比较频繁。民国时期范姚继续担任校长，至1919年7月，以年事已高、体弱多病辞职。同年8月起，张謇先后聘请教育家方还、彭云裳、谢雪担任校长。方还，字惟一，晚号蠙庵，江苏昆山人，近代教育家。清末新政期间，他致力于创办新式学校、改革地方政治的活动。民国时期被任命为北京师范学校、北京女子师范学校校长，成为民初教育界的知名人士。1919年8月出任南通女子师范校长,前后3年,他"主以身教,而距邪诐至力"[16],使女子师范继续保持静质淳朴的校风。彭云裳,江苏长洲人。出身仕宦诗文世家,清末毕业于苏州振华女校师范简易科,1921年2月至3月短时间出任南通女子师范校长。谢雪,字玉农,浙江嘉兴人,近代女教育家。其父谢崇厚与张謇为同年进士。她自幼饱读诗书,与范姚结为知交。民国时期捐私产在杭州创办"浙江女子实业学校",开办振锋棉织厂。1922年2月至1925年7月,为筹集所创女校办学经费,应张謇之邀,出任南通女子师范校长。其间,她不辞辛劳,往返两地,全力办理女子师范校务,振肃学风,革新校政,培养学生研究精神,辅导地方教育,为张謇、张詧所倚重。

谢雪辞职南归之后,1925年8月至1926年8月,张謇亲任南通女子师范校长。张謇去世后,1926年12月张孝若继任。应该说,民元以后,尤其是范姚离任之后,张謇在南通女子师范的事业发展和办学决策上投入了不少精力。他与张詧常年以收入补贴学校,用于补足办学常费、支付学校迁校及历年校舍扩张的建筑费。在张氏兄弟的努力下,南通女子师范的办学规模日渐扩张,教学设施设备日臻完善。1923年以后,南通女子师范内部的具体事务由本校第3届本科毕业生罗玉衡、范北强负责。此外,校董会、教职员常会和校友会也发挥着重要作用。如1912年7月"总理(张詧)为郑重校事起见,特请本地教育界诸君组织校董会,分教育、经济二部,年一行之,有临时发生事件,校长得临时召集会议"[17],校董会负责商定经费筹集、规模扩张、改立动议、教职员选聘等重大事项。教职员常会则每学期开始和结束时召开,决定学校课程、课时安排及学生实习、毕业等具体教学管理事项。

(二)1926—1929年短暂的校务革新

张謇去世之后,两所师范学校在决策、管理结构上出现了一些新的变化。1927年7月,张謇中学校董会明确了新的规定："由校董会产生校长，统辖全校行政。下设教务、训育、事务三部，每部设主任一人总其成。全校各种会议，以校务会议为最高组织，其他教务会议、训育会议、事务会议及各项特设委员会，均受成于校务会议，分别计划行政事宜。"[18]9月，代校长江谦辞职，校董会议决由于忱负责维持学校现状。至1928年7月，校董会推选马灵源担任张謇中学校长，增选顾怡生、于忱为驻校校董，于忱兼任校董会秘书。

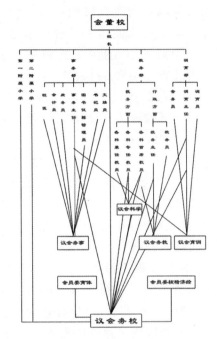

通州师范组织结构示意图

马灵源，字心斋，江苏泰兴人。在学校第11届师范本科毕业后考入南京高师工艺专修科，1920年回校担任数理科教员，1925年被学校聘任为教务主任。他任校长时才30多岁，在学校面临种种困难之时，他力图依靠一批精力充沛的青年教师，通过实行一些变革来改变学校现状，让学校走出困境。他聘请教育学教员曹铨楼任教务部主任，地理教员何祖泽任训育部主任，文化史教员陈鲁成任事务部主任，组成了学校事务的管理核心，同时还吸纳朱东润等青年教师参与校事。这批年轻人大多接受过比较完整的高等师范教育或大学教育，更倾心于实践欧美师范教育模式。学校上下都希望这个年轻的管理群体能给学校带来新的发展。面对北伐战争以及南京国民政府成立前后，青年学生在校园传播各种进步思想，成立中共党、团组织，并积极从事校园内外革命活动的状况，校长和教务部、训育部、事务部主任一律住校，一方面保证校园内正常的教学秩序和生活秩序；另一方面在军警不时进入校园搜查的情况下，尽力保护校内进步学生。但是，当时的时代背景和学校的外部环境使得以马灵源、何祖泽、朱东润为代表的青年管理群体无法实现自

南通女子师范第七任校长
周明璕像

己的愿望和抱负。一年之后，朱东润、马灵源、曹铨楼、何祖泽、陈鲁成等纷纷辞职离校。当然，在这一阶段也存在着一个张謇去世后在张氏事业权力接管问题上各种势力争斗的复杂背景。张謇去世以后，作为张謇独子的张孝若理所当然地成为张氏诸事业的接班人。就两所师范学校而言，张孝若接任了南通女子师范校长一职并成为张謇中学校董会主席校董。但在地方上存在一些反对势力，如1928年3月，南通女子师范校董会公举张孝若为校长，并按章向江苏大学呈报立案。7月，南通县教育局局长宋稟恭向中央大学院呈控"该校不应以张孝若有经管实业捐款之关系，遂不问其资格及选任手续是否符合，即奉为校长，请饬令改组"[19]。9月，南通县政府、教育局奉令遴选了非张謇、张詧直系的女师首届师范毕业生周明璕接任校长。因此，张謇中学校董会推选与张氏关系较疏远并在地方上根基较浅的青年群体来掌管校务，就避免学校过多地卷入各种权力的争斗，稳定学校办学而言乃是明智之举。

（三）1930—1937年的校务管理状况

1929年7月马灵源辞职，通州师范校董会临时会议决议

由于忱暂代校务，顾怡生暂代教务。1930年2月，校董会公举校董徐庚起暂兼校长未果。4月，校董会议决由主席校董张孝若兼任校长，总领校务，具体事务仍由于忱、顾怡生负责。1930年以前，张孝若虽然已成为张氏诸事业的继承人，但在此时期他为父丧守制，"绝意外缘，闭门编著"[20]。因而，对于两所师范学校而言，张孝若虽身为校长、主席校董，但很少直接过问具体事务，学校校董会常会也一般由徐庚起等校董代为出席和传达意见，学校办学中的重大事务则一般通过邮函或专人去上海征询意见。但此时他无疑仍是学校的最终决策人，尤其在学校改制、办学经费和基产纠纷等方面，他为稳定两校办学和解决生存问题做出了重大的贡献。如在两校办学经费的筹集上，张孝若除了像他父亲那样每年从自己私人的收入中拨助部分经费给学校外，还召集张氏所办企业捐款资助，为此"各实业公司追念张謇劳绩，而助其手创事业，改张氏应得之红利，为有范围而无额定之捐助"[21]，实际上延续了张謇实业、教育迭相为用的办学思想。

1930年后，张孝若在完成了《南通张季直先生传记》《张季子九录》的编撰并出版之后，开始着手整顿张謇遗留下来的各项事业。至1935年去世之前，他身兼大生三个纺织公司和大达轮步公司等企业的董事长或总经理之职，并担任南通女子师范的主席校董和南通学院、通州师范的主席校董、校长，全面肩负起张氏事业的重担。在张孝若正式担任通州师范校长的前后五年间，学校办学趋向稳定。他对学校办学的重大贡献有三：一是为学校解决了办学常费问题。在他努力之下，1930年后学校先后取得了大生纺织公司、大达轮步公司、大

张孝若像

咸盐栈、大丰盐垦公司、翰墨林印刷公司、船闸公司等实业的拨款捐助，减轻了学校办学经费上的困难。二是巩固了校董会组织。他先后聘请通海垦牧公司经理江知源、大生公司董事吴兆曾等实业界人士和江苏省视学易作霖、省立第九中学校长邹楫等教育界名流担任校董，并确立起校董会决策、学校机构执行的办学运作模式。三是拿出其私人名下通海垦牧公司20股（合计440亩）垦田，解决学校与海门县教育局的垦田产权纠纷案。然而，正在两所师范学校办学基础重新得以稳固的关键时刻，1935年10月，张孝若在上海寓所里不幸遇刺身亡，他的去世是南通各项事业的一大损失，也是两所师范学校发展历程中的又一损失。次月，通州师范校董会临时会议推选张謇之子张敬礼为主席校董，于忱担任校长兼事务部主任，顾怡生任教务部主任，王崇烈任训育部主任，使学校的各项事业继续维持。

南通女子师范方面，1930年2月，校长周明瑸因体弱多病辞职，县教育局聘请南通女子师范教员许牟衡继任。许牟衡，字公鉴，南通人，民国时期民众教育专家。先后就读于第一代用师范第16届师范本科和中央大学教育系，大学毕业后留校担任中央大学行政院科员。1929年5月，受聘为通州师范校董，6月受聘任南通女子师范教员。许牟衡任教教育课程，积极从事课堂教学改革。被任命为校长之后，他一意整顿校务，在1930

南通女子师范第3届师范本科毕业并留校工作的范北强（左）、罗玉衡（中）、施志淳（右）合影

年2月的开学典礼上表示，愿与教职员、同学共同勉励者有三：一为谨守总理遗训，培养妇女取得社会平等地位之能力；二为遵照教育宗旨与实施方针，以适宜之科学教育、严格之身心训练养成健全之师资；三为秉承创办人之宗旨，保持原有之精神，以发扬光大。1930年7月，许牟衡应聘担任江苏省教育学院教员、省民众教育视导员，辞职离校，但在短短一个学期里，他将女子师范办得有声有色。他主张严格教育，在开学时便坚决开除了3名一周内未到校报到的学生，使富家小姐较多的南通女子师范校风为之一新；他提倡教育研究风气，发动、组织学生进行各种教育研讨活动；他推行民众教育，亲自带领师范生参观县民众教育馆和乡村师范学校，并鼓动学生开办校工夜校。在辞职离通后，他仍继续担任通州师范校董，继续关心两校的发展。

许牟衡辞职后，南通女子师范由学监罗玉衡为代理校长，至1933年1月，她被正式任命为校长，范北强则主持教务。罗、范两位是南通教育界的知名人士，从张謇时代起便长期参与南通女子师范校务。此后，她们更齐心合力在20世纪30年代中后期把女子师范的事业办得蒸蒸日上，并取得了优良的办学成绩。

（四）校董会的设立与运作

1927年7月，张孝若按照《教育部私立学校规程》，组织、设立私立张謇中学校董会，订立校董会章程，对校董的聘任条件、人数、选举办法及校董会的职能作了详细的规定。如校董定额11人，任期一年4人、二年4人、三年3人，每年改选一次，连选得连任；校董会在每年6月和12月举行常会，其在财务方面有经费之筹划、预算及决算之审核、财产之保管、财务之监察权，以及其他财务事项之处理权；在学校行政方面有选任校长并呈请主管教育行政机关认可、审核学校进行上之根本计划的职权。[22]根据章程规定，张孝若先后聘请实业界、教育界知名人士担任校董，具体情况如表1。

表1 1929—1937年通州师范校董会校董任职情况表

序号	1929年5月 姓名	任职情况	1932年2月 姓名	任职情况	1937年6月 姓名	任职情况
1	于忱	驻校校董	张孝若	本校校长兼主席校董	张敬礼	中央银行总行秘书兼大生纺织公司常务董事
2	江导岷	通海垦牧公司经理	吴兆曾	大生公司董事	徐国安	南通大咸盐栈总经理兼大生纺织公司董事长
3	何镇寅	前如皋师范校长、第五师范校长、如皋县视学	沈燕谋	大生三厂经理	徐肇钧	中央银行总行经济研究会常委兼南通县救济院院长
4	易作霖	中央大学行政院常任视学	徐肇钧	南通县公款公产管理处主任	沈燕谋	南通大生第三纺织公司经理
5	张孝若	主席校董、南通总商会主席、大生纺织公司董事长	朱国铭	大丰盐垦公司经理	易作霖	江苏省督学
6	张文潜	大生副厂主任	何镇寅	如皋县视学	于忱	本校校长
7	许牟衡	中央大学行政院科员	邹楫	省立第九中学校长	顾公毅	本校教导主任
8	黄钧	通海垦牧公司四堤垦务主任	易作霖	省教育厅督学	袁翰青	国立中央大学教授
9	邹楫	前江苏省视学、省立第九中学校长	许牟衡	省教育学院教员兼省民众教育视导员	朱国铭	东台大丰盐垦公司经理
10	韩尚智	通属总场长	于忱	本校事务部主任	何镇寅	如皋县救济院主任
11	顾公毅	本校教员	顾公毅	本校教务主任	邹楫	家居讲学

在20世纪二三十年代，师范校董大体由五类人组成：第一类，张孝若、张敬礼以学校创校人后人的身份主持校董会，担任主席校董；第二类，负责拨助学校经费的地方实业、机构代表人，如江导岷、张文潜、韩尚智、沈燕谋、朱国铭、徐国安等；第三类，负责与各实业、地方各机构联络、协调的中间人，如吴兆曾、徐肇钧；第四类，校方代表，如于忱、顾公毅、黄钧等；第五类，学校的知名校友，如何镇寅、邹楣、易作霖、许牟衡、袁翰青等。应该说正是由于这些校董的努力维持，恢复私立后的通州师范才安然度过了最为艰难的时期，并在30年代得以稳步发展。

参考文献：
[1]通州师范开校纪念大会纪[N].通海新报,1933-06-19.
[2]中国社会科学院近代史研究所中华民国史组编.胡适来往书信选(上)[M].北京:中华书局,1979:45.
[3]李明勋,尤世玮.张謇全集（第4册）[M].上海:上海辞书出版社,2012.
[4]周乃勋.参观南通县教育记[J].教育周报,1916(136):12.
[5]王蜀琼.南通县教育及实业参观笔记[J].中华教育界,1915(7).
[6]江谦.第十届本科生毕业训词[J].南通师范校友会杂志,1916(6).
[7]王孟瑶.参观京津苏杭各处学校后感言[J].教育杂志,1916(10):173.
[8]江苏省公署增加本校经费一万元饬文[M]//通州师范学校.通州师范学校三十周纪念册.南通:翰墨林书局,1934.
[9]南通民政长照会[M]//通州师范学校.通州师范学校三十周纪念册.南通:翰墨林书局,1934.
[10]南通师范改为代用[J].教育杂志,1913(10):71.
[11]张孝若.南通事业之持续及今后所以付国难者[J].学艺,1934:15.
[12]李明勋,尤世玮.张謇全集（第2册）[M].上海:上海辞书出版社,2012:421.
[13]璩鑫圭,唐炎良.中国近代教育史资料汇编·学制演变[M].上海:上海教育出版社,1991:596.

[14]胡晋接.关于整顿全国师范教育之意见书[J].安徽省立第二师范杂志,1915(2).

[15]张孝若.为本校回复私立呈江苏教育厅文[M]//通州师范学校.通州师范学校三十周纪念册.南通:翰墨林书局,1934.

[16]宗舜年.方嫔庵先生传[J].江苏文献,1945(9/10):54.

[17]本校十年大事记[M]//南通县女师范校十周年概览.南通:翰墨林书局,1916.

[18]本校现况[M]//通州师范学校.通州师范学校三十周纪念册.南通:翰墨林书局,1934.

[19]休休.张孝若之校长问题[J].上海画报,1928(376).

[20]张孝若.致吴寄尘函(1932-08-28)[A].南通档案馆馆藏(F003-311-0008/0017-0023).

[21]张孝若呈请地方事业[N].申报,1928-07-24(10).

[22]私立通州师范学校校董会章程[A]//私立通州师范学校校董会立案表册(1937).南通师范高等专科学校档案馆馆藏原件.

第二节　两校的学制、课程与教育实验

中华民国临时政府成立以后，在革命民主人士组织的临时教育会上确定并颁布了新的教育宗旨：注重道德教育，以实利教育、军国民教育辅之，更以美感教育完成其道德。[1]从而在指导思想上摈弃了以忠君、尊孔为核心的封建旧教育，确立了培养具有民主共和精神的健全国民的教育目标。以此为基础，先后颁布了1912年至1913年的"壬子·癸丑学制"和1922年的"壬戌学制"，仿行日本、德国、美国、法国等国家的教育制度并不断探寻适合本国国情的教育体系。南通的两所师范学校不断因应时代潮流，不断适应新教育的规范要求，并积极参与各种新学制、新课程的讨论、制订和试验、推广；尤其在师范教育的变革方面，张謇、江谦、于忱等曾代表学校多次参与全国教育会联合大会和全国师范校长会议的讨论、决策。

一、学制的变迁

（一）完全科学制的演变

1912年12月，教育部公布《师范学校规程》，明确规定师范学校学制为五年，包括预科一年、本科四年。预科招收高等小学毕业生，本科分第一部、第二部，第一部招收预科毕业生，第二部招收中学校毕业生，而师范学校本科毕业生的学业程度在当时的学制系统中相当于大学预科一年级。1913年1月，南通两所师范学校遵新制"以八月为学年之始，

分一学年为三学期",7月通州师范"招集第十二届新生,遵新制豫科修业一年、本科四年"。[2]

1922年11月,教育部正式公布以美国"六、三、三、四"学制为蓝本制定的《学校系统改革令》(壬戌学制),在师范教育方面,"为充实师范教育内容,提高学生程度,多留各地方伸缩余地"[3]897,规定:"(一)师范六年毕业,前三年普通科,后三年师范科。(二)师范学校得办六年完全科,或专招初级中学毕业生,授以三年师范科,如中学校力能兼办师范科者听。"[4]如此,在学校系统中,师范学校是同中学并行或接轨的中等教育的组成部分得到了明确规定。在"壬戌学制"研讨过程中,南通两所师范学校积极响应,如1921年8月遵部令改一学年三学期为两学期;12月第一代用师范于忱及南通女子师范冯克枢代表两校参加了江苏省关于《学制系统草案》的研讨;1923年6月和8月两所师范学校遵新学制改设前后期六年师范科。

南京国民政府成立后,张謇中学高中部专设高中师范科招收初中毕业生,并增设三年制初中部。南通女子师范遵令改旧制后期师范科为高中师范科,改前期三年为初中。通州师范恢复后,高中部改为师范部,保留初中部。

(二)师范讲习科的举办

民国成立后,为适应小学教育扩张、义务教育普及要求,快速培养师资,代用师范先后举办了四届师范讲习所(科):1913年1月,学校为南通县开设甲种(学制二年)师范讲习所,1914年7月提前半年毕业;1914年8月继续为南通县开设乙种(学制一年)师范讲习所,1915年7月毕业;1915年4月,学校遵省令附设甲种师范讲习科,为泰兴县接办甲种师范讲习所(称"甲组"),7月为南通、如皋开办甲种讲习科(称"乙组"),1916年12月及1917年7月,甲、乙两组讲习科先后毕业。这4届讲习所(科)在南通师范历史上与清末举办的6届讲习科统合,又称第7至第10届讲习科。1918年至1949年新中国成立,讲习科这种速成师范学制基本停办。

(三)代办南通县立师范学校和附设县立乡村师范学校

因教育经费筹措困难,江苏省教育厅规定,江苏省立第七中学和第一代用师范从1924年起招生由双组制改为单组制。为用足代用师范办学资源,满足南通县高小毕业生升学需要,县教育局拟请代用师范代办初中一级,但未

在通州师范校外宿舍开办的
南通县立乡村师范

获省厅批准。1924年5月,省教育厅训令学制在三年以上的各县师范讲习所改设县立师范学校。8月,南通县教育局委托第一代用师范代办县立师范学校一所,一方面解决普及义务教育所需师资问题,另一方面也增加小学生升学机会。县立师范学校学制三年,相当于完全科的前期师范,1927年7月毕业。

1919年五四运动之后,乡村教育思潮蓬勃兴起,并逐渐形成了一场将教育中心由城市转移到农村的声势浩大的乡村教育运动。在这股教育思潮的鼓动下,南通教育界闻风而起。1928年8月,县教育局借通州师范校外宿舍开办了县立乡村师范学校,学制一年,招收初中毕业学生或现任乡村小学教师。乡师的教师大多由通州师范教师兼任,教学、生活的各种用具亦向师范学校借用。所以,乡师虽为县立,实则相当于由通州师范代办。1930年6月,县教育局根据教育部"各县县立中学应改设乡村师范或职业学校"的训令,将乡师迁

往金沙与县立中学合并。

（四）附设初中

1923年8月，南通女子师范试行新学制，停招预科，前三年改办初中，后三年改办后期师范，初中部规模大于师范部。1924年8月，南通女子师范按省教育厅要求，自本年度起，对可资升学的初三学生增加一年初中，四年制毕业，可考大学预科，或参加三三制高中二年级编级试验。1927年张謇中学添置初中部，恢复为通州师范后，初中部与师范部并存。此后，两校初中部一直保留到1952年。

二、课程与教学改革

1912年12月，教育部公布《师范学校规程》，对师范课程科目设置、教学目的、教学要求和学年课时安排做了详细的规定。此时的"壬子·癸丑学制"系统仍以日本的学制系统为蓝本，规程要求与清末通州两所师范学校实施的课程标准基本一致，因而民国初年两校课程及教学未有大的变动。当然，国文教学仍是两校的教学特色，在时间安排上也有所偏重，所谓："教科目概依省立师范学校学则配置，惟以历年之经验，斟酌缓急轻重，酌减英语时间，而特增国文时间，以期适用。"[5]同时，习字课仍旧置于国文课之中，未独立。

（一）试行分科制与选科制

民国初年仿行日本学制不分科、硬性划一的单科制课程，存在着不适应社会发展需要，不适应学生个性发展的弊端，影响到毕业生的出路。因此，1918年以后，教育界掀起了推行分科制、选科制的改革浪潮，实施划分学习类别、增强专业化、推行必修与选修课程等办法、举措。直至1922年，教育部颁布《新学制课程标准纲要》，明确实行分科制与选科制。

在江苏的师范学校中，最早试行分科制的是省立第二、第三师范。而早在1915年，代用师范学校就参与了江苏省教育会师范教育研究会组织的关于师范实行分科制的讨论，并认为师范学校不必分科选修。当时学校认为可通过修订原有培养方案解决问题，课程方面可增减教学时间，选编适用教材，加强反复练习，以"达活用之的"；学生方面，与普通教育不同，初级师范培养小学教员，目标明确，无须通过分科凸显其个性发展；应用方面，师范毕业后"滤其不能充足者，惟有国文"，"至其他各科，但能精选适当教材，讲求运用方法，应用之时，必无不足"。[6]由于当时认识的不同，两所师范学校未选择实行分科制。

然而，1915年7月教育部颁布《国民学校令》，将初等小学改为国民小学，小学教育进一步明确两级体系。如此，中等师范教育中"一种学校，具两种目的（国民教员、高小教员）"[3]885-886的培养目标问题凸显。师范学校单一的课程系统更适用于国民小学级任制教员的培养，而高等小学教员则趋向于科任制，这就势必要求师范课程向专业化、专科化方向调整。1920年1月，代用师范学校二年级学生提议学校改行分科教学，并撰写了万言意见书，呈送校长及教职员。代校长江谦当即复函赞成，他说："知良教育之要素有三：曰诚，曰相生相养，曰切实应用，恶教育则反是。二年级学生所上分别教授意见书，于良教育之要素颇有合，殊可采取。"[7]6月，学校拟定分科制办法，并决定于新学年施行。分科制具体办法为将单一课程分为必修科（通习课程）和选修科（专习课程），通习课程有国文、历史、地理、教育，必须人人学习；专习课程分英数理科（第一科）、理农工科（第二科）和图工科三种，由学生志愿选修一科。

1923年4月，南通教育界请美国教育测量专家推士博士莅通演讲，两所师范学校的师生代表前往听讲。推士在演讲中称美国中等学校学生纯重自习，教师只立于指导地位，每级主科不得逾四项，每日上课不得过四时。听讲后学生回校讨论，一致认为：学校课目繁多，自修时促，致敷衍者多而精造者少。因而由一年级学生集体提议学校施行选科制。学校经过教职员会议讨论，并派马灵源到江南已施行选科制的学校考察后，拟定选科办法，并决定从1923学年开始实行。选科办法是将原选修课程分为国文系、英文系、数理系、史地系、美术系、农学系、教育系，任学生自由选择。其实，学校在1920年以后实行的分科制是一种限制选科制，1923年实行的选科制则更接近于自由选科而并不分科。自由选科对学校的师资结构及教学设备都有很高的要求，一般规模的中等学校实际很难实行。因此，1932年8月，通州师范又根据教育部规定实行限制选修，将选修科分为文史地、英数理和艺术三组，每周各占七小时，兼顾适应个性与实事求是。与选科制相适应，学校实行学分制，"定必修科授课时间三学年共计一三八小时，合一二四学分，另第三学年第二学期教育实习十周，计十二学分，选修科除教育选修外，分文史地、自然科学、艺术三组，每人最低限度三学年须选修三十二学分，合必修科与教育实习共一六八学分，为毕业标准"[8]。

此外，两校初中部的课程设置、学程及周课时均按教育部各时期的要求、标准执行。

（二）教学状况

在课程设置、教学方法、教材选介方面，1916年10月杭州《教育周报》第140期介绍了代用师范的教学状况：

> （甲）教授主义及方法 本校教授，取我国固有之自得主义，期与部定师范教养学生要旨第八条谓为学之道不专恃教授，务使学生锐意研究，养成自动之能力相吻合。至其方法，教授时重启发，教授前重豫习。

(乙)教科目　概依省立师范学校学则酌置,惟以历年之经验,斟酌缓急轻重,酌减英语时间,而特增国文时间,以期适用。……

(丙)教科书　本校教授,不用讲义,概就坊间所出各教科书,择其善者用之。惟教员对于其教材,可为适宜之损益。

(丁)教授表簿　出席簿、教授录、平日记分簿、各科成绩表、学期学年末成绩一览表、各学级各学科成绩比较表、学业成绩簿、学籍簿。

1.国文与国语课程教学

民国初年,南通两所师范学校十分重视国文教学。在课时设置上,师范本科五年国文课总课时达1390小时,平均每周7.6小时,预科及一、二年级教授习字,总课时190小时。在教授内容上,国文课分为读书、识字、读文、作文、日记、习字六项:"读书"分讲读、阅看,讲读内容包括《四书》及《群经大要》,由教师讲授,令学生熟读;阅看内容包括《曾文正家书》、《求阙斋日记》、《四书反身录》、《阳明传习录》、《纲鉴易知录》、四史,学生作札记、日记。"识字"分形体、义训、声音三部,声音学以江谦著《说音》为宗,形体、义训以《说文解字》为主。"读文"则前三年"由教师选授诸家之文,不限时代,以理足词纯,义法谨严完密,所谓清真雅正,而能切于实用者为准"[9],文体分记叙、论议、词赋三类;第四年起添讲文典及文学史。"作文"以记叙文、书牍文、论说文为主。"日记"以养成品德、熟练文笔为主旨。在教学目标上,两所师范学校国文教学坚持创校时确定的"适用"与"应用"原则。如1913年,女子师范校长范姚蕴曾将师范生的国文、算术成绩呈送时任省公署教育司司长的黄炎培评阅,黄氏复函说:比较当时各学校"满纸多公共肤廓语,不复顾意之可通与否,合于事实与否"的国文教育,女师的国文则

"可当'清真'两字"。进而他提出"宜定作文之的三：曰意务求其能刻入、能分析，曰于事务求其切合，曰于理务求其正稿"的指导意见。[10]

对两校的国文教学，一些经历了新文化运动的激进人士曾指摘为提倡"读经"，被认为逐步落后于以白话文和新文学为特征的新文化时代。但与民国初年尊经尊孔的复古主义教育不一样，南通两所师范学校坚持的国文教育，除培养师范生毕业后在小学任教的语言、文字能力外，也有着张謇等学校决策者试图通过师范教育保存国粹、传承国学的深邃思考，他们更担心在新时代纷扰的新学浪潮中可能产生的文化失落。同时，两校的国文课程在1918年前后和20世纪30年代也有过两次大的调整。

第一次是在当时方兴未艾的国语普及运动中开设国语课程。国语运动开始于清末，当时担任学校监理的江谦也是这一运动的倡导者，"其创设音标一案，实为后来注音字母之权舆"[11]。民国成立后，1917年12月江苏省教育厅训令各师范学校开设国语课程，1918年教育部正式公布"国语标准"，同年7月南京高师创设国语讲习会，代用师范派附属小学教员易作霖前往听讲，为学校添设国语课做准备。8月，新学年开始后，师范"各级分习注音字母及国语，并定每二周举行国语讲习会一次"[12]。在试习一段时间后，学校于1921年4月全面推行国语教学，调整国文课时，加授语体文、注音字母、发音学、国音沿革、国语文法、

致力于国语统一运动的易作霖

国语教授法。

随着国语运动"最兴盛时期"的到来,富有生气的国语文学自然而然地产生了,开启了波澜壮阔的"文学革命",新文学从中诞生。虽然南通两所师范学校的国文教育仍是以教授"旧文学"为主,但两校并不阻挠青年师生参与这场新文学运动,因此在学校这一时期的毕业生中产生了像新月派早期诗人刘延龄、美国华裔第一位左翼作家蒋希曾、现代女作家陈学昭和现代散文及小品文作家李素伯等一批现代文学史上的先驱人物。20世纪30年代,担任国文教师的李素伯、张梅安等最早将现代文学(语体文)带进了国文课堂之中,推动了通州师范国文教学的第二次调整。他们摒弃国民政府的统编国文教材,大胆选用开明书店、北新书局的活页文选,选教篇目多为文质兼美、脍炙人口的现代文学作品,注重作品内容与形式的多样性,如朱自清的《荷塘月色》《桨声灯影里的秦淮河》,鲁迅的《故乡》《社戏》《一件小事》《娜拉走后怎样》,叶圣陶的《假如我有一个弟弟》,茅盾的《大泽乡》,等等。体裁包括序跋、随笔、速写、书信、游记、传记、小说、诗歌、剧本、杂文、议论文等,作家包括鲁迅、郭沫若、茅盾、郁达夫、叶圣陶、朱自清、周作人、郑振铎、俞平伯、冰心、夏丏尊、丰子恺、闻一多、徐志摩等,还选国外高尔基、莫泊桑、厨川白村等人的作品以及古典诗文,教学上注重教与学的结合、读与写的结合、课内与课外的结合,他们还组织师生合办《学艺》《爝火》杂志,刊载教师诗文

在通州师范最早从事语体文教学的李素伯

和学生习作。[13]

2.教育课程教学与实践

教育课程方面，民国初年，长期任教教育课程的顾怡生在校友会杂志第五、第六期上发表了《师范教育研究》《师范学校之哲学》两文，对师范学校教育课程的教材、程度、训练和教生实习等问题发表了意见。在教材问题上，他认为："凡师范学校，应设教材讨论会，应设教科书研究会，而别更以科，而区之以部，而或时为数校之联合。更应设小学校用教科书研究会，以科分焉，或与其附属小学校合焉。"[14]203在教学方面，应注重"教员相互之教授参观批评而行诸附属小学校。同一教科有两教员以上者，此相互之教授参观批评而更行之于师范学校。更与于师范生在附属小学校之教授参观及批评。有此组织，庶几教者努力求进于教育方面。而对于学者吸收之知识，必渐能与以统括磨练之方，使将来入社会而不难应用，并于此深具自修自学之兴味焉，其自修自学之良习焉"[14]204。在课程程度上，他则提出心理学——伦理学——哲学的教育理论学习的阶梯，并针对师范学校"以哲学为难治"的看法，提出："师范生固犹是形而上学的动物，其求知心应较胜于一般之形而上学动物。其于治心理学、论理学后，即不识哲学之果为何物，而必有一种哲学的欲，此可以断言者。利用此欲，进而教之，所谓哲学不难治也。"[14]212同时，在民国初年两所师范学校的教育课程尚未脱离日本师范教育的影响。进入二三十年代，曹书田、曹铨楼、许牟衡等先后在两所师范学校任教教育课程。他们是南京高师、东南大学和中央大学教育科的早期毕业生，当时这三所学校云集了从海外归来、推崇新教育的思想精英，如陶行知、陈鹤琴、郑宗海、孟宪承、程湘帆、廖世承等。他们回到师范学校任教后，受大学导师的影响，注重教育实践和研究，鼓励师范生在学习教育理论知识的同时，组成各种教育研究会，组织各项调查，开办平民学校、乡村试验学校，使教育课程真正走出了师范课堂，走出了书本理论。

3.英语教学改革

外语课程方面，毕业于南洋公学并在通州师范创校初期任英文教习的丁冕英（宗一），于1914年再次受江谦先生之聘回校任教。他在1908年离通后，曾历任各高等及中等学校英文教员，积累了丰富的教学经验。在1917年去世之前，他撰写了《师范学校英语教授之研究》一文，并作为遗稿发表于《校友会杂志》第八期。在文中他从选教材、读法、作法、会话等方面进行了简单的教学总结。针对当时学界人士认为师范生不宜过重英文，应酌减授课时间的普遍看法，他提出："今就英语而言，按诸部章，国民小学无之，高等小学可以量设，而非必修。然则寻常师范之列入此科，其主旨不重在培植语学之教师，而在养成能读西书之学者，用广参考之途术而为他科之辅翼明矣。"[15]丁冕英之后，在学校担任英文教员时间最长的是朱东润，从1919年至1929年前后任职十年。任教期间，朱东润对师范的英文教学进行了研究和革新。当时在英语课时设置上，中学4个年级，每年级每周8学时，以每年实际授课40周计算，共计1280学时；师范预科不设英文，本科4个年级，每年级每周3学时，最多不过480学时。为在有限的课时内提高师范生的英语水平，以帮助他们日后升学和胜任小学英语教学之职，朱东润采用直接教学法，选用周越然编的《模范英文读本》和《林肯传》、《天

青年时代的朱东润

方夜谭》等英文原著进行教学,"缩短教学过程,从英文、中文,再是中文、英文的过程改为从英文到英文,就是说从四步走改到两步走",并把直接教学法的过程和运用结果,用英文写成了十篇文章,在商务印书馆的《英文杂志》上发表。[16]朱东润的教学改革取得了很好的效果,如当年他的学生,后来成为化学专家的袁翰青曾回忆说:

> 朱东润先生教授英文。至今,他给我们上课的情景还历历在目。朱先生教授的课本是《林肯传》和《天方夜谭》等书。他每次讲课都非常认真负责,课后总是留下一些时间,提出问题,培养学生分析理解问题的能力。家庭作业、心得体会、小作文必须用英文书写。每次作业我都完成得很好,经常受到朱先生的夸奖。朱先生经常借给我一些书籍和复习材料,给我开小灶,使我的英文水平提高很快。在投考清华前,我已基本上掌握了英文的听、说和写的能力,为我入清华,留学美国取得博士学位奠定了基础。[17]

除上面提及的课程以外,在这一时期学校对师范的历史、地理、数学、理化等课程的目标要求、教材选择、教学方法等问题也都一一进行了研讨,其中鲜明的共性则是对师范性的重视。如尤金缄在谈到理化教授时曾分析说:"师范教育以养成小学教员为目的,而小学理科,理化实居其半,苟非借实验为讲解之标准,则实验之方法,器具之装置,结果得失之理由,断难充分明了。将来从事小学教授,将何以为实地之应用乎?是故教授是科,固以实验为首重,而于小学适用者,尤须注意。"[18]

三、开展教育实验

(一)倡导军国民教育

军国民教育就是通过对学生和全体民众进行尚武精神

的培养和军事素质的训练，使他们具有军人的品德和体质，以达到抵御外侮、寓兵于民的目的。军国民教育作为一种思潮，形成于清末，发展于民初，通过蔡锷、蒋百里、梁启超等人在留日学生或进步人士中倡导，在国内迅速成为一股强劲的潮流。而且军国民教育思潮的兴起，不仅引起众多有识之士的共鸣，也受到了政府方面的重视。清政府和民国政府先后把军国民教育的若干内容吸纳到国家的教育宗旨之中。

在地方办实业、教育的张謇从救国救民的角度很早接受了军国民教育思想，凭借其地位和影响极力鼓吹，并认为师范学校应首先实施军国民教育。由此，在清王朝覆亡之前的几年里，通州师范已初步形成一个包括军事化管理、兵式操训练、健身体育活动等内容的军国民教育体系。进入民国以后，与地方自治相结合，代用师范的军国民教育实践进一步推进。首先，在学校管理方面进一步吸纳治军的精神。1912年，张謇针对师范学校的教育管理发表《严格教育旨趣书》，提出学校与军队的共同点之一便是严格教育，将军队的管理方式、精神与师范生寄宿制度、生活管理相互结合，并规定学生统一改穿制服。其次，进一步开展军事知识教育和技能训练。课程方面，除原有的兵式操、拳术课之外，还开设了"战术初步"、"野外勤务"和"童子军训练"、"童子军教授法"等课程，聘请具有军事经验的教师任教，如聘请军校毕业的季方、陆鸿逵等担任兵式操教员。活动训练方面，定期举行兵式操演练和野外战斗演习。最后，重视学校体育，养成运动精神。代用师范成为地方开展学校体育运动的模范，并取得良好的运动成绩。当时，学校按性质、时间等对体育运动进行分类："本校行下列之运动以期增进体力、修养精神：（一）朝食前之短时间体操；（二）午食后休憩时间之运动；（三）课外运动；（四）远足；（五）运动会；（六）与他校联合比赛。"[5]规定："运动门类暂以赛跑、铁杠、撑竿跳、跳栏、掷球五者为限,各运动员可自认定一门或二三门,由甲、乙、丙三组组长查明报告运动部长专一练习。"[19]后来运动项目又增加了篮球、足球、网球等集体项目。同时,学校专门成立了"运动委员会"(后改称"体育委员会"),负责管理运动器械,指导各项运动,组织运动会及各类比赛活动。由于重视学校体育,代用师范不仅在民国初年各届省立学校联合运动会上名列前茅,集体表演项目,如兵式操亦"共推代用师范学校形式最为整齐"[20],并且运动成绩优良的徐彦儒、徐维贤、倪约求、邱鼎山等学生还参加了第二、第三届全国运动会,在跳远、撑竿跳高、投掷和田径短跑、十项全能等运动项目上取得了优异的成绩,徐维贤的撑竿跳高成绩和邱鼎山的十项全能运动成绩曾打破远东纪录和全国纪录;1923年5月,徐维贤、徐彦儒代表中国参加在日本大阪举行的第六届远东运动会,分别取得撑竿跳高和跳远比赛第三名的好成绩,为国争光。

(二)推进职业教育融合

民国成立以后,随着南通教育体系的逐步完善,20世纪一二十年代成为南通职业(实业)教育的大发展时期,一批实业学校和职业培训机构开办起来,原先附设在通州师范的农业学校独立为南

南通女工传习所教员、学生合影

通私立农业学校。同时,张謇看到"吾南通之女子,乡居者大抵能以耕织佐生计,城市则习于逸而愈贫"[21],积极倡导女子职业教育,在南通女子师范附设女工传习所。

1913年8月至1914年8月,张謇、张詧投资在南通女子师范校园西部建成女工传习所,延请刺绣大师沈寿担任主任兼刺绣教习。女工传习所分设刺绣、图画、编物、手织、裁缝、育蚕六科,每科聘请教员一名。首期先开刺绣、编物两科,学员年龄自14岁至50岁不等,首期招生32人,至1914年年底,学员增至67人,经常费一年3000元。刺绣科设一年制速成科、二年制普通班、四年制中级班、五年制高级班。速成科亦称预备科,传授刺绣的基本针法;普通班亦称乙班,主要传授花卉、翎毛绣艺;中级班亦称甲班、美术班,教授山水、仕女绣艺;高级班亦称本科班、研究班,主要传授油画、肖像、仿真绣等美术刺绣。刺绣专业课程外,还教授国画、算术、国文、写字、音乐、体育和家政等课程。1916年5月,又聘请山东民间工艺大师任芳东执教编科。1917年8月,附设花边传习所。传习所师生的刺绣作品《耶稣像》《牧马图》《齐老太太像》在1915年2月举行的巴拿马世界博览会上荣获金、银、铜奖。1916年10月,张謇捐资5000元购买城南濠阳路占地3亩的韶春园旧址建设新所,1920年10月落成,成立南通绣织局,女工传习所迁入,与南通女子师范脱离隶属关系。

随着地方职业教育的初步发展,两所师范学校又将职业教育渗透到师范教育体系之中。在民国初年,大多数学生在小学毕业后面临着谋生、择业的问题,因而有必要在小学开展职业感知和陶冶教育,在中学乃至小学阶段适量增设职业技术课程,为学生今后谋生培养一些技能。由此,师范学校就有必要开设职业教育课程,培养能胜任小学职业课程教学的师资。1915年11月,代用师范在原有农事实习的基础上"自三年级始,以学生志愿分为农、工二组,分别设场实业实习,时间每周四时至六时"[12],确定起师范农工分科的职业教育模式。不久,黄炎培在南京高师听到校长江谦介绍代用师范农工分科情况后,在日记中记载道:"南通师范学校新设农科及工科令师范生选习其一。工科就手工扩充之,令习制造家具,欲于小学校提倡职业教育,不可不先于师范设职业科矣。"[22]1916年学校制定农工分科的相关规定:

(一)性质 于原有手工、农业课程外,另设场所,使生徒实地作业。其他各科均无变更,但稍减少时间。

(二)旨趣 在使生徒实地作业,调和其身心劳逸,并使有职业之智识技能,以为小学增设职业科之准备。

(三)时期 约各四百小时,分配于本科第三、四学年。

(四)分组 令生徒自认,设二组相差过多,由校察生徒之性质,及住居状况,酌量匀配。

(五)种类 工作分竹工、木工、漆工三种(专制普通家具)。农作专种棉、麦、豆、蓝(靛)及蔬菜,每人约占地百方步。

(六)用具 公共用具由校备,各个用具生徒自备。

(七)出品 估定价值发卖,先提出材料、种子、肥料等费,除分给各生,农组更须缴纳田租每百步一元。[5]

1917年,中华职业教育社在上海成立,代用师范农工分科教育成为它调查、研究、推广的一个典型。同年11月底,黄炎培、沈恩孚等到南通调查职业教育状况,并受邀至代用师范做职业教育演讲,他们认为"师范学校内农工分科问题,各处虽有提倡,然无有如贵校举办之早者,是足见贵校研究之结果正确而着实也"[23]。后来,黄氏又盛赞代用师范为"师范学校注重职业之嚆矢"[24]。由于中华职业教育社的重视和赞誉,代用师范的农工分科教育作为典型被广为宣传,全国各地的学校代表和教育界人士纷纷前来观摩。为此,1919年3月教育部编《教育公报》第六年第三期以《南通代用师范学校农工分科办法成绩》为题进行了全面报道。

农工分科办法在代用师范一直实行到1920年6月学校推行全面分科制度,农、工单独分科的制度被理农科、图工科的综合分科制所替代,也使理论知识与实用操作技术更紧密地结合起来,所谓"现在因时事之不同,又分了英数理、农博、图工三科","各种分科,对于各专科,皆须提高学程"。[25]

至20世纪20年代末,一方面由于学校改制,学制缩短,经费又严重困难,因此学校不得不将农场部分田地租佃给农户,以补贴学校常费,实施农、工教育的时间、空间都相对缩减;另一方面,教育形势和国家教育政策发生变化,小学教育目标由培养劳动者逐步转为向中学、中等学校输送生源,重视知识课程,职业课程则大大减少。由此,师范学校的农业、手工、商业等职业课程在教学内容和实施规模上也逐步缩减,并在30年代趋于消亡。而通州师范增设初中后,为解决初中部分毕业生就业谋生问题,学校在1931年决定从初中第三学年起将学生分为升学、就业两组,就业组加习职业进修科目。

(三)试验平民教育与乡村教育

平民教育、乡村教育思潮形成于五四运动的激烈浪潮之中,那些受过欧风美雨洗礼的现代教育家和激进的爱国学生极力提倡受教育者机会均等,并试图通过对广大民众的识字教育实践等,使平民获得文化知识,以启迪平民的爱国心,实现平民政治和社会改造。1923年,中华平民教育促进总会的成立标志着平民教育全国性高潮的到来，1925年后这一运动逐步分流为主张改良的平民教育、深入农村的乡村教育，以及民众教育、工农教育等。

顺应这一社会改造浪潮，南通的两所师范学校在20世纪20年代也积极开展了各种平民教育活动。而与其他教育运动不同，在平民教育活动中，一方面广大青年学生不仅是活动的主体，更起到了主导、主流作用；另一方面青年学生在广泛接触社会尤其是社会下层之后，形成了强烈的改造社会的政治意识。

两所师范学校参与全国性的平民教育活动开始于1920年初。1920年1月，南通学生会评议会决定在代用师范筹设"星期学校"一所，教学由代用师范学生担任，地点设在南通工商补习学校。2月，代用师范学生组织同学会，宣扬德谟克拉西主义，发展校内外组织，其校外组织包括义务学校（即平民学校）。6月，美国教育家杜威受邀至南通参观、演讲，"提倡教育者应对社会负责任"[26]，听讲的师范学校师生深受启发，以更大的热情投入平民教育活动之中。

从1921年至1925年是两所师范学校平民教育活动发展的时期。在这一阶段广大师范生开始系统学习平民教育的理论。他们阅读有关书刊，如北京高等师范学校出版的《平民教育》杂志在学生中广为流行。顾怡生向两校师范生宣讲美国乡村教育先驱哈弗夫人及其创办保德学校的事迹，师范学校学生组织的学艺研究会请附小教员丛介生讲"平民教育与拼音文字"，了解平民教育的起因、平民教育的概况及如何改进在平民教育上所用的主要工具。学生们自发地组织起来，在南通城乡开展平民教育活动：南通女子师范学生自治会教育股与教育共进社联合起来，以实验教育方法、推广平民教育为宗旨，创办半日义务学校、平民学校和寒暑补习学校；代用师范学生组织"晨光社"开办平民夜校。这些民众学校由师范生轮流执教,以识字教育为主要内容,其开办经费由学生自筹或向学校教职员、社会各阶层募捐,校方也不时予以赞助。同时,学生的活动也带动了学校对平民教育的研究和试验:

1922年建成的通州师范附属垦牧乡高等小学

1922年第一代用师范为研究乡村教育,在通海农垦区创办附属垦牧乡高等小学;1924年南通女子师范通过县教育局将城北钟秀山第二十国民小学改为附属小学农村分校;1925年两所师范学校附属小学教员联合在城内开办平民小学。学校、学生与教员的互动逐步掀起南通地区平民教育的热潮。

1925年前后,革命思想在第一代用师范的学生中广为传播,部分激进的学生以晨光社为中心开始学习马克思主义学说、社会革命理论,继而在学校建立了南通地区最早的团支部、党支部,并积极进行各种革命宣传、组织活动。革命思想的传播也带来了工农教育理论,使学校的青年学生们认识到从事民众教育不仅要传播知识文化,更要传播革命理论,让广大下层民众通过自发的政治斗争,争取受教育的权利。因此,他们中的激进骨干深入南通、如皋农村,发展农民党员,把他们培养成农运骨干;他们走进工厂,组织工人运动,帮助工友建立工会,举办工人补习班和民众夜校,宣传"谋解放求生存"的革命道理,使民众教育焕然一新。1927年6月,北伐军的节节胜利,更激起两校学生的革命热火。第一代用师范学生组织的新剧团发布义演宣言,宣称:"第一个目的,筹备平民校基金;第二个目的,我们不能投笔从戎、荷戈杀贼，也应对北伐军略表慰劳之意；第三个目的，向民众宣传孙中山先生的三民主义。"[27]7月，新剧团平民教育委员会决定在南通设立第一平民学校，并于平潮、唐闸、金余、掘港、三圩等5处设立分校，学校分工友、店员、补习高级、平民四班，课程有国语、算术、常识、外国语。当时设在第一代用师范附属小学的第一平民学校有日夜班学员300多人，共分七级。11月，南通女子师范学生会设立平民教育股，举办校工夜校。1928年春，张謇中学学生会民众教育股在平民学校基础上开办民众学校，并发行《平民教育》杂志。学生们在拓展民众教育的同时，也向广大民众宣扬基本的革命道理，在一定程度上推动了这一时期南通地区革命风潮的形成。1928年下半年以后，南通地区革命与反革命的斗争日益尖锐，公开的革命宣传活动已无法开展，部分激进的学生转入领导南通各地的工人运动、农民运动等革命事业之中，由此学生开展的平民教育活动逐步陷入低潮。

第一代用师范平民教育委员会合影

应该说，20世纪20年代，两所师范学校以师范生为主开展的平民教育活动不仅在一定程度上起到了教育民众的作用，在地方产生了较大的影响，而且通过自身的实践，学生进一步了解了当时的社会现实，增强了改造社会的愿望，更从实践中逐步掌握了革命真理，坚定了革命信念。在这一时期先后投身于革命运动并为之流血牺牲或奋斗终身的两所师范学校学生或校友大多是平民教育活动的骨干分子。

四、完善教育实践体系

民国初年,南通两所师范学校的教育实践体系定型:在管理方面,教务部按学校章程规定安排教育实践时间和规模,具体的实践活动则由附属小学全面负责;在教学理论方面,学校要求师范生了解和掌握五段教学法、单级教授法,以适应当时正极力推广的单级学校的教学。1915年,代用师范教务主任兼两校教育学教员顾怡生发表《师范教育研究》一文,从师范教育实习的目的、意义、内容、类型、基本要求和注意事项等方面,对学校自创校以来开展的师范生教育实践活动进行了总结。1916年,学校规定教育实习规程如下:

甲、实习方法 自本学年起教生实习采用学科修得、实地练习单行法。就现时四年级人数言,须分甲、乙两组。故本学期前七周为甲组实地练习,乙组学科修得之期,后七周为乙组实地练习,甲组学科修得之期。

乙、仪式 教生始业之第一日,由校集全体儿童于屋内操场行相见礼,教生答礼如仪。

丙、教案 教生于实习某科之前,与该科担任教员接洽,并由该科担任教员指导一切教案,制成送之检阅。

丁、批评 每实习一次后开批评会,所有批评录每次轮派一人汇集编次。

戊、评案 评案已经出板(版)五次,第六次在豫备印刷中。

己、参观录 遇有参观他县小学时必各制参观录付之油印。[5]

20世纪20年代,伴随着课程体系改革和新学制推行,师范的教育实践体系也进入了一个新的调整阶段。与以往不同的是：第一，新教育尤其是小学基础教育的大发展使师范生的教育实践受到前所未有的重视，比如学生举行教育考察活动，政府给予津贴；第二，见习、实习、考察的三级结构更加明确；第三，实践内容得以充实，更加丰富；第四，各种实践型教育思潮的蜂拥而至，带来了研究性的教育实践。这一时期，南通两所师范学校的教育实践活动设在毕业学年，学校安排三至四天的教育见习、四周左右的教育实习及两周的教育参观基本成为定制。

在实习规范上，1924年两校重新制定了各种学生教育实践规程，内容详尽、要求明确。如1924年4月，南通女子师范增订《教生实习规程》二十二条。1926年5月，南通女子师范又新订《教育考察规程》十条，规定考察事务分干事、交际、会计、庶务四部；参观分考察教学、设备、课程、训育、组织五组，考察教学又分设计法、道尔顿制、复式教学三项，要求参观的学生除在"考察教学"内容中选择两项负责考察外，其余四项任选一种，同时要做详尽的考察笔记，考察结束后进行交流。

在实习形式上，由以级为单位的普遍实习，改为分科、选科制实行后按科（如英、数、理科）分组，普通（语、数）与专科相结合的实习方式，同时取消以往以个体为主的单人实习，实行科、组结合的合作式实习。

在实习内容上，分教育目标和事务目标。教育目标包括培养学生从事教学和训育的能力；事务目标包括了解、掌握教学管理、班级管理及学校管理的内容、决策过程、处理程序和基本方法。

在实习教法上，摒弃了以往五段式的单一教法实习，进行包括单级、复式教学法，以及设计教学法、活动教学法在内的各种教学法的尝试性教学，通过比较试验开拓学生的教学思路，同时吸纳诸如乡村教育等各种流行教育理念，在普通实习之外,安排学生至乡村小学进行实习。

1927年两所师范学校改制以后,根据六年本科学制改三年高中师范科学制的变化,学校对学生教育实践做了微调,即"师范生实习,定于第二学年第二学期开始参观,第三学年第一学期开始见习,第二学期为教育实习,其时间定为十星期。实习场所除在第一、第二两附属小学外,并指派学生轮流赴乡村小学实习,借使明了乡村小学之实际,为毕业后服务之准备,此外并举办民众学校,以资练习"[8]。

参考文献:

[1]璩鑫圭,唐炎良.中国近代教育史资料汇编·学制演变[M].上海:上海教育出版社,1991:651.

[2]本校三十年沿革略[M]//通州师范学校.通州师范学校三十周纪念册.南通:翰墨林书局,1934.

[3]璩鑫圭,童富勇,张守智.中国近代教育史资料汇编·实业教育师范教育[M].上海:上海教育出版社,2007.

[4]璩鑫圭,唐炎良.中国近代教育史资料汇编·学制演变[M].上海:上海教育出版社,1991:864.

[5]本校现状概览[J].南通师范校友会杂志,1916(6).

[6]本校复江苏省教育会师范教育研究会书[J].南通师范校友会杂志,1916(6).

[7]朱嘉耀.南通师范学校史(第一卷·纪事)[M].南京:南京师范大学出版社,2012:39.

[8]本校现况[M]//通州师范学校.通州师范学校三十周纪念册.南通:翰墨林书局,1934.

[9]本校国文教授实施状况[J].南通师范校友会杂志,1919(8).

[10]黄炎培.答南通女子师范学校校长范姚夫人书[J].江苏教育行政月报,1913(4).

[11]蒋维乔.江易园居士传[J].觉有情,1943(85-86).

[12]本校沿革略[J].南通师范校友会杂志,1919(8).

[13]王建白.李素伯语文教学回忆片断[M]//启东文史(第9辑).启东县

文史资料研究委员会,1988:68-73.

[14]顾怡生.教育家顾怡生诗文选集[M].南京:江苏古籍出版社,1991.

[15]丁宗一.师范学校英语教授之研究[J].南通师范校友会杂志,1919(8).

[16]朱东润.朱东润自传[M].上海:东方出版中心,1999:102-104.

[17]袁翰青.忆旧贺新[C]//银杏忆语——南通师范九十校庆纪念文集.南通:江苏省南通师范学校,1992:21-22.

[18]尤金缄.师范理化教授之研究[J].南通师范校友会杂志,1919(8).

[19]通州师范学校揭示存稿[A].南通师范高等专科学校档案馆馆藏稿本,1911.

[20]王朝阳.江苏省立学校第二次联合运动会参观记[J].教育研究(上海),1916(27).

[21]李明勋,尤世玮.张謇全集(第6册)[M].上海:上海辞书出版社,2012:428.

[22]黄炎培.抱一日记[M]//周汉民.理必求真·黄炎培职业教育思想读本:综合篇.上海:上海科学技术文献出版社,2015:495-496.

[23]刘俊升.述黄任之先生演说辞——职业教育问题[N].通海新报,1917-12-12.

[24]黄炎培.实用主义产出之第三年[J].教育杂志,1917(1).

[25]季承恕.我校农场的历史及概况[J].南通师范校友会汇刊,1923(1):141.

[26]杜威博士演讲录[M]//南通县教育会汇报(第八卷).南通:南通翰墨林书局,1920.

[27]新剧团义演宣言[N].通海新报,1927-06-20.

第三节 办学经费、校园建设与教学设施

一、经费状况和学校基产

（一）经费来源及收支情况

民国时期两校的经费，就总体状况而言，经历了不同的发展过程。从1912年至1926年是两校经费都得以不断扩充的时期，拿学校支出的常、临两费来看，南通师范1912年度为银29223元，1919年度为50583元，1926年度高达63000多元，是1912年的两倍多；南通女子师范由1912年的银5425元增至1921年的15800元，增加近两倍。1927年至1937年，南通师范经费收支大大缩减，1930年前后下降到民国元年之前的水平，1929年的常、临两费仅支银28980元；1931年以后又略有增加，如1932年的常、临两费为银33192元，但始终未能达到1926年的经费收支水平。南通女子师范的经费则继续保持稳步增长，1930年的常、临两费达到银29721元。

1.省款、县费补助

从经费来源来看，民国时期，两所师范学校已形成的包括乡绅捐资集资、地方实业拨助、官费补助、收取膳学费、学校基产收入等在内的五种收入渠道基本未变，但两校的办学性质发生了变化。南通师范改为代用师范，由私立性质转变为公立性质；南通女子师范改为县立，在法律上属于公办学校。由于这种变化，两校经费收入中变化最大的是县款、省款补助的增加。南通女子师范"自改称县立后，

除田租及鱼捐之收入外,余由县行政公署支给"[1],1921年度第一学期学校总收入为银4545元,其中县费为3250元,占71.51%,其余为田房租。代用师范的省款分为省库代拨学膳费和省库补助两种,代拨学膳费是按学校每年度上报学生数和应纳学膳费数额核准拨付,一般说与招收学生数成正比。1917年,省公署公布代用师范当年的常费拨付预算为银23010元,1918年以后学校招收双级,学膳费的数额成倍增长,1924年预算拨款达40000余元,可以说这是1926年之前学校收支经费总额增加的最大变量。然而,学膳费拨款"受补助者为学生,而非学校"[2],1914年学校预算经常费为银36000余元,除预算学膳费补助12800元外,尚有23200元左右的经费需要学校通过其他途径自筹。省款学膳费补助只相当于总预算的三分之一强,与省款补贴一般私立学校的比例相等,与学校"代用"的性质不符。因此,江苏省公署饬令在代用师范常用经费项下增加银10000元专项省库补助,以缓解学校的经费困难。相对于学膳费拨款而言,省库补助是一个常量,在学校取消代用之前,只在1924年又增加了银1990元。另外,由于地方基础教育发展急需师资,学校先后代办师范讲习所、县立师范,办学经费中又增加了数额不大、以学膳费为主的县费拨助。省费、县费的获得与增加是学校在1926年以前事业规模不断拓展的重要保证,如在1914年以后公费补助已占常费总额的60%以上。然而,省费拨助也存在着问题:一方面,预算金额与实际拨付有一定的差别。特别是1924年以后因战事频繁、时局混乱,省费往往难以兑现,不是延期,就是折扣。比如,1924年10月的拨款到1925年4月才到账,1925年8月省教育厅规定补助经费按原定补助额八折计算,而1926年8月的省款到12月才由漕附抵借划拨应给数的一部分。另一方面,代用师范获得的省费与其他省立师范经费相比,还是差距甚远。至1921年江苏省立师范学校共14所，其中省立师范9所，南通、如皋两所代用师范获得的省费一直最少，基本只相当于第一、二、五师范的一半左右，但第一代用师范的办学规模与此三校相近。因此，两校从长远的发展、规划考虑，一直努力谋求改归省立，但因时局的关系及通、如两所代用师范学校争归省立等问题而未能如愿。

1927年，第一代用师范取消代用，改归私立。除改制引起的混乱之外，省款停拨更导致了学校的办学困难，乃至生存危机。校长张孝若和于忱、顾怡生等学校元老，以及校董会的董事们，在费尽心血筹措办学资金，使学校逐步度过危机的同时，一直未放弃重新获得省费补助的努力。1932年4月，学校向江苏省教育厅呈文，要求省厅在裁撤中学附设高中师范科，推行师范独立计划之时，将省厅原来拨助给南通中学师范科的经费移拨给通州师范。8月，省厅在派员考察学校之后，饬令每年拨给补助费银2400元，1933年又增加至4600元。但此项拨款实际一直未如数拨付，如1934年度实拨银3000元，1935年度为3800元。省补经费所占学校收入总额比例从1932年度到1935年度分别为8.8%、10.25%、11.15%、14.49%，1937年约为15.1%。

南通女子师范在1927年以后，由于大学区制改革并未推行到县立学校层面，所以经费上未曾有大的波动。1920年南通县公署规定补助款为银7800元，1928年增至9162元。1930年其经常费总额上升至银29721元，超过了同年通州师范的常费数。1936年3月，由于南通女子师范在1935年度全省中等学校毕业会考中取得优异成绩，证明其良好的办学质量，为奖励办学起见，江苏省教育厅特准从1936年度起每年省款补助银2400元，1937年度又增加为4800元。由此，省、县两费的补助约占女师常费总额的40%以上，为这一时期学校的事业发展提供了有力的保证。

2. 张氏家族捐助

虽然，公费补助在两所学校的不同时期成为学校办学的重要支柱，但一方面每学年还有最少40%以上的经费支出需要学校通过其他途径自行筹措；另一方面公费补贴基本是在经常费项下，学校扩张建筑、更新设备的大笔临时费则须自筹。因而，民国时期以张謇为首的张氏家族义不容辞地担负起为两校筹措资金的责任。他们从自己的收入中提取大笔资金填补两校常费不足部分，并基本独立承担两校购地、建筑的费用。就代用师范而言，从1912年至1915年，张謇、张詧先后单独补贴给学校19000元和14500元。之后，由于省费补贴日渐充裕，张氏所认常费负担也相应减少。但学校扩地建筑的临时费仍一直由他们承担，比如1920年7月张謇捐资25000元改造代用师范食堂，兴建校外宿舍。1927年，南通师范改归私立以后，主席校董张孝若、张敬礼常年承担1000元左右的经常费开支，张詧则于1935年捐资5500元解决学校经费困难。对于南通女子师范，张謇、张詧等在民国时期集中财力资助其办学扩张。1913年捐资5000元建成女工传习所，1914年张詧夫人杨果卿捐资3000元建成附属幼稚园，1921年张詧、张謇捐资72952元在南通城南段家坝购地建筑新校区，1924年和1925年又捐资13183元扩建学生宿舍，1935年张孝若捐资2450元添建师范部教室、办公室。另外，张謇还为两校扩充基产出资购买垦田、圩田，如1926年4月，张謇出资9900元为两校报领刘海沙沙田。据统计，单上列捐助经费总额就已在20万元左右，而事实上张氏家族在这一时期捐助两所师范的经费远在此数目之上，这也正如张謇所说："家可毁而不可败师范。"[3]

此外，地方人士也积极捐助，尤其是1927年以后南通师范校董沈燕谋、徐庚起等先后以私资捐赠、借贷给学校，解决学校经费的燃眉之急。如1930年沈燕谋捐助学校1000

元；徐庚起贷款给学校2000元，后又将此款作为纪念开校30周年的捐助款；1936年大达轮步公司经理鲍心斋去世，遗赠500元作为学生奖学金。

3. 地方实业补助

地方实业补助在民国时期仍是两校经常费的重要来源。以代用师范为例，从1912年1月至1915年12月，学校常费收入总金额为159552元，其中包括大咸盐栈、通海实业公司在内的地方实业历年补助总金额为27095元，占收入总额的16.98%。而1927年南通师范恢复私立后，为补足省费停拨后的资金缺口，学校校董会在地方各实业公司经济不景气的状况下仍千方百计地为学校谋求相对稳定的实业补助。以1932年至1934年学校经费状况为例，三个年度的收入总额为80486元，以大咸盐栈、泽生船闸公司、大生纺织公司、翰墨林书局等为主的地方实业公司补助资金总额为13122元，占收入总额的16.30%。另外，20世纪20年代南通女子师范发展较快，经费收支出现较大缺额，如1925年经常费总收入为14372元，该年度支出为22476元，收支差额为8104元。为解决女子师范经费问题，1926年1月张謇从地方实业公司补助教育慈善费用中划定每年补助学校6000元。张謇去世以后，张孝若在任南通县自治事业总务处长兼女师校长时将此项补助增至10000元左右。

4. 学校基产收入

学校基产收入是张謇以产养校办学思想的具体落实，在他去世的前一个月，在为南通女子师范刘海沙案勘沙定界的报告会演说中，他曾说："鄙人经营地方教育垂三十年，从前计画实未注意于沙，

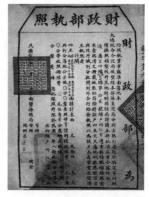

南通女子师范吕四学田执照

但谋教育基产未一日或忘。"[4]642自1912年至1937年是两所师范学校基产形成和扩张的重要时期。学校基产除学校本址校产之外大体可分田产、房产、实业股份、银行存款四项，其中以田产最为重要。所谓田产主要是清末以来以南通地区为中心组建的各农垦公司垦拓的荒地、滩地、沙地，通过公司或个人赠与的方式形成的学校基产。两校田产在清末已形成基础，民国时期不断增加。如1916年张謇将其所办大豫公司股份3股赠与代用师范，计分田77.5亩；1920年县劝学所、两所师范学校联合购买位于江苏川沙县境内的高墩沙田，属于代用师范的有1200亩，1926年2月张謇又捐资报领1000亩作为南通女子师范基产；1926年4月，南通县教育局为扩充教育经费在南通县境内报领待涨沙田，但产生纠纷，张謇为调和冲突，以9900元购得3000亩沙田产权，分赠两所师范学校，其中1000亩归第一代用师范，2000亩归南通女子师范，沙田地点在刘海沙，分别称男、女师范案；1932年11月，张謇所创位于吕四的同仁泰盐垦公司解散，根据该公司光绪二十九年（1903）《同仁泰盐垦公司集股章程》中公司"余利一成归通州师范学校经费"[5]的规定，划拨公司仓地625亩给学校，1937年为清还教员欠薪，学校售出350亩，剩下275亩。由上可见，在1937年以前两校拥有了数目庞大的学校基产，其收入成为两校办学的重要依托，不仅成为学校经常费收入的重要组成部分，还提供了学校事业发展的重要资金，如1922年第一代用师范建造附属垦牧乡高等小学，建筑费31600元均从垦牧基产租息项下支拨。而对于南通师范而言，1927年改归私立以后，基产收入更是学校的经济命脉。如1932学年度学校预算收入27080元，其中包括垦牧学田租息在内的基产收入为14228元，占预算总额的52.54%。

5.学生膳食费

民国时期，南通女子师范全额收取师范生、初中生和附小学生的学膳费和杂费，代用师范的师范生学膳费由省款、县款代纳，只收取杂费，附小学生收取学膳费。1927年南通师范改归私立后，师范科学生免收学费，膳费恢复清末的半费标准，只在1930年至1932年由于经费困难，仿照南通女子师范和乡村师范标准全额收取，初中则收取全额学膳费并适当收取宿费。如1927年南通师范校董会确定的一学期收费标准为：学费初中3元，师范免；膳费初中20元，师范10元；课业用品费初中6元，师范一年级7元，二年级8元；图书、体育费1元；宿费免（1931年规定住校初中生交纳宿费3元）。学膳费成为学校收入的重要来源，比如，通州师范财务决算表中学生交纳各费所占学校总收入的比例：1930年为35.92%，1932年为38.00%，1933年为34.60%，1934年为36.52%。而当时师范生与中学生的家庭情况有较大的差别，"从大体看，师范生的来源，属于小地主、自耕农和店员等阶层，以自耕农为主，佃农阶层的子女很少能读中等学校的。中学生的来源属于大、中地主、富农、资本家等阶层，以大、中地主为主"[6]。为鼓励学生报考师范，学校对家境清寒的师范生实行减免或补贴政策，如1928年2月，按规定，师范科一年级交不起半膳费用的学生由校董会主席张孝若每人每学期补贴5元，而县教育局也给南通籍25名学生每学期合贴100元。

1927年以后，南通师范经历了一段由改制引起的动荡时期，其时又适值以大生纱厂为核心的地方实业经营困难，学校办学经费出现赤字，如学校收入总数与实际支出间的资金差额缺口，1930年为16782元，1932年为9797元，1933年为6964元，1934年为2531元。为了解决资金缺额，一方面学校只能动用以前办学盈余，同时向上海银行等金融机构借贷；另一方面学校缩小办学规模，千方百计减少各项开支。由此，当时以校长张孝若为首的学校办事人和校董们为维持学校所付出的精力和辛苦可想而知，学校的广大教职员也能与校方齐心协力，即使学校在积欠教员薪水已达万元，教员的基本生活费用也难保证时，绝大多数教员仍能以学校大局为重，勤勤恳恳地坚持教学工作，保证教学质量，真正体现了"坚苦自立、忠实不欺"的学校精神。

另外，1915年之前，代用师范还统一经管农校、博物苑和南通图书馆的财务账目。张謇、张詧创设这些事业，借助了师范学校丰富的财务管理经验，既有利于个人和实业捐助办学资金的集中调度，节省了人员开支，又可以从当时经费比较充裕的代用师范获得资金周转的空间。当时这些地方教育事业、机构与师范学校之间有着较为频繁的资金拆贷业务。

（二）沙田与垦牧学田纠纷案

随着学校基产日渐丰厚，为更好地管理、经营、保护基产，第一代用师范学校于1925年11月成立了学校基产保管委员会。但张謇去世之后，两所师范学校在基产保管问题上却先后出现了产权纠纷的问题。

1.南通女子师范沙田案纠纷

1926年4月，张謇为南通女子师范报领位于南通县境内刘海沙的2000亩沙田，位置在道生公司经营的鼎兴案下脚。10月，南通女子师范委托前任县教育局局长、女子师范前教员保思毅为驻沙代表，请经验丰富的义成案圩总兼任女子师范案圩总，同时道生公司与鼎兴沙沙首对女师案界提出异议，并上诉江苏省公署。次年3月，鼎兴公司私自派人在有争议之界址修筑圩岸，并唆使沙民夺取草息，砍毁界椿，双方矛盾日渐激化。9月，为保学校基产，女子师范驻沙代表带领南通县清丈局测量员前往勘测，准备围植，事前学校报南通县县长批准，带实业警卫团武装人员予以保护。但在到界测量时，保思毅和测量员被鼎兴案界内涌出的200多人围殴至伤，肇事者还当场抢去了枪支、弹药及其他装备。事件发生后，南通女子师范校长张孝若专门致电南京政府军事委员会、建设厅、民政厅、沙田总局,并向南通地方法庭提出诉讼,要求将该事件的直接唆使人绳之以法。师范沙田案纠纷引起当时南通教育界人士的义愤,他们一致要求澄清事实,惩戒肇事者,后经过县政府多次审理和张孝若多方争取,12月南通县政府判决事件主使人有期徒刑三个月,并宣布道生公司的控告不成立。1928年2月,南通县政府派员划清分界,并对师范沙田围筑工程予以保护。至此,女子师范沙田案纠纷告一段落。

2.通州师范垦牧学田案

学校持有通海垦牧公司股票四百五十股,是宣统三年(1911)三月该公司第一届股东大会根据公司条例决定赠与的。早在1918年9月,海门刘燮钧等就曾致书张謇,认为师范垦牧学田通、海本各半,要求在海门也创建一所完全师范学校,由垦牧学田租息中提出一半作为主要经费。此时,由于张謇在地方的威名,矛盾没有激化。张謇去世以后,1928年1月,海门县教育局致函师范校董会主席张孝若,要求将垦牧学田划出一半作为海门县教育基产,并随即向当时教育主管机构江苏大学和江苏省民政厅提出诉讼,由此产生垦牧学田纠纷案。海门方面争诉的理由是:"基于通海垦牧公司集股章程所载第九曰核地'以一千顷归入公司,一百顷归通海小学堂,五十顷归农学堂'之规定,以为公司与通海小学堂及农学堂各应领有之产权,自始即经区分;该章程经奏准清廷,非公司所得变更。是以该公司第一次正式股东会议决以一百五十顷之学田照填股票移赠于通州师范一案,显属不合。"[7]当时的江苏省民政厅厅长是海门籍国民党元老茅祖权,他偏向海门一面,在未通知学校答辩,又未与江苏大学协商的情况下,训令将垦牧学田海门界内的一半划给海门县教育局。学校方面则向两机关分别上诉,认为:"集股章程并未经奏准,……且如照集股章程所规定,公司应领有垦地一千顷，事实上公司领有垦地至今尚只八百余顷，不足千顷之数，固尚无庸拨地助学。是通师所得于股东拨助垦地一百五十顷折合四百五十股，纯出于公司格外惠助之美举，并非照章应尽之义务，海门方面即不得援引集股章程以相争诉。"[7]经过调查，江苏大学方面认为学校所持有的垦牧公司股票接受分明，产权确定，不应分割，函请民政厅查照饬遵。但民政厅方面继续维持原判，并饬令通、海两县迅速执行。同时，当时全国教育决策的最高机构——大学院认为："本案纠葛，全属教育范围，其惟一之受理机关为江苏大学，民政厅固无与也。"[8]于是此案又夹杂了司法权限的问题。1928年7月，学校认为中央大学久未能行使职权，于是委托律师代理向江苏省政府起诉，要求撤销民政厅判决。为此，江苏省政府决定组成专门委员会调查、解决此事。但由于时局变化及省政府搬迁等原因，专门委员会一直未能开会商讨，学田案被无形搁置。1929年春，学校多次派于忱为代表携带有关学田股票由来和纠葛原委的说明书，分呈专门委员会各委员审阅，至5月省政府决定撤销民政厅原判，改判师范学校拨出90股交付海门县教育局。对于此项决定，师范学校方面表示"为顾全情谊计，省府既殷殷劝解，即勉为接受"[8]；海门方面则认为不合原意，组织海门各界争回垦牧学田委员会，并向行政院上诉，于是师范学校亦不服判决上诉，但行政院对双方上诉不予受理。1930年7月，新诉愿法出台，海门方面再次向行政院起诉。行政院咨准司法院之后，令由教育部依法办理。同时师范学校方面也呈请将所有学田判归学校。1931年春，海门方面愿意和解，由教育部普通教育司司长顾树森以私人名义，与文化名流孟森、大生公司董事吴兆曾（张孝若的私人代表）一同出面调和。当时拟订的和解条件是：在师范学校拨出90股之外，再由张孝若私人名下拨助20股，交海门县教育局了结此案。但海门方面意见不一，调和失败。11月，教育部颁发最终判决书，认为："就海门诉愿之动机言，要不外为谋地方教育经费之增加，学务之发达，用意不无可原。通州师范所以抗争者，固为保护产权，亦虑学校基础动摇，影响前途发展，是双方皆为教育而争。……江苏省政府决定由一百顷内划出三十顷折合股票九十股拨作海门县小学经费，交付海门县教育机关管理，是一面承认集股章程并未确定双方应有之持份，一面顾及事实，量为分配，使通州师范基础不蒙重大影响，而海门教育经费略有增润，自不背于两利之道，而为解决纠纷应取之途径。"[7]为此，1932年3月，师范学校呈请教育厅、省政府批准，以学田隶属南通境内令南通县执行，但海门方面拒不执行。最后到1936年5月双方代表由中间人施述之、沈燕谋、刘献之、江知源调解在上海签订和解契约：通州师范划拨垦牧学田90股交海门，再从张孝若、张敬礼名下垦牧股份中拿出30股一并赠予海门教育局。[9]7月，教育部训令省、县教育机关及南通师范"准如所拟办理"，垦牧学田案自此了结。

垦牧学田案双方最终和解契约书

垦牧学田案从诉讼、审理到多次判决、和解，前后历时八年半，整个过程曲折复杂，又涉及多个部门的司法权限、程序，因此它不仅关系到当时学校的生存问题，也是当代研究民国教育、司法的历史案例。此案的解决使通州师范保住了360股折合约8000亩的垦牧基产，这是张孝若、张敬礼、于忱、沈燕谋等校董、诸多校友和支持师范办学的社会贤达共同努力的结果。而正是因为保住了这份学校基产,全面抗战时期通州师范在东南海滨坚持办学才有了基本的经费保障。

二、两校的校园校舍建设

(一)南通师范校园校舍建设

南通师范在民国以前校址及其建筑已成一定规模,且"朴实不华,气象庄严,不愧师范二字"[10]78。在民国时期的二十多年时间里学校因办学扩张需要,校址占地面积和校舍建筑都有一定增加。1915年,因原有学校农场划归农校,学校特购地4亩规划新农场,20年代学校农场增至30余亩,同时学校购买三元桥以东原通明宫旧地,校址占地面积扩大到50亩。在建筑方面,1917,因校舍不敷使用,学校即购城南小校场空地13.855亩,建筑附属小学新校舍,1919年建筑完工,计建筑校舍105间,耗资33000元。1918年后,学校招收双级,校舍仍不足用,于1920年7月将学校食堂改建为楼房,将校外宿舍改建为口字形楼房,耗资25000元。1922年在垦牧乡建成附属高等小学,占地21.245亩,校舍113间,耗资31600元。1926年,又因学校实行选科制教学,教室不足分配,特改建化学实验室、史地教室、手工教室、成绩展览室,共计屋10间。至1932年,通州师范主要土地、房屋资产计有:垦牧学田8000亩,沙田2200亩,其他各项地产414亩(含农场),学校本址50亩,校址建筑547间。

20世纪二三十年代通州师范校门

(二)南通女子师范校园校舍建设

南通女子师范在民国时期发展迅速,校址面积扩张,建筑倍增。1914年,学校在城北珠媚园校址内建筑女工传习所和幼稚园，前后耗资8000余元。1920年，南通县公署拨款并由张詧、张謇捐资在城南段家坝购地建筑新校舍，次年1月落成，计占地约33.4亩，房屋170多间，耗资72952元，师范部迁入新校舍，习称"南院"。原有城北珠媚园校址为附属小学，习称"北院"。南院校舍建筑"仿欧式"，"计三排，第一排为平屋，办公室、教员室在焉；第二排为二层洋楼，全为教室；第三排亦二层楼，为学生宿舍及盥栉等室。第二排与第三排间有正方形洋楼一，上层为图书馆，下层为礼堂，可容六百余人"。[11]南院附近另辟农场30余亩。1924年至1925年，张謇捐资13000多元在南院建造宿舍15幢。1926年，学校师范部毕业生为纪念创校二十周年，捐资1600元在南院校址附近建成纪念小学一所。1934年，添建师范部教室、办公室8间，耗资4000余元。1936年，为庆祝学校创校三十周年，学校以历年盈余资金建成体育馆，耗资4800元。至20世纪30年代，南通女子师范主要土地、房屋财产计有：沙田3000亩，吕四兴垦圩圩田720亩，其他地产近100亩，两处校址总计近50亩，校舍房屋近300间。

南通女子师范段家坝校址校门

三、图书馆的设立与充实

对于师范学生，张謇一直主张要多看书，认为："为学之道，若山容海纳。若见闻太寡，蕴蓄太浅，而辄自表襮"，且"不独哲学、文学非多看书不可，即就科学而言，其各科之间，常有互相之关系，举其一不能废其二。且同一科目，此书与彼书，详略有不同。同一论题，此说与处彼说，见解有差等。必比类而观，乃能知其要；参互以证，乃能会其通"。[4]534因此，通州师范开办之时便配备了图书室、阅报室。进入民国，为促进南通教育和地方自治事业，张謇于1912年耗资26243元，在城南东岳庙旧址建成南通图书馆，而其购地、建筑及经费收支均由代用师范代为操作。图书馆建成之后，包括两所师范学校在内的各校学生可以凭学校介绍信借阅图书资料。同时，代用师范的图书室和阅报室也不断扩充规模，至1921年校藏各种中文书籍1700余部（套），外文书籍800余部。[12]1924年10月，学校为方便学生课外阅读，将图书室扩充为图书馆，以留校毕业生担任管理员。由于图书管理员在工作之余获得了博览群书的机会，因此他们在后来大多成为专家、学者或名师。1928年4月，为更好地发挥图书馆的作用，学校设立由教职员和学生代表组成的图书馆委员会，与体育委员会、经济稽核委员会并列为学校专门组织，并规定学校每年用于添置图书、杂志的专项费用不得少于500元，至1934年，图书馆藏书达23780册（其中中文书22480本，外文书1300本）。

四、附属小学的沿革与发展

民国时期，南通师范设有第一、第二附属小学，南通女子师范有附属小学、纪念小学和附设南通县第二幼稚园，同时南通师范第一附小还长期支持城南张氏贫民小学办学经费与教育教学，南通女子师范附小则设城北分校（农村分校）。附小办学经费来源包括两所师范学校的拨款、县教育局补助、学生学膳费和地方实业补助等，其中附小高级部经费由师范学校负责，初级部由县费补助。附小的校名基本随师范学校名称的改动而变更，如1928年春按部令改称"实验小学"，1933年春恢复"附属小学"名称。附属小学、幼稚园由师范学校任命"主事"主管校务，负责师范生的实习、参观，并组成两师范附小联合会开展各种教育实验。20世纪二三十年代两校的附属小学由于规模宏大、设施齐全、师资正规、教学质量好等成为南通地方最好的小学，在江苏乃至全国都有一定影响，为此黄炎培、袁希涛、陶行知、陈鹤琴等教育家和各地教育参观团纷纷莅校参观、调研。民国时期两所师范学校附小的主要特点，一方面是学校编制和教学多种多样。在教学编制上，复式、单式编制兼设，进行各种比较实验；在教学方法上，以20世纪30年代为例，单式编制低级部（一、二年级，通州师范第一附校另增设幼稚一级）采用设计教学法和大单元中心教学法，中、高级部（三至六年级）采用自学辅导法和中心问题教学法；复式编制实行能力分组教学实验。另一方面是注重教育研究，顺应国内各种教育思潮，附设单级教学研究会，组织国语研究会、两附小演说竞进会、设计教学研究会等，进行各种研究活动。此外，在民国初年两所师范附小还参加了江苏省师范学校附属小学联合会，承担小学职业教育、单级复式教学等该会布置的多种实验任务。

有关两所师范各附属小学在全面抗战爆发之前的具体情况如下。

（一）通州师范第一附属小学

通州师范附属小学在1919年10月之前与师范学校在同一校园办学。1914年，校舍有"普通教室七、特别教室二……理化器具室一间、成绩室一间、招待室一间、教员室三间、教生室二间、体操器械室一间、教员寝室十间、夫役室一间、雨具置场二间、厕便所三间、屋内操场一（与师范合）"，学校设主事1人，教员12人（其中兼教师范课程的3人），誊写员1人，书记由师范职员兼任。学生235人，其中初等（国民）科

通州师范第一附属小学校舍

共三级，分一二年合级、三四年合级各一级，单级一级；高等科按学年编三级。教材选用方面，初等修身、算术、唱歌用教师选本，国文、体操、图画、手工用中华书局或商务印书馆编本，单级编制国文、算术用李元衡所编单级校本教材；高等修身、唱歌用教员选本，理科用学校编笔记贴，国文、算术、体操、图画、手工、历史、地理、英文选用商务印书馆和中国图书公司编本。教学材料除教科书外，教员可根据教学需要增加资料，如"修身科则酌加改良一切恶习惯之资料；国文则采取广告、公函、告示等临时付以油印；算术科则每周由师范会计调取物价表，其他如会书、当票、漕粮票、学校决算，亦取之以供参考；地理、历史两科则搜集新闻纸之有关系者，以激发儿童之感情"。[13] "各科教授注意实用，壁间悬示常用物具，如邮票、货币、便条、簿记之类甚多，借以备学生参考，诚生活教育之要术也。"[14]高等科设贩卖部，司账、管钱、司货、司柜工作均由各级学生每周轮值，附小学生所用红格纸、作业本、表格等的印刷、装订每日由12名学生轮值制作，在课余时间由一名教员指导进行，最多一天能制作60册交贩卖部出售。对此，教育家袁希涛在考察学校后总结说："附属小学关于训育之优点，在能养成儿童之自动力，并以引起其工商业之兴味。"[15]在训练方面，每日早晨课前"行养性训练，其方法先闭目静坐，次令默想名人之懿行或嘉言，以资反省，时间约五分钟"[10]78，每周一第一堂修身课举行晨会，由主事训话。1917年，学校被教育部评定为全国"优良小学"。

张謇题写的通州师范第一附属小学校训"爱日、爱群、爱亲、爱己"

1919年10月，附属小学迁入南

通城南小校场新校园办学。至20世纪30年代,校舍扩至130余间,其中教室、办公室73间,校具2300余件,图书8200余册。学校行政管理方面,主事之下分设教务、训导、总务三系(后教务、训导合并为教导系),系设主任1人。教务系分课程、学籍、教材教具、测验成绩、编查、图书、研究、教生实习指导8股,组织全体教员参加的教务会议,研究教学;训导系分儿童自治指导、学级训导、舍务、监护、奖惩、集会、体育、童子军8股,各级设训导员2人,组织训导会议;教务、训导合并为教学系后分设教务、训导、健康、童子军团、测验统计、研究、推广教育7股;总务分文书、会计、庶务、出版、统计、校产、校友7股,组织总务会议。全体教职员组织校务会议,审议全校行政事宜。[16]学校专设教生实习指导委员会、童子军团务委员会、经济稽核委员会、健康教育委员会、招生委员会、升学就业指导委员会,组织各项专门事务。1936年第一学期,在校学生367人,其中男生263人,女生104人;年龄最小5岁,最大16岁,同一学级年龄差最大7岁;生源地域方面南通县223人,来自省内其他11县67人,其他11省65人;学生分一至四年复式编制一学级,一至六年单式编制六学级,另设幼稚级一学级。教材低级部由教员编选,高级部的中心单元教学各科自编,日常教学各科自编或选用已出版教材,如1936年国语、社会、自然选用开明书店课本,算术用中华书局编本,英语用世界出版社编本。教学方法上低级部日常采用设计教学法,大单元中心教学采取同一中心设计进行;中级部采用科的单元教学,实行各科的联络教学;高级部采用自学辅导法,参用中心问题教学法。[17]20年代,学校在初等科开设的乡土课程和高等科开设的公民课程均"为别地学校所无"[18]。1936年学校常费收入6864元,其中教育局津贴300元,大生纱厂津贴690元,师范学校拨款2582元,学生学费2060元,学生杂费620元,《濠南报》费62元,房租

500元，杂项收入50元。

（二）张氏私立贫民初等小学校

1914年，贫民小学校舍改建为南通私立农业学校育蚕所，移建新校舍于望仙桥南养老院西侧，改为南通市立，仍由师范附小管理。校舍有教室、接待室、寝室各一间，并排建筑，均为"纸窗茅屋，坭土作墙"[14]，接待室前搭茅草棚为休憩室，前有操场及农作园圃。在校学生40人至50人，不同学龄编为一级，经常费每年银200元至500元，由张詧、张謇担负。教学统一用李元蘅编"专为单级教授合组所用"教材，"其同程度异教材之甲乙两编，所取教材及排列法，浅深互用，字数、课数之支配，均有研究，诚由实验而得也"[19]。训练以"劳苦"为目的，注重培养学生生活和劳动技能。学生课余时间在校园园圃种植农作物，"以老农一人专主其事，生徒课余时，则量力以供其任用"[19]，并编草绳、草垫、麦秆辫，扎芦花帚等，所产由大龄学生到集市售卖，既培养了学生的农作、手工技能，为毕业后自谋生计打好基础，劳动所得经费又能贴补学校的笔墨纸张费用。休息室内贴有教育图画，附有说明，其材料均与贫民之将来息息相关。因而该校"学生作业之勤，手工之切合实用，教育图画之因地制宜，均属优点"[20]。1938年3月，日军侵占南通城后学校停办。

（三）通州师范第二附属小学

光绪二十七年（1901），张謇发起成立通海垦牧公司，开垦通海东部沿海荒滩。在之后地方兴学的过程中，自1907年至1923年，张謇按200户设一所初等小学的规划，先后在此建成了8所单级小学。[21]

通州师范第二附属小学校训

为解决初等（国民）小学毕业生就近升学困难问题，1920年夏，在二堤河南小圩，用师范学校垦牧学田租息项下经费，建筑高等小学校舍，1922年2月建成，定名为"南通师范附属垦牧乡高等小学校"，招收高等学生45名。翌年，报省备案时改名为"江苏省第一代用师范学校第二附属小学校"。1925年夏，开始增加初级学生一级。1928年春，初级改为一二年、三四年合级编制。1932年，因办学费用紧张，高级改为复式编制。至1933年，学校设备除校舍外，运动场分为操场、游戏场；校园内建东、西花圃，校外辟农场并养殖家禽、家畜；校具总计1152件，教师参考书147种870册，儿童图书94种609册。学校管理设主事兼教员1人，级任教员2人，科任教员1人，事务员1人，内设行政组织与第一附属小学相似。学生96人，一至四年级编为单级，五、六年级编为合级，学生出身：农占77%，商占13%，其他占10%。学校日常经费收入为师范垦牧学田租息1400元。训育方面，张謇题写"体农用学、合群自治"校训，30年代学校指导学生成立"新垦区"，分体农、新民两乡，训练团体生活。[22]

（四）南通女子师范附属小学、幼稚园

1921年1月前，师范部与附属小学及幼稚园同在珠媚园校址办学。1915年前后，附属小学有普通教室6间，教员办公室1间，其他教学场所及校具、图书、标本与师范合用，建有"儿童博物馆及养蚕室，均为各校所无"[18]，博物室"动、植、矿标本，均由学生就地采取，足见是校学生，对于自然科，颇饶兴趣"[18]82。学校管理设主事1人，级主任教员5人，科任教员4人（另有师范学校兼任4人）；学生165人，高等科单式编制三级，初等科复式编制一二年一级、三四年一级。教授科目除遵照部章外，初等三四年增加乡土志、尺牍、行书及珠算，高等加尺牍、行书。教科书方面，国文、缝纫及高等地理、历史选用商务印书馆、中国图书公司编本，理科选用翰墨林印书局《理科笔记帖》，其余课程用教员编本或自选教学资料。教学方法以启发式教学法和自学辅导法为主，训育注重学生自助服务，级长值日、器具管理、学校日记、贩卖练习，均由初等三年级以上学生轮值。每年组织恳亲会、游艺会，联络家庭及社会，组织学生体格检查。学膳宿费：学费初等每年4元，高等8元；寄宿生每年缴纳膳宿杂费40元，午膳每年16元。学校办学经、临两费总计3230元，

南通女子师范附属幼稚园儿童游戏摄影

其中学费800元，其余由南通县公署补助。

1914年10月，张謇夫人杨果卿出资银3000元在校园东偏建成附属幼稚园校舍，"占地六亩许，园舍面南五楹，中为保育室一，前为大游戏场，中有茅亭一，四周植花卉、果木，屋旁间种蔬豆，场南更有饲养鸡、兔等小动物所、室，左为主任室，右为游戏室，面西楼房五间，上为保姆宿舍，下为保育室二、食堂一、雨道三、厕所一"[1]。管理及保育方面设主任1人，保姆3人。入园儿童43人，按年龄分两组，甲组12人，乙组31人。保育项目"以发达儿童身体，规正儿童心性为宗旨"[1]，设定游戏、唱歌、谈话、手工、识字、计算、图画、习字8项，教授以直观教学、游戏教学为主。入园儿童收取保育费每年1元，经临费577元，经费除保育费及县公署补助外，不足部分由南通女子师范总理张謇等筹措。

1921年，师范部迁入南院办学，珠媚园北院校址归附属小学、幼稚园。当年附属小学教职员16人，学生245人，分高等科三级，国民科四级，补习科一级。1924年7月，为研究乡村教育，南通女子师范于南通城北钟秀山设附属小学分校，

由南通市第二十国民小学改隶；幼稚园儿童60余人，男生居多。至1927年，附属小学废除"主事制"，实行"委员制"。全校教员17人，学生240人，分10学级；附属小学农村分校教员3人，学生一学级59人。至1937年之前，附属小学"教授、训练能采取新的方法，而逐渐改良"[14]；"修身不用书，教材由教师自行制定，重应用而略原理"，"豫定要目时，即留意于德目，及社会、国家之事变相联合"。[23]1936年4月编印《中心问题教学报告》《幼稚级中心活动》《社会科自编补充教材》等资料，作为三十年教学实验的一次大总结。

（五）南通女子师范纪念小学

1926年，南通女子师范学校师范部毕业生为纪念创校二十周年，提倡和研究乡村教育，捐资银1600元建设一所单级小学赠予学校，定名为"南通县立女子师范学校纪念小学校"，4月举行落成典礼。纪念小学与师范学校南院南大门仅一路之隔，日常办学经费由大生纱厂拨助。1936年8月，为庆祝建校三十周年，毕业校友又捐资银1400元，在纪念小

南通女子师范纪念小学落成合影

学内增建教室一间。学校创办后，校长由南通女子师范校长兼任，先后聘请本校师范本科毕业校友邢德文、吴旺章、吴子仪、刘志唐等任教，在全面抗战前成为闻名南北的乡村模范小学。1938年3月，日军占领南通后，学校因校舍被毁停办。

参考文献：

[1]本校现状志略[M]//南通县女师范校十周年概览.南通:翰墨林书局,1916.

[2]江苏省公署增加本校经费一万元饬文[M]//通州师范学校.通州师范学校三十周纪念册.南通:翰墨林书局,1934.

[3]顾公毅.张先生传[J].国风,1933(10):41.

[4]李明勋,尤世玮.张謇全集(第4册)[M].上海:上海辞书出版社,2012.

[5]同仁泰盐垦公司集股章程[M]//通州兴办实业之历史.南通州:翰墨林编译印书局,1910(清宣统二年).

[6]朱东润.朱东润自传[M].上海:东方出版中心,1999.102.

[7]教育部决定书[M]//通州师范学校.通州师范学校三十周纪念册.南通:翰墨林书局,1934.

[8]基产案争诉纪略[M]//通州师范学校.通州师范学校三十周纪念册.南通:翰墨林书局,1934.

[9]私立通州师范学校海门县教育局垦牧学田案和解契约(1936)[A].南通师范高等专科学校档案馆馆藏原件.

[10]陈孟深.参观南京南通教育报告书[J].教育潮,1921(10).

[11]陈翰珍.二十年来之南通[M].南通:张謇研究中心,2014:55.

[12]南通中等以上各校概况表[R]//南通县自治会教育股委员会第一届报告书.南通:南通县自治会,1921.

[13]附属小学校概览[J].南通师范校友会杂志,1914(4).

[14]王蜀琼.南通县教育及实业参观笔记[J].中华教育界,1915(7).

[15]袁希涛.南通县之教育[J].中华教育界,1915(1).

[16]本校第一附属小学概况[M]//通州师范学校.通州师范学校三十周纪念册.南通:翰墨林书局,1934.

[17]通州师范学校第一附属小学概况[A].南通:通州师范学校第一附属小学编油印稿,1936.

[18]参观南通、江宁、无锡、吴县教育笔记[J].江苏省立第二师范学校校刊,1921(5).

[19]李荣怀.参观南通县教育报告[J].宝山教育界,1915(3).

[20]南通县张氏私立国民学校[J].京师教育报,1917(41).

[21]李元蘅.南通垦牧乡教育概况[J].小学教育月刊,1925(4).

[22]本校第二附属小学校概况[M]//通州师范学校.通州师范学校三十周纪念册.南通:翰墨林书局,1934.

[23]安寰.南通参观笔记[J].无锡县教育会年刊,1921(2).

第四节 教师与学生

一、两校的师资状况

民国初年,随着两所师范学校办学规模的扩张,师资力量也不断壮大。从教职员的人数上来看,1912年,南通师范学校教职员30人(不包括附小教职员,其中职员8人、教员22人),1935年增加到47人(其中职员12人,教员35人);南通女子师范1912年师范部教职员12人(其中职员5人,教员7人),1930年增加到34人(其中职员6人,教员28人),1936年又增至37人。

在两所师范学校教职员中,两校师范本科毕业后直接被留用或入大学深造后回聘的人员构成了主体,如1930年女师34名教职员中两所师范学校的毕业生有17人,占教职员总数的50%。从教师的学历状况来看,受过高等教育的教员比例不断提高,如1930年女师教员中有12人受过高等教育,占总数的35.29%。这些教员主要来自南京高师和东南大学。学校还聘请一些归国留学生,如南通师范的英文教师朱东润、倪达曾留学英、美,女子师范则聘请了毕业于东京音乐学校的刘讱(质平)和日本女子美术学校的王振声教授音乐。

20世纪二三十年代,两所师范学校将教员分为各科首席教员、专任教员和兼任教员。教员对各科教学有较大的决定权,例如在教材方面,张謇一贯主张:"教科书以适宜于本地及本校为主,但教科书不能为一地方单独印行,必教员有活用之能力,酌量删改,酌量补充,自能适用。"[1]因而,在两所师范学校的教师可自主决定选用什么课本。

另外,根据两所师范学校20世纪二三十年代毕业生后来关于师范求学阶段的回忆文字,可知当时的教师有着几个共同的特点:一是知识根底厚实,对学科体系及新知识了如指掌;二是注重教学方法,有良好的教师职业基本技能;三是教学态度极其认真负责,对学生的学习、生活指导尽心尽力;四是致力于学术研究,有良好的学术氛围。这些教师中有不少成为当时和后来的名师、学者或专家,如现代著名政治活动家季方,教育家方还、王裕凯,画家陈衡恪、陈琦,书法家黄祖谦,音乐家沈绍周、徐卓,古典文学研究专家朱东润,新文学家李素伯,昆虫学家尤其伟,以及民国时期号称"南通四才子"的徐昂、顾怡生、曹文麟、顾贶予和地方教育家张梅庵、易作霖、许牟衡、曹书田、史友兰等。

二、招生、录取及在校生情况

民国时期,一方面由于各地方基础教育扩张,师资紧缺,要求各师范学校尽可能地培养更多的师范生;另一方面学校教育经费日渐充裕,教员众多,设施设备进一步完善,具备招收更多学生的条件,因此,从1912年至1927年学校招生规模不断扩大。如南通师范的师范本科在1918年以前,从第11届到第16届的招生人数从41人提高至79人。之后,由于招生人数增加,从1918年招收第17届本科开始设双级,分甲、乙两组,至1926年招收第25届本科之前,除1924年招收50人以外,其余各年招生人数为92人至100人。1927年,学校改为私立张謇中学,设高中师范科,师范规模缩小,招生规模在50人以下,而同时1927年招收初中生50人,1929年以后初中设置双级,招生人数为60人至116人。南通女子师范在1912年、1913年未招收师范生,从1914年至1919年每年招收师范生20人左右,规模较小。1920年至1937年招收师范生规模不断扩大,每年招生人数为40人至60人。而自1923年南通女子师范设立初中以后,初中招生规模基本保持双级,每年招生人数为40人至90人。

招生方法上有保送、考试两种。保送包括两类:一是附属小学高等部或学校举办的小学高等补习科毕业成绩第一名的学生免试升入师范学校学习;二是1917年甘肃绅士杨汉功等每年选送学生两名到学校就读。招生考试内容为国文、算术和口试;1924年7月学校进行招生改革,考试内容增加英文与常识,考试计分

南通女子师范第3届师范本科毕业证书

用学分算法,国文40%、算术25%、英文20%、常识15%。考生分初试生、复试生、正取生、备取生。1927年学校改制,张謇中学曾对外录取插班生42名,其中初中二年级9名,初中三年级19名,师范一年级14名。从1928年开始,"为求训练一贯起见,凡师范部学生,悉由(本校)初中毕业生选编"[2],学校不对外招收师范生,故此"十九年度,本校无初中毕业生,故本年度(1932年)缺师范二年级"[2]。由于学校在民国时期办学声誉好,从1912年至1921年十年间代用师范在校师范生人数增长了2.66倍,南通女子师范则增加了6.67倍。报考学生来自省内各地和江西、安徽、山西、甘肃等省,而且报考人数多,竞争相当激烈,如1924年至1926年第一代用师范平均录取率为14.3%。因此,招生录取的学生基本上是南通地方各高等小学毕业生中的佼佼者。南通师范的招生管

理工作一向严格，正取生在开学三日内未报到，即取消入学资格，以备取生替补；按规定入校学生先试读四个月，不能适应者劝退。同时，因为学校功课繁重，教学要求严格，历年退学、休学的学生不少，再加上就学期间病休病故的学生，历年辍学人数平均占该届入学人数的23.74%。由于学生退学、休学人数多，按招生录取数，原本1923年第一代用师范在校生应达到476人，但实际上仅400人左右。1912年至1937年南通师范和女子师范在校生及教职员情况见表2、表3。这一时期，师生比例能保持正常水平，南通师范平均约为1：8.63，南通女子师范平均约为1：6.94，从而能保证正常教学的开展和教师指导学生时间的充裕。

表2　1912—1937年南通师范在校生及教职员统计

年度	1912	1914	1921	1930	1935	1936	1937
班级数	3	5	10	7	9	9	10
学生数	146	207	389	327	389	392	437
教职员数	30	28	38	34	47	42	41
师生比	1:4.87	1:7.39	1:10.24	1:9.62	1:8.28	1:9.33	1:10.66

表3　1912—1937年南通女子师范在校生及教职员统计

年度	1912	1915	1921	1925	1927	1930	1936
班级数	1	3	5	6	6	8	9
学生数	16	52	107	240	212	357	430
教职员数	12	17	20	27	27	34	37
师生比	1:1.33	1:3.06	1:5.35	1:8.89	1:7.85	1:10.50	1:11.62

三、校园的学习、生活与课外活动

（一）学生管理与学习风气

南通两所师范学校一向以严格的管理和优良的学风著称。在民国时期，虽然各种思潮四处传播，政治风潮迭起迭落，学生运动此起彼伏，但两所师范学校的青年学生在积极投身于时代大潮的同时，从未放弃过对自身修养的严格要求、对科学知识的孜孜追求和对教育救国理想的亲身实践，他们拒绝庸俗散漫的自由主义和享乐主义，因而严谨的校风不断得以淬炼与发扬。如同1933年出版的《通州师范学校三十周纪念册》卷首语所说："本校在时代的急流中经过三十年的冲激洗刷，似乎有些呈露黯旧的色调。但我们并不觉得惋惜，因为如果我们承认时代的潮流是有力的。那么，无疑这所谓黯旧的色调，是经过多次时代急流的冲刷而终不可磨灭的遗留。自然，在我们还没有发觉到这色调无存在的可能时，不想有意的去涂饰。"[3]

学校对于学生的学习、生活要求严格。

第一，注重学习常规。课堂上和自修时间要求点名，在出席簿上记录，学期末公布每位同学的出勤情况，对缺席和迟到、早退少的同学予以嘉奖。学校明文规定课堂教学"课前重预习，课后重复习，上课时注重问答讨论"，同时"精选参考书，指导学生阅览"。[2]在课堂上教师就布置的预习、复习和阅读、训练的内容随时提问，并作为平日考察的一项重要成绩。

第二，要求学生养成自主学习的能力。教师授课时多使用补充教材，旁征博引，增加知识深度。学生必须先在课前做好充分的预习，且不仅是课本知识的预习，往往需要在预习时查阅各种参考书；课堂上做好笔记，教师一堂课写几黑板的板书，学生做笔记往往要在课后互相补对，或到图书馆核对教师课堂上提到的文献资料。

在课后，除及时完成各科课堂布置的作业外，古文要背诵熟读，语体文要广泛阅读，数学因为选用英文原版书，要翻译课文，地理和公民课要及时掌握新的数据和时事，英文要增加阅读和训练会话，博物要观察记录，农工课要实地实习，因此学生课外学习内容相当多，即使在实行分科、选科制以后，这些课业的要求也未降低。

学生自修在专用自修室，自附小迁出代用师范后，学校设自修室54间，每间可容8人。自修有早自修和晚自修两种，早自修"每日清晨，书声琅琅，吟诵诗文，乐趣无穷。然后或阅读，或演算，或研讨，或练字绘画，勤奋学习，和睦相处，从不游荡争吵"[4]86，晚自修"教员轮流巡视，随时为学生解决疑难"[2]。当时，对教师必备职业技能的综合训练，除学校组织的见实习外，学校还鼓励师范生自发举办平民学校、民众学校，争取更多的锻炼机会。

第三，注重学生学业成绩考核。学业成绩的考核分平日考查、定期试验、临时抽考和学期试验。为节省邮资，减少学校开支，一般在学期放假前将所有学生的成绩和排名情况揭示于公示栏。"凡主要学科成绩差者，由校规定时间，分别责令补习，并请教员到场指导"[2]；更差者则予以操行降等、留级、降级甚至劝退，每年都有学生因成绩不合格而被淘汰。对于成绩优异者除进行表彰之外，学校还曾实行过"进级试验"。如1923年第一代用师范学校校务会议决定将一年级42名成绩优异的学生直接进级到二年级。

第四，重视暑期实践活动，利用假期进修学业。放假期间，学校要求学生在完成各科知识性作业外，要自发组织旅行，强身健体，开展社会调查，了解地方物产、风俗和职业状况，自己动手制作动植物、矿物标本和地理、历史图表，以及几何模型、理化器械等。1915年12月，著名记者戈公素曾对代用师范暑期利用情况进行过调查并撰写了《南通师范暑假作业成绩展览会参观记》，发表在1916年7月《教育杂志》第八卷第七号上。

第五，注重职业技能训练。张謇认为："科学知识日就新异，然此为书籍上之研究，至实地作业，又重经验。"[5]596因此，师范生必须重视"储战具""修战术"的职业技能训练。师范生在学期间必须熟练掌握国语，必须勤练板书技能，必须具备自己动手制作各种教具的能力。民国初年，两所师范学校学生制作的教具被南通县教育会选送到省里，参加巴拿马世界博览会展品备选的展览，学生制作的动植物标本获得农商部评定的四等奖。江苏省视学向荣生在1925年视察南通各学校的情况报告中，对南通女子师范的各种职业技能成绩颇有好评，如"教室及图书馆，悬列女生所制之重要图表，关于古今中外之史地物产，暨最近各省兵灾概况，制作精美，成绩斐然"[6]。

第六，注重学术精神的涵养，培养师范生的教育研究能力。南通师范制订的训育标准对师范生提出了包括"养成努力教育的兴趣"和"养成审慎周密的思想"在内的十项要求。[2]学校首先将这些培养要求渗透到教学之中，教师们在传授基础知识的同时，还将各学科的新思潮、新理论、新发现甚至自己的研究心得介绍给学生，要求学生按自己的兴趣去深入学习。如地理教员何祖泽一再提醒学生们："地理知识是活的，如都市建制，区域分合，及各种形势情况的说明、引用的数据，常有更动，而课文撰述，往往落后于形势，要平时多参考各种时事刊物报纸，及时补正。"[7]因而，同学们就必须到学校图书馆、阅报室翻阅各种报章杂志。这种教育、引导也被运用到初中学生的教育之中，如南通师范第1届初中生陈鸿韬从校长马灵源考察南京教育情况报告会中，聆悉当代教育家陶行知先生之教育思想，极为向往，毅然转入其所创办的南京晓庄师范，向"生活即教育，社会即学校"的新思潮方向深究迈进，实践笃行，后来他成了台湾地区著名的小学教育专家。其次，鼓励学生自学。如数学家朱德祥在南通师范读书时，毕业于北京大学数学系的教师赵景周鼓励他自学英文版的《解析几何》和《微积分》教材，为其后来考入清华数学系打下扎实基础。最后，鼓励学生尝试各科研究，撰写论文。例如，1923年4月学校出版的《南通师范校友会汇刊》第二卷第一期登载了28篇校友的学术论文，其中13篇是当时在学的第17、18届师范本科学生的论文，涉及教育、物理、哲学、历史、文学等方面，而这些学生后来也多升入大学深造，其中第17届本科的张正藩、张述祖更成为知名的教育家和弹道学专家。

此外，清末民初，张謇在南通创办的教育、实业和地方自治事业闻名全国，同时他又为各种科学研究组织和活动提供赞助，使南通一度成为名人、学者的聚集地。

1920年6月美国教育家杜威夫妇应邀莅通演讲，其间参观两所师范学校

由此，两所师范学校以"生徒能时聆名人之言论辄受感化于无形，于人格之修养殊有效益，故注意来自各地之名人延请讲演"[8]。民国时期，两校先后延请了章太炎、梁启超、黄炎培、陶行知、陈鹤琴、俞子夷、蒋维乔、邹济臣、卫西琴博士、推士博士、门罗博士、杜威博士等数十位中外知名学者到校参观、演讲和交流。

有优良的学风，必然有优良的成绩。南通师范的学生在当时的江苏甚至全国都以学业成绩优良而闻名。例如，在1916年毕天公编辑的《全国学生国文成绩大观》中，南通两所师范学校的学生入选的习作多达十多篇,也有不少学生在《中华学生界》《少年杂志》《学生界》等杂志上发表习作。南通女子师范到20世纪二三十年代办学规模逐步扩张,学生学业成绩日渐突出。1935年,江苏省教育厅组织全省中等学校毕业生会考,在参加会考的13所师范学校中,成绩列甲等的毕业生共有38名,南通女子师范毕业生占了8名。次年举行第二次会考,南通女子师范参加会考的37名毕业生成绩全部列为甲等,且包揽前21名。优异的会考成绩让南通女子师范再度声名大作,江苏省教育厅厅长专门率团至学校实地考察,并给予了极高的评价,南通女子师范也由此获得历史上第一次每年固定的省款补助。由于南通两所师范学校学生学风良好,成绩优异,因此不少毕业生升入高等院校深造。值得一提的是,20世纪20年代以后,清华大学招考章程规定凡私立师范学校毕业者不得与考,但因为南通师范毕业生学业基础扎实,特准参加招考。由此,先后有十多位毕业生考取清华大学,其中袁翰青、邢必信、王信忠、严志达、朱德祥等在后来成了国内外知名的专家、学者。

良好的学风往往是由规范的管理促成的,而师范生人格的养成更是师范教育追求的深层目标。正如张謇所说:"固不纯恃学业之优,为已足尽教育之责也。"[5]239南通两所师范学校在清末已形成了一整套系统的学生管理制度,进入民国以后,学生的管理在继续保持制度规范、实施严格的特点之时,更进一步适应时代的要求,强调民主管理和学生自治。如教育专家钱公溥考察学校后认为:"(代用师范)精神所在尤注意于养成学生自动之能力……至教授方法未课前重预习,上课时重启发,管理现状纯出于自然,严肃无强制修饰行为,斯可谓善教者并能善化也。"[9]

在管理组织方面,学生学业由教务部负责,学生的自我训练及生活由斋务部(或生活指导部、训育部)负责,每一学级设有级主任（双级时甲、乙组分设）。学生中实行级长制、室长制和值日生制：级长每级设2人，室长为自修室每5间或宿舍每6间设1人，负责每级学生事务；教室、自修室、宿舍和其他教学、生活场所由值日生轮值，负责卫生整理和场所管理。学校实行分科制后，改级长制为事务生制，每级设事务生4名，每周轮值。学校实行学生生活周记制，专门印制学生生活周记簿发给每位学生，学生必须制订本学期改进生活计划，记录每周生活要点，周记要求级主任详尽批示。

1926年7月南通女子师范校长张謇与师范、初中毕业生合影

学生管理强调自治，尤其在五四运动之后两校学生更掀起了学生自治风潮。如20世纪20年代甲师范学生组织同学会，以德谟克拉西主义为宗旨，实行学生自治，养成互助之习惯。同学会分校内、校外组织，校外组织分讲演股、义务学校，校内组织分出版、卫生、文牍、庶务、储蓄等股。以后在不断高涨的学生爱国运动浪潮中，尤其是1925年的五卅运动之后，两所师范学校学生先后成立自治会，其组织规模也日益扩大，职能愈加复杂，并趋向于校际联合。1925年5月，第一代用师范第19届学生徐家瑾在学校组织了首届学生会，1927年9月，南通女子师范学生会也正式成立，这也标志着两校学生自治高潮的到来。随着学生自治组织的形成、发展，学生的爱国运动也日益高涨，进步思想不断传播。

（二）学生生活状况

南通师范虽然是私立学校，但在民国时期有较长一段时间为代用师范,学生的学膳费基本由省费代纳,即使后来学校恢复私立,因办学经费筹集困难而要求学生缴纳全额学膳费的时间也很短。校友朱德祥回忆:"1924年大舅把我送上高小,1926年我考进南通师范。上高小,母亲哭了一个月,上师范,她没有流泪,这是因为上高小,伙食费自付,读师范,初中部只付半膳,后三年师范科膳费全免,还发一点衣服,也还交点杂费。"[10]由此,两所师范学校招收了不少家境贫寒而优秀的学生。整体而言,1927年师范生每人每学期费用需20元至30元,1935年初中部每生每学期花费在50元左右。

两所师范学校学生的住宿条件,无论是周围的环境还是室内外设备,在民国初年都相当不错。拿南通师范来讲,学生宿舍主要集中在学校东北部三排楼房,学校西部主教学楼的第三层后来也改为宿舍。据1932年统计,学校使用的宿舍有87间。另外,三元桥东有校外宿舍48间,长时间用于代办县立师范讲习科和乡村师范,后来又租借给南通学院学生住宿。关于每间寝室住宿的人数和条件,1915年,江苏省教育会附设的师范教育研究会曾对省立师范学校的寄宿舍情况做过调查,当时代用师范的情况是:学生自修室、寝室分离,宿舍8人一间,除低年级预科生因须特别注意分级编制外,寝室编制采用混合制,寝室床位每学期由学校规定,学生日常用品之外的其他用品置于储藏室,由学校专人保管。[11]20世纪30年代,由于招生规模相对缩小,宿舍改为4人一间,并规定"除床铺被褥外,每人只准放一小网篮及一小衣箱,不得多置物件"[2],寝室由舍务员负责管理,定时关启,不准非时偃息,学生禁止外宿。1927年学生宿舍一律改用电灯,宿舍区备有盥洗室、洗衣房,除夏季外由学校供应热水。学校设有浴室16间,每间浴室放置长椭圆形的陶质浴缸一只,冬春两季定时开放,学生按级轮流沐浴。校外人员未经校方允许不得进入学校教学、办公、生活各区,学生会客在学校表门后专用会客室。

学生饮食基本在食堂。南通师范食堂位置在学生寝室正南,1920年改建为两层楼房,楼上、楼下都安放长方形饭桌数十张,六人至八人一桌,校长、训育主任和学生同桌同食。早餐为粥和酱菜四碟,中餐为两荤两素或三荤一素一汤,晚餐饭粥两便,学校运动员早餐加豆浆。"用膳时,厅内数百人寂静无哗。大家围桶盛饭,常扬手相请,彼此尊重,亲如一家。人人遵守校训,桌上不遗弃饭粒,吃青蚕豆也很少脱皮。"[4]88 1924年,学生鉴于共食制不符合卫生要求,提议实行分食制,经过一学期的试行,因种种管理不便,未能正式推行。学校膳食管理从1914年起实行专人包伙制,学校安排管厨事务生按日稽查,1925年学生组成膳食研究会对学校膳食管理进行监督、建议。学校用水主要来自校内天水池,容水量为1600石。全校所有房屋屋檐下皆置有天水沟,互相连通,将雨水汇集到蓄水池,蓄水池水由阀门控制注入过滤池,两池上皆有屋形池罩遮盖,过滤池有水泵抽水供饮用。如遇旱天天水缺乏,学校则雇船从江心汲水,以保证水质清洁卫生。

学生穿着方面,学校在学生入学时收取一定的制服费,统一定制校服。男生为灰色卡基学生服,附带学生帽、皮带。春秋两季学生多穿长衫,夏季为衬衫、短裤,冬季基本清一色是大棉袍。关于南通女子师范学生的衣着,1917年《通海新报》曾刊登有《女师规定服饰的通告》,其内容如下:

> 一、衣
>
> 身长与膝之距离只许三寸;袖长与腕之距离只许一寸;腰身及袖口较紧身,各宽一寸半;布质,五月至九月用白色,十月至四月用黑色;通行大襟式纯边,宽不得过二分,色与衣同;未满十岁之儿童衣色不限依以上之规定。

二、裙

用夏布或廉价之纱；黑；未及十五岁而身材短小不著裙者裤用布。

三、其他

手巾：禁外露；鞋：色黑，鞋头禁饰花球等物，家制或自制者；袜：色白或黑，家制或自制者；束发绳：限用黑色；戒指：禁著，但已婚者不在此例。[12]

两所师范学校学生业余文化生活丰富多彩，集体性的活动除体育运动外，南通女子师范的游艺会、南通师范的元旦演出都是学校师生陶冶情操、展现才艺的重要活动。平时两校学生在校内外会组织各种学生社团活动，南通师范还专门在校园内辟出两处6间教室作为学生课外集会室。在课余时间，南通师范的师生最常见的休憩方式就是在风景如画的校园内外散步，落日映照的文峰塔、流水倒映的三元桥、满眼碧色的荷花池成为毕业生难忘的校园美景。民国时期，

第一代用师范二十周年纪念亭

学校还在荷塘与濠河相隔的堤上修建了二十周年纪念亭，在学校表门外建造了三十周年纪念塔，为校园增添了人文景观。当然，关于学生散步和业余休憩也有规定和限制，如南通女子师范规定如无家人、师长的陪同，师范生散步不得过城南灰堆坝。而20世纪20年代南通的戏剧演出因为现代化的更俗剧场的建成和梅兰芳、欧阳予倩等名家的登台而轰动一时，但当时两所师范学校的学生是禁止去看演出的，偶尔也有学生偷偷去看，一旦被发现则会受到处罚。

(三)课外活动与学生社团

张謇在创校时期就十分重视学生课外活动的开展,当时学生的课外活动主要是有组织的体育运动。他在清末亲自撰写的教员室对联"求于五洲合智育体育;愿为诸子得经师人师"已经鲜明地揭示出智育、体育是师范生培养的两大目标。因而,民国时期两所师范学校重视体育课程,开展丰富的体育活动成为特色,并取得优异的成绩。在20世纪二三十年代,学校对课外运动有明确要求:"指导学生课外组织各种运动团体,如足球队、篮球队、网球队、排球队、乒乓球队及田径赛等,并利用时机,举行校内比赛、校际比赛及运动会。"[2]平时的训练要求如下:

南通第一代用师范,近来对于体育一项,极为注意,故成绩颇有可观。兹将其课外运动概况,报告如下:

(甲)早操:全体学生于每晨起身后行之,由体育主任司令。

(乙)拳术:系一部分性近者习之,与早操同时举行,由拳术教员司令,其余课后随时练习,由拳术教员指导。

(丙)球类:该校现有足球、篮球、网球、队球、棒球、台球六种,足球、篮球分普通、选手二组。选手每周规定练习两次,其余五种分组于课毕后练习。

(丁)田赛:分跳高、跳远、撑高跳、掷铁球、掷铁饼五项,设干事、庶务各二人。于每日晨起或课后练习。

(戊)径赛:分百码赛跑、百二十码低栏赛跑、二百二十码、四百四十码、八百八十码及替换赛跑六项。设干事、庶务各二人。于每日晨起或课后练习。

（丁、戊二项,系于每学期始由各个人自由认定）

（己）器械运动：该校现设有吊环、单杠、双杠等器械,学生可随时练习。[13]

南通女子师范定期举行游艺会,表演舞蹈、新剧和唱歌,有时游艺会会邀请校外人士观摩,往往深受欢迎。引起较大轰动的一次表演,是1936年11月为庆祝建校三十周年而排演的话剧《雷雨》,这也是南通历史上第一次排演《雷雨》。导演为英语教师言国楳,南通新民剧社的成员受邀到校指导,演员全部是学生,其中张謇的孙女张聪武饰演"四凤"。演出地点在校内风雨操场,第一场预演先给本校师生看,第二场是正式演出,邀请了南通各界人士,南通学院医科的学生也翻墙、涉水进入校园观看。演出现场虽无扩音设备和现代灯光,但"周公馆豪华的陈设,逼真的打雷下雨的效果,每个演员的表演",给观众留下了深刻的印象,在教育界和文化人士中轰动一时。"封建思想比较严重的人,认为太不像话,年轻人则认为揭露了封建势力和资本家的罪恶和残酷"。因此,南通女子师范本打算为建校园内天水池筹款,售票再演一场,但各方意见相左,最终作罢。[14]

20世纪20年代以后,两所师范学校最引人注目的是各种学生社团的蓬勃发展。当然,在此前后新文化运动、学生运动的迭起,知识青年追求进步的爱国政治热情空前高涨是大背景。据不完全统计,在1914年至1937年的20多年间,两校学生先后组织的有一定规模且具一定影响的社团在34个以上,其中规模较大或影响较大的有学生自治组织(包括同学会、自治会、学生会、贩卖部)、学艺研究会、新剧团、华星社、晨光社和燽火社等。

1.学艺研究会

学艺研究会(又称学艺社)成立于1914年之前,是南通师范成立时间最早、存续时间最长、影响最大的一个学生组织。成立宗旨为"研究学艺，发表思想"，下设总务部、研究部、编辑部。学艺社"每星期组织一次的讲演会，平时是社友轮值讲演的，尚是有名人来通，本社即请名人来演说"[15]，"会内由各生组织阅书会，一切书籍皆由学生自费购备，其余各会皆由学生自动，教员监视"[16]；出版《学艺》杂志，初为旬刊，1925年后改为季刊，费用由学校补贴，学校改为私立后则由学生募筹，"刊物每期的数量六百，除销本社的社友外，并销售本县各小学校，也和全国学校交换刊物，清华、南洋各校刊物都有寄来"[15]。1927年下半年，改组为"文史地研究社"，先后出版半年刊《诞生》《流水》《火星》等。1930年重新改组为学艺研究会，次年学校成立学生自治会，将学艺研究社、自然科学研究社、美术研究会并入美术股，《学艺》杂志由学生自治会接办，学校重新给予补助。《学艺》杂志分插画、特载、演讲、论著、研究、艺文等栏目，登载师生的教育研究心得、论说和新旧文学，内容涉及各科。从20世纪20年代后半期开始，南通师范《校友会杂志》停刊，《学艺》杂志则成为学校交流信息和教师指导学生从事各种研究的一个重要阵地，学艺研究会一直存续到1938年。

《学艺》杂志封面

2. 新剧团

在中国现代艺术发展史上，南通被誉为"话剧之乡"，20世纪30年代诞生了中国早的话剧组织——"新民剧社"，而南通师范学生组织的"新剧团"则是新民剧社的源头之一。五四新文化运动以后，话剧传入中国，很快得到广大知识青年的喜爱。南通师范的一部分学生对话剧产生浓厚兴趣，1922年第17届师范本科陈毓善、郑治平在本级学生中发起组织"新剧团"，并以此作为推进社会教育的一种手段，设有讲演股、民众教育股。之后，新剧表演在两所师范学校逐步形成热潮，几乎所有的班级都进行排练，一些师生也开始从事剧本的创编，并在两校形成每逢元旦各班级在校内轮流演出话剧的惯例。新剧团每年在校内举行两次公演，从20年代中期到30年代初期先后演过的剧目有：《山河泪》《终身大事》《获虎之夜》《弃妇》《兰芝与仲卿》《虎去狼来》《少奶奶的扇子》，以及歌剧《孤竹君之二子》《棠棣之花》等。北伐军到达南通时，新剧团在南通更俗剧场演出了《革命血》《弃妇》，售票收入一部分购办礼品慰劳驻军，一部分作为平民夜校经费，在第一附属小学、余西和拼茶办起了三所平民夜校。新剧团的骨干后来成为新民剧社的中坚分子，他们也在中小学播下了话剧的种子。1928年4月，南通县通俗教育馆成立新民剧社，南通师范的校友孙东孺、俞国澄和教师李素伯，以及在校学生丁瓒、丁守谦、刘子美等参与了筹备工作，剧社成立宣言由丁瓒起草，丁瓒、刘子美被推为剧社执行委员。[17]

3. 晨光社

1924年国共合作大大推动了革命运动在全国的发展，南通早期的共产党员、第二代用师范毕业校友吴亚鲁及南通旅外学生窦止敬、李俊民等先后回到南通，他们与第一代

《中国青年》介绍晨光社的报道

用师范学生接触、联系,传阅《新青年》《中国青年》《向导》等进步刊物,学校进步学生深受影响,热血沸腾,跃跃欲试。1924年6月,他们公开成立了"晨光社"。

当时,第一代用师范开设了顾怡生任教的社会科学课,研究社会科学成了青年们办社的目的之一。晨光社开始有20多人参加,丛永琮被推为主要负责人。在晨光社的组织之下,同学们三五成群阅读进步书籍,撰写读书笔记,举行读书报告会,谈古论今,讽议国是。晨光社的活动引起了无产阶级革命家恽代英的关注,他主编的《中国青年》第36期"青年界消息"栏中介绍了晨光社的进步活动,其具体内容如下:

> 南通第一代用师范少数同志组织了一个社团,名"晨光社"。他们的宗旨是:训练团体精神,应用于实际生活上。他们的计划是:(1)在校内设立读书室、平民读书处;(2)在校外通俗讲演;(3)在假期内作教学的实习,调查民间实况;(4)研究中国青年思想问题与今后新中国的教育问题。他们还想设立通信、讲演机关,请当代名人指导。[18]

晨光社在南通师范的青年学生中传播了进步思想,并在恽代英的直接指导下,为共青团、共产党组织在学校的创立打下了思想基础。

4.爝火社

1927年张謇中学分立初中部、师范部,师范部学生招生基本从本校初中部挑选。为保证一贯性,学校十分重视初中的教学质量,选派孙钺、尤金缄、张寀、李素伯等名师任教。初中部的学生也表现出活跃的思想状态,不少学生成为学生社团及活动中的活跃分子。1934年,在国文教师李素伯指导下,当时初二的学生组织起一个文艺研究社团——爝火社,刊行《爝火》杂志,以培养学生对新文学的兴趣和写作能力。《爝火》杂志每月印行1—2期，刊名由书法家黄祖谦题写，封面有美术教师刘子美创作的木刻画，栏目有"随感录""速写""人物素描""读书随笔""散文小品""风俗漫谈"等，登载的大多数是学生的文章，也有教师的约稿。杂志在校内外发行，售价五分或一角，读者主要是小学高年级和中学学生，也有高中生、师范生订阅。爝火社仅举办了一年多的时间，后因李素伯身患重病、无力指导而停止了活动。

总之，20世纪二三十年代的学生文化活动，在南通师范的百年历史中是值得珍视的一段记忆，它追求科学和民主，不失菁菁校园情趣；它崇尚进步，甚至走向激进，但未蜕去数十年积淀而成的沉稳的文化底蕴。

（四）毕业生情况及统计分析

从1912年至1937年，南通两所师范学校历经变迁，学制上从师范本科、讲习科到高中师范科并兼办初中，共培养出3232名毕业生，其中师范生1778名，占两校毕业生总数的55.01%。南通师范本科毕业15届，毕业人数856人（包含1927年转送至南通中学高中师范科毕业的戊辰级学生38人和1927年代办县立师范毕业学生48人）；高中师范科毕业9届，毕业人数304人；讲习科4届，毕业人数127人。其中1916年和1934年由于学制变更和学校改制，无师范学生毕业。女师师范本科毕业生172人，高中师范科毕业生319人，1927年因学制变更无师范毕业生。

关于师范生

1925年4月南通女子师范廿周纪念会会场

毕业后的情况，1935年南通师范曾对1904年到1934年毕业的校友做过一次调查统计，调查到的师范毕业生总计1725人，其中服务于教育事业的有1400人，占比为81.16%；升学45人，升学率约为2.61%；病故或未注明职业的有280人，部分校友经商或从事其他行业。南通两所师范学校因为持续办学和不断改进，培养了数千名合格乃至优秀的小学（幼稚园）师资，南通的小学"教员十有八九皆毕业于通州师范学校，故其编制、教授、管理无甚歧异"[19]，不仅为推进南通基础教育发展奠定了师资基础，更形成了"收统一、整齐之效"[20]的南通教育特点。此外，调查到的初中毕业校友有436人，其中388人升学，升学率约为88.99%。

南通女子师范的师范毕业生，在20世纪20年代之前人数较少，而且就业比例也不高。据1921年《南通县自治会教育股委员会第一届报告书》统计，南通女子师范成立15年，"仅毕业五班，毕业生总计不过四十八人，平均每班不足十人，每年不及五人（自开校第五年计起），而闲居、死亡者达四分之一以上（共计十三人），现任教职者不过三十三人"[21]。20年代以后，随着学校规模的扩张和妇女运动的兴起，师范生的毕业人数增长较快，其大多从事小学教育工作。

这一时期的毕业生离开学校之后与母校之间仍保持着紧密的联系，对学校的办学状况和发展前景十分关心，特别是在20世纪20年代末期以后学校办学遭遇各种困难之时，各地校友纷纷伸出援助之手，通过各种途径、方式声援学校，而如何镇寅、邹梄、袁翰青、许牟衡、姚味香、曹书田、管劲臣、宋子敬等校友还被遴选为两所师范学校各个时期的校董，直接参与学校事业的规划。

参考文献：

[1] 庄俞.张季直先生教育谈[J].教育杂志,1917(1):34.

[2]本校现况[M]//通州师范学校.通州师范学校三十周纪念册.南通:翰墨林书局,1934.

[3]卷首语[M]//通州师范学校.通州师范学校三十周纪念册.南通:翰墨林书局,1934.

[4]秦得儒.三十年代通师校园[G]//九秩春秋——南通师范校史资料专辑.南通:江苏省南通师范学校,1992.

[5]李明勋,尤世玮.张謇全集(第4册)[M].上海:上海辞书出版社,2012.

[6]省视学问荣生视察南通县教育状况报告书[J].江苏教育公报,1925(7).

[7]陈子才.何篔庵老师指点江山[C]//银杏忆语——南通师范九十校庆纪念文集.南通:江苏省南通师范学校,1992:30.

[8]本校现状概览[J].南通师范校友会杂志,1916(6).

[9]钱公溥.南通县学务参观记[J].教育杂志,1916(11):27.

[10]朱德祥.全国第一所师范[C]//银杏忆语——南通师范九十校庆纪念文集.南通:江苏省南通师范学校,1992:32.

[11]本省师范学校寄宿舍之状况[J].教育研究(上海1913),1915(25).

[12]女师规定服饰的通告[N].通海新报,1917-06-02.

[13]易叔六.苏省一代师课外运动概况[J].教育与人生,1923(11).

[14]宋明英.回忆女师上演《雷雨》[J].博物苑(南通博物苑编),2014(25):87-88.

[15]社员通讯[J].学艺(通州师范学艺研究会编),1930.

[16]王蜀琼.南通县教育及实业参观笔记[J].中华教育界,1915(7).

[17]王质夫.回忆南通新民剧社[G]//江海春秋——南通文史资料精选(中).南京.江苏文史资料编辑部,1998:331-332.

[18]南通师范同学组织晨光社[J].中国青年(上海1923),1924(36).

[19]发表省视学报告南通县教育状况[J].江苏教育公报,1912(46).

[20]李荣怀.参观南通教育报告[J].宝山教育界,1915(3).

[21]设法多储女子师范人才[R]//南通县自治会教育股委员会第一届报告书.南通:南通县自治会,1921.

第五节 两校师生的革命斗争

一、从五四到五卅

南通师范和女子师范是张謇、张詧等以"救亡图强"为目标创办的,因此从创校开始广大师生在"养成人格,他日为良教师"[1]的同时,更心系家国,关心国是,不断塑造和积淀着一种强烈的爱国精神和责任意识。光绪三十一年(1905)十月,通州师范学生曾通电清政府外务部,为日俄战争后传闻日本以"还辽事索闽","乞力拒以弭他变",[2]这是南通师范校史上迄今所知的第一份学生爱国通电。在辛亥革命爆发前后,学校的进步师生掀起了"剪辫风潮",并在通州光复之时组织"学生军"捍卫革命成果。1919年五四运动爆发后,两所师范学校青年学生积极参与爱国运动。5月12日,《通海新报》第二版头条刊载了代用师范学生沈占一、顾稚英、洪商隐对日

代用师范学生响应五四运动的
罢课宣言

本侵略我国表示愤怒的公开信。15日，代用师范学生代表陈偏出席了南通学生联合会第一次代表会议。19日，徐茂如等学生代表代用师范参加了在公共体育场举行的南通学生会成立大会，师范和附属小学学生冒雨参加了示威游行。6月10日，代用师范学生与南通地区其他学校的学生一起组织罢课、游行，宣传爱国思想；为抵制日货成立了"以倡用国货，挽回利权为宗旨"的"江苏省代用师范劝用国货会"，南通女子师范学生组织"爱国学生会"，抵制、销毁日货，自制生活和学习用品。这些活动都有力地支持了全国性的学生爱国运动。

新文化运动和五四运动更震撼了两所师范学校青年学生的心灵，他们开始寻求新的真理，在校内发起各种进步社团和组织，如共进学社、文艺研究会、学艺研究会、新剧团、曙东社、晨光社、华星社等。这些社团有的是学术研究性质的，有的是专业训练性质的，有的是政治性质的，它们在师范学校的校园里描摹出一幅进步思想百舸竞流的历史画卷。1923年"二七"大罢工的流血事件让学校的青年们看清了帝国主义和北洋军阀的嘴脸，他们认识到反帝反封建的重任已经落到了他们的肩上，那些在斗争中流血牺牲的革命烈士成了进步学生崇拜的英雄人物。一些志趣相投、急于获得改造社会真理的青年学生，如徐家瑾、丛永琮、王盈朝、杨文辉等，开始接触马克思主义革命学说，在课余他们找来《俄国革命纪实》《共产党宣言》《京汉工人流血记》等进步书籍互相传阅，在自修室里他们悬挂起马克思、恩格斯、列宁和卢森堡、李卜克内西等人的肖像，选写革命领袖的名言，作为自己的座右铭。1924年6月追求进步的青年学子成立了政治性组织晨光社、华星社，他们在接受革命理论的同时，开始从事革命活动：在校园内推销《向导》等激进报刊，在校园外组织民众学校，传播革命道理。同年初秋，第一代用师范成立了国共合作改组后的地下国民党组织，丛永琮和省立第七中学的巫钲一等骨干积极宣传"新三民主义"。江浙战争爆发后，1924年11月，第一代用师范学生代表徐家瑾等积极参与发起"南通江浙兵灾筹振会"，"设法振济江南灾民"，[3]并在深入社会的实践活动之中越来越清晰地认识到："学生之所以不能解决自身问题，正是受中国现时政治经济之束缚，明白说，即是受国际帝国主义及国内军阀之压迫，若不先一致努力推翻帝国主义与军阀，要想靠学生单独解决学生问题是绝对不可能的。"[4]当时看似平静的校园其实并不平静，特别是革命学生的活动遭到国家主义派的反对，这些人在校园里兜售提倡读经复古的《醒狮周报》，1925年11月他们还邀请国家主义派首领曾琦、李璜等到两所师范学校讲演，宣传反苏反共思想，激起校园内进步青年的强烈反感，在第一代用师范学校师范前期读书的顾民元（顾怡生之子）带领几位进步同学点燃炮仗扔进演讲的礼堂，把反革命的演讲者轰下了讲台。当晚，晨光社的成员在学校墙报上发表了一篇名为《反赤就是反革命》的文章，驳斥国家主义派的谬论。[5]

1925年五卅运动爆发前后，两所师范学校的进步学生在南通发动和参与了一场轰轰烈烈的反帝爱国运动。5月9日，第一代用师范和南通女子师范的学生参加了在南通城东公园举行的国耻纪念大会，徐家瑾在集会上发表了演说，会后两所师范学校学生参加了环城游行。6月2日南通地方报纸开始转载"五卅血案"的有关报道，3日晨第一代用师范学生召开紧急会议，决定组织救国委员会，下午停课，各级推选出8名同学为演讲员，组成72人的演讲团，分组到城乡各处演说，并组织学生队伍在城乡游行，每人手中都举着写有"援救同胞""外人要瓜分我国了""要求收回沪地租界"等口号的旗帜，游行队伍还在沿途散发传单、贴标语，传单上印着"大家团结起来""打倒帝国主义"等警句。4日，徐家瑾代表师范学校学生参加了在私立南通农科大学举行的南通各校学生代表会,并被推为主席。会议决定成立"南通学生上海五卅血案后援会","分总务、募捐、交际、演说、文书、编辑等部,推举委员,分投办理",通过了要求政府"向英使馆严重交涉,收回租界及领事裁判权,依照中国法律惩凶,并厚恤死者家属,又向中国道歉","捐募款项,援助上海市民及工人","组织学生军",以及发行《血潮》杂志等9项决议,并通电北洋政府。[6]后援会在徐家瑾的具体领导下积极开展各项活动,如推动组织8日在南通公共体育场举行4000人市民大会,两所师范学校学生与会并参加游行,"队伍绵长二里,沿途并高呼'奋斗''收回租界''援助同胞'等语,游行城厢一周而散。是日各校所发传单,种类极多"[7]。13日,徐家瑾、李守墨代表南通后援会在上海宝隆医院慰问受伤者,并向上海全国学生总会提出四条建议:"(一)请影片公司将此次惨案真相制成影片,以唤醒民众;(二)调查英日货;(三)将五卅惨案真相译成各国文字,分致各国各团体;(四)开设罢工工人义务学校,以增进工人知识。"[8]14日,徐家瑾、李守墨回到南通,当即召集各校代表会议报告经过,并商定组织调查股,分赴南通各地调查货物。与此同时,上海学生会派南通籍学生代表巫钲一、叶胥朝、窦止敬3人回家乡联络、宣传和募捐,进一步鼓励后援会积极开展工作。在徐家瑾等人的领导下,后援会面向社会各界的募捐活动,至30日募捐总数达大洋6669.544元、小洋11136角、钱411668文。后援会还组织学生到港口检查并抵制英、日货;组织南通各界公祭沪、汉、粤惨案诸烈士;安排暑期委员会检查英、日货,组织新剧义演和第二次募捐等工作。但此后,由于地方当局和绅商的阻挠,后援会工作到9月底基本停止,11月宣告结束。南通五卅后援会是南通历史上一个经久而有力的学生组织,在其开展的运动中两所师范学校的青年学生受到了一次革命启蒙教育，为以后学校党、团组织的建立奠定了实践基础。

二、黄绍兰与中共一大召开

1921年7月，中共一大在上海召开，中国现代历史由此翻开了崭新的一页。一大的会址有三处：一是兴业路76、78号，时为一大代表李汉俊及其兄李书城的住宅，一大的正式会议在此举行；二是太仓路127号，时

中共一大会址之一：上海博文女校

为私立博文女校宿舍，一大代表借住于此；三是嘉兴南湖红船，一大由上海转移到此继续举行并闭幕，庄严宣告了中国共产党的诞生。而正是博文女校会址把中共一大与南通、南通女子师范联系了起来。

博文女校的创校人之一是民国时期的政治活动家、教育家黄绍兰（1892—1947）女士。黄绍兰毕业于京师女子师范学堂，毕业后到河南女子师范学堂任教。武昌起义爆发后，她参加革命，受黄兴委派联络上海革命军。"二次革命"失败后，1914年，她与师范同学钟佩荚一起在黄兴夫人徐宗汉、章太炎夫人汤国梨及邵力子、邹鲁、张继等人的支持下，在上海创办博文女校。至1920年1月，博文女校因办学经费筹集困难停办。经黄炎培介绍，黄绍兰赴南通向张謇、张詧求助。张氏兄弟提出，黄绍兰在南通女子师范任教一学期，就资助博文女校复校。为此，黄绍兰在南通女子师范担任国文教员，因其"通明国故，兼善文辞"[9]，学识、品行得到张氏兄弟和女师师生的一致赞誉。1920年秋，由张謇出资，并在其他校董共同帮助下，黄绍兰在上海复办博文女校，并邀请张謇、张詧担任名誉校长。离通之时，黄绍兰作《留别南通女子师范诸

同学》诗一首:"今日方知行路难,临歧无语恨漫漫。书缘别意和愁写,酒到离尊带泪干。玉楮无端劳刻画,琼华何忍遽摧残。可怜最是中庭月,一样清辉两地看。"[10]惜别之意溢于言表。

1921年7月,中共一大召开之前,考虑博文女校与主会址靠近,且在暑期,校园僻静安全,适于参会代表住宿,一大代表遂通过李达夫人王会悟(时任博文女校董事徐宗汉秘书)介绍,以北京大学暑期旅行团的名义租用该校宿舍。随后,一大代表除李达、李汉俊、陈公博3人外,其余10人先后入住宿舍二楼。7月22日,代表们在博文女校楼上举行了预备会,而一大正式会期(7月23日至31日)的9天,除去在主会址举行正式会议和最后一天在嘉兴南湖举行闭幕会外,代表们均在博文女校聚会、交流、讨论,研究和起草大会文件,计划着中国的未来。代表们在博文女校的活动,积极配合了兴业路主会址的正式会议,其意义与历史价值非常重要。因此,博文女校既是一大代表的住宿地,也是一大会议的重要组成部分。

黄绍兰(左)与张謇之女张敬庄(右)合影

对于博文女校为中共一大代表提供住宿这件事,校长黄绍兰和名誉校长张詧、张謇在当时和之后根本不会了解到其中的真实状况。然而,冥冥之中,也许正是救亡与启蒙的时代主旋律,把中国共产党的诞生与博文女校、黄绍兰,以及张詧、张謇与南通、南通女子师范联系在了一起,其中有历史的偶然,也有历史的必然。

三、两校党组织的成立

（一）第一代用师范党团支部的成立

1924年1月，国共合作，这使共产党在工运、农运和军运中得到了许多实际工作的机会和条件，能够公开进行革命活动。在五卅运动中，第一代用师范进步学生的革命斗志高涨，引

王盈朝写给恽代英要求加入共青团的信

起了在上海从事革命活动的共产党人恽代英、陈延年等的关注，当时他们正帮助国共合作后改组的国民党在上海开展建党事务，恽代英的公开身份是国民党上海执行部宣传部秘书，在共产党内则是共青团中央执委会委员、宣传部部长、团中央机关报《中国青年》主编。他们决定在南通进步的学生中发展党、团员，以扩大革命的阵地。1925年春，恽代英在上海环龙路44号约见在上海读大学的南通籍学生窦敬止、李俊民，要他们回到南通改组国民党南通县党部，宣传孙中山的"三大政策"，组织进步青年开展反帝反封建的活动。窦敬止、李俊民回到南通后找到第一代用师范的徐家瑾、丛永琮、杨文辉、王盈朝等进步青年，依靠他们清洗了国民党县党部的土豪劣绅并充实了进步力量，为以后南通建立共产党组织打下基础。8月，中共上海区委（江浙区委）成立，决定在未建立中共党组织的地方派党员前往，随即进行组织。同时，第一代用师范丛永琮、王盈朝与恽代英建立起通信联系，他们多次写信给恽代英交流思想，询问各种问题，寻求解决当前社会问题的办法。10月28日，王盈朝在给

恽代英的信中表达了其参加共青团,决意投身到革命洪流之中的愿望,他写道:

> 我想,我要献身于革命事业上,那当然无须徘徊不前,应该赶快的毫不犹豫地站在农工的利益上,集中我们革命的力量。不然,我便是本阶级(当然是无产阶级)中之叛贼了,我不愿反我本心的真正愿望,所以我要决定加入CY(即共青团)。[11]

11月,恽代英根据丛永琮、王盈朝的表现及申请,介绍他们加入了青年团。至1926年1月,王盈朝在第一代用师范建立起南通地方第一个共青团支部。2月,江浙区委书记罗亦农召开会议,决定首先派遣得力干部开辟通、如、海、泰地区的工作,成立强有力的独立支部。于是,4月前在工业化程度较高的唐闸,工人阶级聚集的大生一厂,首先建立起南通第一个党组织——南通独立支部。当年春,恽代英介绍丛永琮、王盈朝加入了共产党,他们又介绍其他进步同学

第一代用师范首任
党支部书记王盈朝

如徐家瑾、杨文辉、蒋嘉宾等入党。由此,在春夏之交中共江苏省第一代用师范支部成立,王盈朝任支部书记,支部直属江浙区委领导。党团支部成立后,在恽代英、肖楚女、韩觉民等指导下,积极开展校内外革命工作。在校园里,支部党团员用革命书刊影响进步同学,深夜在宿舍与晨光社、华星社的激进青年进行个别谈话,发展了一批党团员,一些离校的校友如徐芳德、顾仲起、陈秀山、吴之屏等也在党支部

的影响下先后入党。在南通城乡,当年5月底,支部领导进步学生开展了"五卅惨案"一周年纪念活动,高呼"打倒帝国主义""打倒直奉军阀""废除不平等条约""建设民主政府"等响亮口号。暑期中,支部青年深入南通南部乡村组织农民运动,召开农民大会,宣传革命道理,组织农民协会,掀起"减租减息"运动;首任支部书记王盈朝毕业回乡,在如皋东乡下漫灶建立了南通地方第一个农村党组织。由此,新建起来的党团组织成了两所师范学校学生开展革命活动、传播马克思主义的领导核心,并先后输送了一大批革命骨干深入工厂、农村开展革命活动。后来,南通师范被称为"南通革命力量的发源地"和"南通共产党的大本营"。[12]21

(二)革命青年社

中共第一代用师范支部成立之后,1926年7月北伐战争开始,革命势力迅速从珠江流域推进到长江流域。地处长江北岸的南通面临着新旧交替,各种政治势力、利益交织、混杂的复杂局面。

一方面,北伐的节节胜利,极大地鼓舞了第一代用师范的进步青年。在校内"从事革命活动的学生多半不上课,上课时间就出去联络各校学生,或是躲在寝室里偷看革命文件。那时国民革命军已开始北伐,大家所谈论的多是革命发展的情况,如北伐军的胜利,反动军阀的残暴,孙传芳部下李宝章的大刀队在上海屠杀工人、学生等等。学生都没有心思上课,上课前在黑板上写'请先生讲时事'"[13]122;1927年2月,南通女子师范的进步学生汪钦曾(汪蓁子)、郝之行、袁佩玖在第一代用师范青年党员们的影响之下加入了党组织,入党仪式由第一代用师范第三任支部书记韩铁心主持,同时女子师范秘密党、团支部也建立起来,汪钦曾任党支部书记,朱文英任团支部书记。[14]在校外,韩铁心和代用师范毕业校友顾南洲受组织选派到武汉参加集训,校友徐家瑾、杨文辉、蒋嘉宾也赶赴武汉投奔革命，刚刚结束师范前期三年学习的刘瑞龙准备到武汉投考恽代英主持的中央军事政治学校，王盈朝、吴之屏等则深入城乡，组织、发动群众，反对军阀，欢迎北伐军，宣传"打倒帝国主义""实行国民革命""反对国家主义派"的思想。

另一方面，北伐军攻占上海之后，五省联军福建总司令周荫人退守江北，把司令部设在南通城内的中公园，孙传芳所部第九师师长李宝章被任命为通海区戒严司令官，总管军政要务，一部分军阀队伍驻扎到师范校园里。因而，师范学校不得不停课，学生多数返家避乱。4月，国民革命军攻占南通，李宝章投降。6月15日、16日，第一代用师范新剧团借更俗剧场表演新剧《革命血》等剧欢迎北伐军，又以演剧收入盈余，制作"武节是宜"匾额一块，购买饼干500听慰劳北伐军驻部。同时，"四一二"政变之后，国民党右派开始在南通开展"清党"活动，接着又采取大逮捕的办法，迫使共产党组织的活动完全转入地下。

1927年暑期前后，第一代用师范支部的学生党员部分毕业离校，少数驻校党员在白色恐怖下意志消沉，因而党组织的工作与活动一度中断。宁汉合流后，在武汉参与革命工作的恽子强（恽代英弟弟）、葛季膺（刘瑞龙的表姐）夫妇回到南通葛家避难，并继续从事革命活动。他们指导第一代用师范和省立第七中学的进步学生刘瑞龙、陈国藩、袁锡龄、丁瓒、马尔聪、严福生、顾民元等成立了"革命青年社"，向他们"讲述当时的革命大势，介绍青年运动的经验和方法，还拿出

"革命青年社"读书书目

恽代英、肖楚女寄来的革命书刊在社员中传阅学习"[15]。这些革命书刊包括《共产党宣言》《共产主义ABC》《资本论入门》《帝国主义浅说》《俄国共产党党纲》等24种。

革命青年社成立不久,恽子强夫妇因处境险恶离通赴沪。是年9月前后,中共江苏省委特派员陆景槐到南通,召集革命青年社成员,介绍当时国内政治形势,指出国民党叛变已成事实,传达了党中央"八七"会议精神和党开展土地革命和武装反抗的总方针,并决定撤销国民党左派县党部。为此,青年们秘密地举行了退出国民党的仪式。丁瓒回忆:

> 记得在一次晚自修的时间,趁同学们都在自修室自修时,我们在西边一排的最后面的教室楼上,举行了退出国民党的仪式。我还记得那晚开会时,在桌上放了一张孙中山的照片(是一张明信片式的孙中山穿着中山装的全身照片),由一位同志报告了蒋介石背叛革命的经过,和今后在党的领导下的工作和任务。[13]124

后来,陆景槐介绍革命青年社的学生分别加入党团组织,并由组织决定刘瑞龙担任第一代用师范支部书记,袁锡龄任团支部书记,随即党团组织的工作与活动在学校恢复。

革命青年社的组织者恽子强(中)、刘瑞龙(左)、丁瓒(右)在1949年新中国成立时的合影

与此同时,在江苏省委的领导之下,中共南通县委于秋冬之际正式成立,陆景槐任书记。"县委活动的主要基地是南通代用师范,主要地区是南通城和唐家

闸。县委所辖范围分为四个区域"[12]22，1928年1月，刘瑞龙兼任城区区委书记，后又当选为县委委员。南通人民和两所师范学校师生的革命斗争也进入了一个新的历史阶段。

四、两校师生的革命活动

在南通县委的领导下，两所师范校园内的进步力量重新壮大起来，同学中的党、团员人数最多时达到50多名，校内外的各种革命活动也更加活跃。他们在广大同学之中组织学生社团，公开传阅《向导》《中国青年》等进步书籍；他们在琴房和二十周年纪念亭秘密组织党支部、党小组活动，传达党的指示、精神，商讨革命形势，研究工作对策；他们受上级党组织委派到南通大生副厂等工厂开展工作，举办文化补习班和民众夜校，通过访贫问苦、散发传单、编写识字歌谣、教唱革命歌曲等形式，对工人们进行阶级教育，启发阶级觉悟，号召他们为增加工资、改善生活进行斗争，并先后组织了南通县印刷业职工会、店员工会、黄包车夫工会等地下工会组织；他们利用地方报刊等舆论阵地与反动派进行思想论战，凭借刘瑞龙的表哥葛松亭和丁瓒的长兄丁珩在《通海新报》担任经理和庶务的关系，让刘瑞龙、丁瓒等进入报馆做兼职校对和评论撰述编辑，以笔为武器，发表了数十篇侧面宣传革命运动和革命真理的报道与评论；他们积极参与地方武装暴动的准备工作，把校园作为暴动武器的中转站、储藏库。

当时，刘瑞龙、袁锡龄、丁瓒所在的第21届师范本科有许多进步同学在党支部的领导下参与了革命活动，其中骨干分子还包括瞿钟斗烈士、金万庆、马尔聪、王文彬、朱秉国等。这届学生本来有46人，1930年毕业时仅32人。其中，因参与革命活动，刘瑞龙在1928年秋被开除；袁锡龄因革命工作先后三次被捕，1928年年底离校投身农民运动；毕业前夕，1930年5月担任中共南通县委宣传委员的瞿钟斗因运送大捆革命宣传材料被捕，不久病逝在狱中；丁瓒在毕业之际为躲避当局抓捕，离校离通；马尔聪因参加革命工作过度劳累，在毕业前夕病逝。此外，未毕业的14人中可能还有因参加革命活动辍学的。

（一）军警搜查校园

频繁的革命活动也引起了反动当局的警惕，为此学校曾多次遭到反动军警的搜查。敌人把校园团团包围，在教室、寝室到处翻箱倒柜，搜身诱供。对于军警搜查校园的情形，当时地方报纸有详细报道，如《通海新报》载：

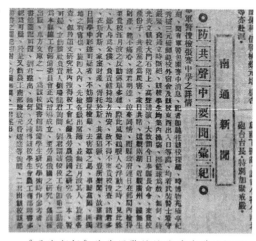

《通海新报》登载军警搜检张謇中学的报道

前日午刻，闻有军警包围謇中消息，记者即驰往该校探听。时博物苑桥亭、纪念亭、启秀桥、三元桥、师范校外宿舍及该校东、西出入口等处，均着武装警士看守，形势严紧，交通立时断绝。该校学生均集内操场，掷篮球为戏。无何，蒋大队长光炎立该校大门石阶上，高声演讲。大致谓：今日奉县长命令，来贵校搜查共党份子。……而县政府连日在邮局内检得上海寄至贵校汪月波之反动传单多种，际此风声鹤唳、人心浮动之时，见此蛛丝马迹，鄙人身为公仆，负责维持地方治安，故不得不来贵校搜查。……旋即入内，先检各级出席簿，并无汪月波其人。旋至各修室检查，忽于韵文研究社内搜得《校工会议记录》及《劳农俄国之研究》各一本，警士认为可疑，立饬该社负责人刘瑞龙君询问。刘君谓该校校工会即第二勤务分会，为本县总工会筹备委员会正式指导成立，至《劳农俄国之研究》系商务印书馆出版，东方文库之一，为该校图书馆购备学生研究学术时作参考者，上有图书馆图记可证。刘君遂出。无何，又搜得该校学生会农工商部聘书多份，又认为可疑。于是又饬农工商部陈启元、费耀庭等询问，二君出该校该部图记与聘书之图记相对，均属无异，二君遂出。[16]

后来，军警们在刘瑞龙同班同学费学华的床铺上搜出了一封写有"武汉形势大好，铁路工人罢工胜利了"字句的信函和一张标有"通讯暗号CPC9"字样的纸片，当即认定并非共产党员的费学华为"共党嫌疑份子"，把他抓了起来，严刑逼供，后经学校师生及校友多方营救，费学华才被无罪释放。针对反动当局的严密监视、强行搜检和荷枪弹压，进步的学生们和爱护他们的教师积累起越来越丰富的斗争经验：他们把油印机藏到仪器室"保管"，把进步书刊混入图书室藏书之中，把蜡纸和传单塞进校舍的雨漏里，运来的长枪藏在僻静的琴房内，短枪藏于寝室床下的网篮里和传达室替学生保管的衣堆中，使敌人每每无功而返。

（二）白塘庙事件

1928年年初，学校放寒假，中共南通县委派刘瑞龙、袁锡龄、陈国藩等党、团员学生以工会名义到大生副厂开展工作。他们在工人中建立工会，创办工人文化补习班，对工人进行阶级教育，宣传"谋解放，求生存"的革命道理。补习班原来在大生副厂里的工会办事处举办，但同年春因厂方阻挠而停办。为继续开展革命教育工作，第一代用师范党支部决定借用南通城南白塘庙初级小学校舍开办民众夜校，继续组织工人入学。袁锡龄负责校务，两所师范学校的党、团员和进步学生担任教员。5月1日晚，民众夜校被反动军警包围，袁锡龄等5名学生教员被捕受审，由于没有证据，被捕学生在第二天获释，后来这一事件被称为"白塘庙事件"。但夜校的教员和学员并没有被吓倒，第一代用师范支部以学生会的名义继续坚持办学直到县教育局下令解散为止。夜校停办以后，第一代用师范学生会发表了一个宣言，大声疾呼："矛盾的时代，我们是没有言论的自由，一切一切的自由。贫苦的大众，没有受教育的自由，只有长期受人镇压、束缚、欺侮的自由。伟大的变革时代，矛盾的现象，当然是不可免除，我们没有什么悲痛，我们正等待着那行将到来的光明前途。"[17]袁锡龄等党员则继续在大生副厂活动，但遭到反动当局监视。7月16日，袁锡龄在大生副厂附近开展工作时被通崇海联防区部再次抓捕，南通县政府以"借民众学校宣传共产犯"[18]的罪名，把他解送南京特种刑事法庭审判，10月底他被判处徒刑两年六个月。

（三）博物苑案

1928年6月，中共南通县委在南通博物苑召开县委扩大会议，第一代用师范支部书记兼城区区委书记刘瑞龙、党员及毕业校友丁介和、南通女子师范支部书记汪钦曾、党员袁佩玖等参加了会议，由于叛徒的告密，反动军警包围会场，当场逮捕南通县

地方报纸对"博物苑案"的报道

委书记彭汉章（化名汪世杰）、组织部部长徐秋生和刘瑞龙、丁介和、汪钦曾，又在大生副厂附近逮捕了袁佩玖、袁福生（袁佩玖兄）等人。后来，刘瑞龙等被押解到南京，与中共苏北特委书记黄逸峰、陆景槐一同被关在"江苏省特别刑事法庭"候审。当时，蒋介石下野去了日本，南京政府由桂系李宗仁控制，政治局面比较混乱。南通县委代表黎昌圣、师范学校毕业校友蒋嘉宾和刘瑞龙表兄葛松亭等多方组织营救工作，尤其时任中共砀山县委书记的蒋嘉宾赶到南京，利用丁介和的哥哥——阎锡山部第三集团军第六路军参谋长丁介石的关系，由第三集团军具书作保，到8月被捕学生被无罪释放。这一事件便是当时轰动一时的南通县"博物苑案"。刘瑞龙等被释放后，地方反动政府仍以"革命嫌疑份子"为由指令两所师范学校将他们开除。此后，几位进步青年告别了学生时代，全身心地投入波澜壮阔的革命洪流之中。

"博物苑案"之后直至1933年6月，在国民党反动政府高压之下，两所师范学校的党组织活动由较为活跃的半公开状态转入纪律严谨的地下运作状态。这一时期师范校园成为南通地下党的秘密活动场所，刘瑞龙等校友经常秘密返回学校，在校园召集会议，布置工作。两所师范学校的许多校友投身革命斗争一线，为土地革命时期中共领导如皋"五一农民暴动"、开辟通如泰革命根据地和创建工农红军第十四军等立下了汗马功劳。从第一代用师范毕业、肄业的校友徐芳德、王盈朝、徐家瑾、刘瑞龙、陈国藩、蒋嘉宾、韩铁心等曾担任如皋、南通、海门、砀山县委书记和通海特委书记，成为地方党组织的领导人；仇建忠、杨星五、姜子明、唐楚云、蔡振扬、袁础、韩铁心、曹玉彬、陈国藩、刘瑞龙等校友参与了如泰工农红军、工农红军江苏第一大队和红十四军的组织、创建等工作。以上校友除了刘瑞龙、王盈朝、蒋嘉宾之外均在革命斗争中英勇牺牲。

1930年9月,红十四军的革命斗争在反动派疯狂的军事围剿之下最终失败,与师范学校有联系的党员有的牺牲了,有的转移到其他地方从事革命活动,使校内追求进步的师生失去了外部联系,由此,党组织的工作和活动在学校转入低谷。1932年秋季学期,中共党员章秉孝转学到通州师范第5届初中就读,他带动同班同学王颂旋和从南通中学转学通州师范初中的徐铭延一起从事革命活动,并于翌年春介绍他们加入了党组织,在学校成立了地下党支部,王颂旋任书记。[19]支部积极配合上级党组织领导的大生一厂工人罢工和示威游行活动。但至次年6月,由于叛徒的出卖,中共南通县委大部分委员被捕,通、如、海、启四县区以上干部及唐闸各厂支部书记、省委巡视员等20多人均被逮捕,通州师范的党员王颂旋、章秉孝转移到上海,学校党组织遭到严重破坏,以后中断了8年时间,直至1941年在坚持抗战教育之时才在东进的新四军影响下重建。

(四)声援"一二·九"运动的斗争

　　1933年秋,南通师范戊辰级校友郁永言从中央大学经济系毕业后,应聘到南通女子师范担任历史教员。在大学读书时入党的郁永言常在教学中或课余时间对学生进行马克思主义的启蒙教育。针对东北三省沦陷而内战频频的现实,郁永言以课堂作战场,通过讲授历史,揭露日寇的暴行和蒋介石的不抵抗政策,唤起青年学生的民族自尊心,激发爱国思想。从而把一部分要求进步的学生紧紧地团结在自己的周围,逐步引导他们走上革命道路,在女子师范播撒下革命的种子。

　　1935年"一二·九"运动爆发的消息传到南通,"打倒帝国主义""停止内战,团结抗日"的口号再一次打破了南通的沉寂。南通的进步学生在革命洪流的推动下,进行了游行示威和声援活动。12月26日,为进一步声援北平学生的爱国运动,南通学院农科、医科及附属中学300多名学生徒步到天生港码头，登上大达公司的大和轮，准备赴南京请愿。国民政府当局派军警扣留了船长和机师，在寒冬时节，爱国学生与军警相持了一天一夜。消息传出后，郁永言、俞铭璜、吴功铭、王颂旋等决定发动南通中学、通州师范、南通女子师范和崇敬中学的青年学生参加这场请愿运动。当晚夜自修结束后，南通女子师范的王文华等几个进步同学回到宿舍商量，决定组织同学清晨集队赴天生港参加请愿活动，随即联络发动师一师二同学。第二天凌晨4点，50多名学生在师二教室集中，并留纸条给走读同学，欢迎他们到校后立即赶赴天生港。天微亮，同学们从学校出发，走向天生港。半途中校长罗玉衡带着几个学生家长乘着小汽车赶到，劝说学生返校。但同学们手拉手组成横排，不顾阻拦，继续前行，最终到达天生港与南通学院的同学会合。后来，因为当局的阻挠，开往南京的轮船停航，当天下午女子师范的同学便徒步返校。女子师范学生参与的爱国行动，轰动了南通城，更激起了人们爱国救亡的热情。[20]

郁永言平时的爱国言论和对学生运动的支持、引导，为国民党当局和校方所不容，翌年初他被解除了聘约。1936年夏，郁永言离开南通，但仍念念不忘南通女子师范的进步学生，经常给一些同学寄进步书刊，勉励她们进步。全面抗日战争爆发后，郁永言毅然奔赴延安，后担任中共山东分局《大众日报》编辑、通讯部长。1941年秋，在反日军"大扫荡"的迂回作战中郁永言壮烈牺牲。

总的来讲，20世纪二三十年代，在两所师范学校创立、发展党、团组织的过程中，支部的党、团员及其团结的进步学生，像一颗颗红色的种子，撒向四面八方。而据不完全统计，从1926年夏至1933年夏通如泰海革命最激烈的7年之中，从师范学校走出去领导工农运动的共产党员就达80多人，其中40多人为崇高的革命事业献出了自己宝贵的生命。

他们的进步思想和革命活动也影响着教师，两校进步的教师也以自己的言传身教鼓励着学生们走上革命之路。如教务主任顾怡生思想开明，五四以后，引导学生阅读进步书籍，一直支持进步活动。第一代用师范支部成立后，他对革命青年关怀备至。"四一二"以后，校园内革命活动遭到镇压，学生党、团员屡遭逮捕，顾怡生竭力掩护、营救。1930年，国民党南通县政府下令通缉共产党人，顾怡生得知消息后，紧急通知丁瓒等党员学生离校，并亲自护送他们到江边，渡江避难。1932年，学生中地下党员李守淦在进行革命活动时不幸遭国民党军警逮捕，由顾怡生作保释放，党组织为保存革命力量，安排李守淦秘密转移到外地，顾怡生因此遭到县党部、公安局软禁，后来因为他在南通地方德高望重，当局迫于社会舆论压力，不得不借口让他到外地寻找李守淦而将他释放。于是顾怡生到山东济南等地避居几月，而在此期间他的爱女因为担心父亲安危，精神失常，投井身亡。顾怡生的独子顾民元在二三十年代参加革命，1940年冬新四军东进后，担任启东抗日民主政权的首任县长，1941年春不幸牺牲。但遭丧女失子之痛的顾怡生，仍以坚强的意志，坚持进步教育，爱护进步学生，直至南通解放。南通两所师范学校也正是因为有一个个像顾怡生这样的先贤楷模才得以传承百年、弦歌不辍，孕育出一批批革命志士和师范精英。

参考文献：

[1]李明勋,尤世玮.张謇全集（第4册）[M].上海:上海辞书出版社,2012:77.

[2]通州师范学堂致外务部电(为谣传以闽换辽事)[N].时报,1905-11-13(3).

[3]组织兵灾筹振会[N].申报,1924-11-28(7).

[4]其琛.我们学生应注意自身问题[J].民国日报·觉悟,1924(13).

[5]王盈朝.革命,从这里起步——通师学生的革命活动回顾[M]//中

共南通市委党史工作委员会.江海奔腾——1919—1937年南通地区革命斗争回忆录.上海:上海社会科学院出版社,1989:53-54.

[6]江浙各界对沪惨案之援助[N].申报,1925-06-07(5).

[7]国内要闻二[N].申报,1925-06-10(10).

[8]学界昨日消息[N].申报,1925-06-14(14).

[9]博文女校学则[J].华国月刊,1923(1).

[10]黄绍兰.留别南通女师范诸同学[J].华国,1924(12).

[11]朱慧.恽代英与南通早期党组织的建立[J].档案与建设,2011(6):8-9.

[12]王兴相.江海烽火——南通县人民革命斗争史[M].上海:上海人民出版社,1991.

[13]丁瓒.南通革命斗争初期情况片断[G]//南通革命史参考资料(第1辑).中共南通市委党史资料征集小组办公室,1982.

[14]汪蓁子.走上革命的道路[M]//中共南通市委党史工作委员会.江海奔腾——1919—1937年南通地区革命斗争回忆录.上海:上海社会科学院出版社,1989:57.

[15]刘瑞龙.刘瑞龙文集(第四卷)[M].北京:人民出版社,2010:5.

[16]军警搜检张謇中学之详情[N].通海新报,1927-12-23.

[17]刘瑞龙.回忆红十四军[M].南京:江苏人民出版社,1986:29.

[18]地方通信:南通[N].申报,1928-08-15(11).

[19]王旋颂.在通师开展宣传活动[M]//中共南通市委党史工作委员会.江海奔腾——1919—1937年南通地区革命斗争回忆录.上海:上海社会科学院出版社,1989:61-62.

[20]王文华.女师在一二九运动中[M]//中共南通市委党史工作委员会.江海奔腾——1919—1937年南通地区革命斗争回忆录.上海:上海社会科学院出版社,1989:195-196.

第三章 不系之舟铸师魂

(1938—1947)

第一节 南通师范"侨校"

1937年7月，抗日战争全面爆发。8月淞沪会战打响，日本飞机于1937年8月17日向南通城中端平桥河西基督医院投掷了炸弹，国民党当局毫无应变的准备，一任城区居民向四郊逃命。因此，暑假后南通各中等学校都未正式上课，通州师范仅召集师范三年级学生在校东北通明宫上课数周。同时，由于南通地处江海一隅，暂能苟安，各业边观望边谋复业。

1938年春，战事西移，南通两所师范学校学生大多回校复课。当时通州师范因陋就简，班级设置由双轨改为单轨，原来寄宿学生占多数，此时尽量招收南通城厢的学生，万不得已则让学生寄宿在三元桥校外宿舍，教师也尽量聘请在南通城内居住的。校园只开放南半部，封闭北半部。两校师生抱定了安顿一天就办学一天的宗旨，争分夺秒，好像天天在上"最后一课"。从3月开始，南通形势日趋紧张，但当时南通地方政府及驻军不仅消极备战，还下令南通各机关、学校禁止搬迁，以示镇静。3月17日凌晨，日军在南通狼山一带港口登陆，地方当局闻风而逃，日军一路未受任何抵抗，占领南通城。当日，两校师生在毫无准备的情况下仓皇撤散。日寇占领南通城后，三五天内将几只大船停靠在通州师范荷花池北堤二十周年纪念亭附近，先把校园内的校具、仪器、书籍等搬上船运走，后又陆续拆毁校舍建筑，运走砖木材料。加之,当时南通城内外一片混乱,"县之莠民劫城内外各中等学校",很快"通州师范学校竟如洗",[1]到抗战胜利之时只剩下了校门前的一座三十周年纪念塔、一对石狮子和校园内三棵古银杏。同样,南通女子师范的两处校址亦遭洗劫,段家坝师范部的4000余册图书散失殆尽,珠媚园校址的礼堂、南楼、附属幼稚园建筑被拆毁。由此,两所师范学校耗费三十多年建筑的校舍和积累的校产毁于一旦。南通城被占领后,两所师范学校师生坚守民族气节,先后迁校至南通四安、金沙,启东海复,上海及如东丰利坚持办学,校史上把这段时间称为"侨校时期"。

一、迁校经过

1938年5月,经校长于忱、教导主任顾怡生、事务主任胡履之等多次商量,通州师范决定迁校办学。在迁往何处办学的问题上众人达成一致意见,认为启东垦牧区师范第二附属小学最为合适。第二附

抗战期间通州师范三元桥校址被毁景象
(油画)

小地处黄海海滨,日军势力一时尚未到达,乡野四望,又不引人注目;校园占地21亩,校舍113间,各项设备尚可敷用,能容下四五百人学习、寄宿;尤其,靠近垦牧区师范赖以生存的最大学校基产——师范学田,办学经费的取得较为便利。比较起南通城其他中等以上学校迁往周边乡村或上海办学,其在办学条件上优越许多。6月,南通县政府迁往金沙,通州师范遂借镇上孙氏小学设立迁校办事处,由胡履之和校长秘书王绍篯主持日常工作,陆续与分散在四处的教师、学生取得联系。同时,与师范毕业年级学生原籍所在的

县教育局和地方小学联络，改学校集中实习为分散实习，邀请各地小学校长、教师担任实习指导教师。8月，学校正式通知各年级学生到第二附小报到复课。9月6日，学校部分师生在金沙集中乘船前往第二附小。后来，亲历此行的教师孙渠回忆说：

> 1938年9月我接到南通师范开学通知，即于某日到金沙孙氏小学集合。是夜宿金沙，次晨八点南通师范雇一汽油船拖一大驳船，全体师生员工约50人上船，行李箱笼等全部堆于船棚之上。那时先租到船，然后再找舵手，哪知那个掌舵的人是个生手，因船棚上载物太重，启航不多路几乎翻覆，于是停下改装，另有校工一人骑自行车随船沿岸护行。由于中途耽搁片刻，在汽油船将达吕四时，已近黄昏，当地驻军闻马达声误以为敌军来临，作了紧急戒备。先是大约在一个月之前，大量敌机在吕四镇的上空投弹，炸毁了一条街，房屋约四五十间，死伤百姓近一百人，故风声鹤唳，草木皆兵，使驻军几乎发生误会。幸经先行的校工取出护照，方才平安登岸。我们先到吕四小学集中，该校校长方禹闻，还有多数教师都为南通师范校友，他们不辞其劳，给我们一切方便，晚餐办了酒饭款待。夜八时继续东行。为了预防敌机空袭，决定每人乘木制的独轮人力车一辆，一边坐人，一边放行李，共50余辆，排成一字长蛇阵，在青纱帐掩护下，面对着夜半升起的残月前进，好比衔枚宵征，只闻四野秋虫此唱彼和而已。时过夜半，车行30余华里，远望一簇房屋，掩映于丛树之下，正是我们的目的地——南通师范侨校。[2]

第二附小校舍呈南北长、东西窄的矩形布局，中间正屋由南而北叠台三进，前两进为平屋，第三进为二层楼房，东西两边为厢房。校门在第一进中间，北连中轴甬道直通第三进，东西建筑对称布置，校舍间围廊相连。师范学校师生借用前两进西半部校舍和第三进楼房，其中第一进为办事室，第二进为初中部教室，第三进楼下为师范部教室，楼上为学生寝室，西厢房为教师宿舍，其余校舍为附小自用。校门南面操场师范学校与附小合用，校舍东西北三面环沟，两岸芦荻茂密。部分教师携带家眷，借住附近张謇的私宅退耕堂。

附小所在垦牧区田畴齐整，沟渠纵横，阡陌棋布，风景如画。师范学校师生初至之时，战火尚未燃及滨海，满田棉花似雪，家家筹忙秋收。在这样一个相对安宁、祥和的环境中，随迁的师范二年级和初中二、三年级学生迅即开展起正常的教学活动，不久学校又招收师范、初中新生各一个班。

通州师范侨校旧址校门

至1938年年底，"全学级五，视未变时减其四。学生数为一百七十五人，寄宿生一百二十六人，通学生四十九。以性别言，男一百五十九，女十六。全数当未变时三之一。全校教职员，专任十四，兼任三，全数当未变时三之一"，另"第二附属小学有学生二百人"。[3]178通州师范迁至第二附小后，1939年1月校长于忱曾至上海与部分校董协商再迁沪办学之事，为此曹文麟在当时给黄稚松的信中说："校于下学期迁沪，相从南渡之事定不能免。"[4]但此计划未能实行。自1938年9月至1947年11月，通州师范就以第二附小为基地弦歌不辍，维系教育命脉，这一时期的通州师范和第二附小习惯上称为"侨校"。

二、侨校办学沿革

通州师范初迁第二附小之时，日军势力还未深入滨海区域。侨校继续接受国民政府领导，坚持按照全面抗战前江苏省教育厅规定的教育标准办学，并不时与迁至南通县北兴桥的南通县教育局和省教育厅驻沪办事处联络并向其汇报。1939年6月，曾在通州师范任教的国民政府战地党政委员会指导员季方专程到侨校探访师生，并动员青年去延安抗日军政大学学习。翌年1月，学校举行师范科毕业考试，南通县教育局局长吴浦云由省教育厅指派到校视导并监试。学校师生更珍惜宝贵的安定时光，教得更认真，学得更刻苦。然而，战争危险也时时存在。1938年年底，日军小股部队乘汽艇入侵距离侨校10多公里的吕四镇，全体师生连夜向东面的东元镇乡村紧急疏散。日军撤回南通城后，师生才返回侨校，组织期终考试、放假。1939年9月，日军飞机多次轰炸吕四镇，侨校将师生分散至附近农村，租借民房上课，一个多月后才返校。同时，战乱之中，伤寒病流行，侨校部分师生染疾，其中数学教师于勤伯不治身亡。于勤伯是校长于忱之子，毕业于北京大学数学系，学问和教学为师生所敬服，他的病逝是侨校的一大损失。

1940年7月，新四军主力到达江北，开辟苏中抗日根据地。10月，黄桥决战后，新四军第三纵队乘胜挺进江海平原，开辟通如启海敌后抗日根据地。此时，学校派教师前往掘港，与中共参与领导、季方担任指挥的"江苏省第四区抗日游击指挥部"取得联系。11月，指挥部召开如通海启各阶层代表会议，由苏四区专员公署任命四县县长，按"三三制"原则建立起各县抗日民主政府，接管国民党旧政权，其中校友季强成、顾民元分任海门、启东县县长。12月，于忱、胡履之代表通州师范去掘港参加了苏中四分区教育士绅代表会议。于忱在会上以师范学校适应个性发展、实施分科教学、开展农工劳动教育等为重点汇报了通州师范在侨校的办学情况,并痛斥蒋介石消极抗日、积极反共的反动政策,表示拥护抗日民主政府的领导,积极开展抗日救亡运动,为敌后根据地建设贡献力量。同时,顾民元、季强成及联抗副司令李俊民、中共海启县委书记朱溪东等先后到侨校看望师生,并做形势报告。

　　1941年3月,日军占领吕四并修筑据点。考虑到侨校建筑多、目标大,为避免日军扫荡,保护师生安全,学校转移到侨校以东3里的通海垦牧公司第四堤仓房上课,师生分散在周围农家住宿。8月,为加强对抗日斗争的领导,海启两县合并为海东行署;9月,新四军一师组建江海挺进支队南下通海,由此,侨校周边敌我形势发生改变,学校迁回第二附小上课。12月,海东行署改为海启行署,侨校作为苏中东南区域最重要的教育机关,受到抗日民主政府的高度重视,苏中四分区先后委派孙卜菁、江树峰等到校担任教员。

新四军在侨校操场集训

　　1942年2月,由于太平洋战争爆发,通、海、启、崇一带在上海读高中的学生纷纷返乡,为解决青年们的就学问题,海启行署委托侨校添办高中普通科,下拨开办费抗币2000元。由此,侨校招收春季和秋季始业的高中各一级,这是南通师范历史上第一次招收高中普通科学生。同月,粟裕师长率新四军一师师部移驻通海垦牧公司一带,前后不到半年时间。其教导队入驻侨校,并在此举办抗日军政大学第九分校,粟裕兼任校长。粟裕、陶勇等首长常到抗大九分校检查工作并看望侨校师生。5月17日，通州师范举办建校40周年纪念大会，苏中四分区专员公署专员季方和粟裕师长应邀出席并讲话，对通州师范40年的办学精神和侨校坚持抗战教育倍加赞许。6月至7月，海启一带"清剿"与反"清剿"斗争激烈，为加强领导，崇明划归海启，成立海启崇行署。8月，为防止日伪占领修筑据点，专员季方、师长粟裕来侨校与于忱、顾怡生商谈校舍是否保留问题，最后决定保留校舍，拆掉附近的垦牧总公司建筑、退耕堂和第四堤师范仓。9月，通东并入海启崇，成立东南行署。秋冬时节，行署主任顾尔钥到侨校探望师生；12月，行署补助侨校办学经费1000元抗币，补助每位师范生玉米40斤。此时，侨校共有师范、初中各三级，高中普通科二级，男女学生共390人，这是侨校办学规模最大的一个阶段。

1943年春，日伪对苏中四分区启东、海门、南通、如东进行全面清乡。5月起，日伪盘踞海复镇，侨校无法在第二附小校舍进行正常教学。为了不让学生辍学，侨校采取分点集中、敌进疏散、敌退教学的办法坚持办学。在校西租赁民房，分别以创校人张謇、张詧的堂号为名开办了"尊素"（师范部）、"具孺"（初中部）两个学塾，高中部则停办，附小师生则迁借四堤三圩民房办学。学塾白天集中授课，晚上师生散居周边农家，对外则称"张状元家里人办的"。9月，日伪"清乡"扫荡频繁，侨校除师范三年级外，其他各级暂时疏散，按地区分组自学互学。1944年7月，日伪进行"高度清乡"。一天深夜日伪宪兵逮捕了坚持教学的尤慎铭、胡履之、王绍钱、施芋男、施御六等5位教师，为保证师生安全，又考虑到办学经费筹集困难等问题，通州师范校董会在上海召集会议，决定停办侨校，"留垦教师，如自愿设塾，应另推塾长，校中未了事件，由胡履之陆续办结，第二附小改称私立垦牧小学"[5]。8月，苏中行署在宝应召开苏中教育大会，大会表彰了苏中地区坚持抗日民主教育的"八老",侨校于忱、顾怡生,以及曾在通州师范求学或任教的校友刘伯厚、何景平、顾觊予、徐立孙等均在表彰之列。9月,日伪连续"清乡"扫荡,侨校师生被迫停课。10月,苏中行署指令"通师停办,未征得政府同意,殊属不合,饬该校即行开学,不准停办,如于校长不在校,由顾怡生、胡履之两先生代理"[6]。此后,东南行署文教科科长许淦来侨校,鼓励继续办学。1945年2月,苏中"反清乡"军政攻势取得一系列胜利,侨校"尊素""具孺"两学塾以张氏学塾名义在乡间恢复办学。8月,抗战胜利。16日,驻扎在第二附小

在侨校坚持办学的"三老":于忱(中)、顾怡生(右)、尤慎铭(左)

校园内的新四军首长向指战员和迁回办学的侨校师生宣布日寇无条件投降。同时,校长于忱赴镇江向省教育厅呈报了侨校办学经过和1941年后各届毕业生名册。此后,通州师范一面坚持在侨校继续办学,一面筹划南通城内三元桥校址重建工作。

抗战胜利后,侨校继续接受东南行署领导,由胡履之、成子祥主持具体事务。1946年9月,通州师范在侨校和城内第一附属小学同时招收师范一年级新生各一级。10月,国民党发动内战,对苏中解放区发动全面进攻,侨校师生积极开展"反内战"宣传活动。翌年1月,学校第37届师范生在侨校毕业,同时国民党军队到海复下乡"清剿",为此,校董会决议停办侨校,并将部分教师接回南通城。中共领导的东南行署则指令侨校继续开办,胡履之、成子祥遵照分散办学的指示,先后在垦牧公司三、四堤和培根乡设立几所小型学塾及

初中补习班,并在当地配合土改运动,教师生活费由行署补助。至1947年11月,根据解放区的形势发展,东南行署决定侨校与东南中学合并,侨校校舍由已迁入第二附小校园的东南中学接管,附小停办。年底,胡履之、茅迪人分别代表侨校、第二附小将全部校产、校具清册移交东南中学代表罗云昭,原侨校三堤乡、培根乡三所学塾90多名学生由成子祥带入东南中学,成子祥出任东南中学校委会主任委员,通州师范侨校办学至此完全结束。

三、侨校的师资与教学情况

（一）师资情况

南通城被日军占领后,在通州师范工作的绝大部分教师、职员、工友都能坚持民族气节,拒绝与日伪合作。1938年八九月间在金沙筹备复课和随迁海复的教职员共有13人,包括校长于忱,教务主任顾怡生,校长秘书王绍籛,事务主任胡履之,教务员李蜀芝,国文教员曹文麟、李也止、施芋男,理化教员尤慎铭,数学教员于勤伯、赵景周,英文教员孙渠、王书樵,一些年老体弱的教师如王崇烈、黄祖谦、孙钺等则留在南通城未随迁。学校在侨校站稳脚跟之后,一些原先避居乡里的师范教员先后到侨校任教,学校也新聘一些教员以适应学生、学级的增加。如至1941年7月,侨校教职员增至22人,增加的教员中有教育学教员曹风南、英语教员丁超一、体育教员冯子仁、美术教员刘子美、音乐教员于静季；增加的职员有宋问渔、赵际天、冯仲实、王用礼、邱克勤等,还专门聘请赵卜训任校医。至1943年7月,教职员总计18人,其中职员除校长于忱外专任4人,教员13人,另有校工6人。

1940年新四军东进后,苏中四分区、启海抗日民主政权对侨校的师资配备和教育教学予以重视。1941年秋,派遣曾参加东北军111师抗日义勇宣传队和战地服务团的进步青年孙卜菁到校担任公民课教员,进行抗战形势、政策教育；翌年冬，安排曾在苏中四专署文教科任职和主持《东南晨报》工作的江树峰到校任教国文；同年侨校教员李也止参加革命工作，在担任苏中四专署文教处教育科科长的同时，继续兼教侨校语文课程，直至1944年年初。抗战胜利以后，为加强对侨校的领导工作，1945年10月，东南行署派通州师范校友、中共党员成子祥到侨校强化青年政治思想教育，着手恢复党支部；次年9月，一直在敌后抗日根据地和解放区任教的校友张梅安也到侨校担任语文教员。

顾怡生与附小教师在侨校合影

在侨校教师群体之中，年逾六旬的于忱、顾怡生、尤慎铭、曹文麟是学校的决策核心，其中于忱的长子于勤伯和尤慎铭的幼子先后在侨校染病身亡，顾怡生的独子顾民元则在启东县县长任上被误杀牺牲，他们虽患痛弥深，却弦诵不息，为校事、为教育鞠躬尽瘁，成为侨校的精神象征。王绍篯、胡履之、李也止、曹风南、成子祥等是侨校中青年教师中的骨干。他们参与管理兼教学工作，勤恳负责；他们深入学生中间，亲躬示范；他们在敌情紧张之时，秉烛通宵，坐以待旦。侨校还聘请了师范部1933年毕业的于静季、1937年毕业的陆文蔚、曹祖清，以及1938年、1940年和1941年毕业的丁超一、宋问渔、邱克勤等青年，担任侨校职员或初中教员，补充新生力量。如邱克勤是最早在侨校师范科毕业的两位女生之一，后来受聘任侨校会计，兼教初中英语，她也是通州师范最早的女教员。在工作中，"她耐心和气，认真细致，朗诵课文，清晰明快，如诗如乐，使一些不想学英语和畏难的学生，亦渐有兴趣"[7]，当时上海有多家学校高薪相聘，但她仍愿留母校工作。由此，侨校的教师在校内受学生的爱戴,在校外被各界所推崇,也为通州师范在滨海维系教育命脉,保证办学和培养质量提供了坚实基础。

(二)教学情况

侨校师范和初中的课程设置与全面抗战前并无多大变化,新设高中的课程也是按战前省教育厅的课程标准设置。为应对持久抗战的战争形势,1942年10月,学校在各级增设"战时知能"讲座课程,每周一小时,由李也止主讲。当然,为适应地处乡镇、身处战争环境和执行抗战教育的要求,侨校在各科授课时数和教材使用、教学内容、教学方式上均有一些新的改变。迁校办学之初,原先的美术教员陈琦、音乐教员徐立孙、生物教员孙钺未能随迁,这些课程教学暂停,所占课时由语、数、外、理化课分摊,如英语课从每周四小时加至每周六七小时。1941年前后,各科教员基本齐全,课时按标准基本调整到位。在教材使用方面,由于正常的教材采购渠道基本断绝,侨校除每年定期从掘港、马塘、丰利等地书店订购三五百元图书外,不少教材由教员自选自编,油印给学生使用。"就国文这门课程来说,大多选历代名篇,尤其是富有爱国主义思想的名篇,如《史记》的《屈原列传》《蔺相如传》,诸葛亮的《出师表》,岳飞的《满江红》以及全祖望的《梅花岭记》之类;中年教师李也止更大量选教鲁迅、茅盾等30年代进步作家的作品,以启迪和激发学生的爱国主义思想"[8]32;国文教员曹文麟还辑选创校人张謇的诗文名篇,油印成《张先生文选》,作为补充国文教

通州师范侨校部分教职员合影

材；历史课教员王绍篯围绕近代中国的屈辱与抗争历程，编印了《近百年史讲义》。在教学内容上，结合抗战教育需要，历史课主要教中国现代史，以敌后抗日根据地编的历史材料为底本，教师讲授，学生做笔记；公民课讲时政和有关抗战的各种问题，教员孙卜菁在课上讲《新民主主义论》、延安整风运动和东北抗日联军的战斗故事；国文课大量选用新四军文艺处创作或采集的进步作品，抗战胜利后张梅安给师范生讲修辞，又采用苏联文艺和解放区进步书刊的材料，编写成《修辞讲稿》；音乐课教唱《新四军军歌》《黄海渔民曲》等革命歌曲，孙卜菁还谱写了《歌咏队队歌》："铁蹄还残踏在三元桥上，我们年轻的歌手，不再学黄莺、杜鹃，民族必须解放……大众必须幸福……"[9]在侨校青年中代代传唱。在教学方式上，在恶劣的战争环境中，侨校不时采用分散教学、游击教学的办法，短则数周，长则经年。师生们"分散地凭农家房舍作'临时教室'，由教师分别带了学生到相应的'教室'去上课。这些教室有的在'前头屋'（堂屋），有的是在磨坊，有的是在灶披，也有的是在停柩堂。茅舍旁、竹篱边、阡陌间、池塘畔、大堤上、小桥头，随处都有青年学生在走动、在诵读、在唱歌、在笑语"[10]。教师们往来于各"临时教室"之间，学生们没有凳子则以地为席，没有桌子则以膝为桌。敌人出动就分散隐蔽，敌人回巢又聚集授课。不少学生就是在这样的"游击教学"环境中完成了学业。

（三）教职员的生活

侨校时期，师范教职员工迁居滨海之地，不畏艰辛，坚持教学，言传身教。作为私立师范学校，在战争环境之下，学校经费筹集困难，收入锐减，教职员工的薪水也大幅度减少。如全面抗战前校长月薪为100元至150元，1938年下半年削减为40元，1939年上半年为56元，下半年为76元；职员（专任）月薪1938年为22元至36元不等，1941年为20元至62元不

等。据档案记载教员修金即教授费,在侨校初期为:

> 在民国二十六年以前,师范每小时一元,初中九角。二十七年九月迁二附复课,教授费师范减为六角,初中五角,即较廿六年度以前原标准减为六成,职员薪金减成亦同。廿七年度两学期职员薪金与教授费共实支出五六三二元,如照原标准计算应为九三八六元;廿八年度两学期职员薪金与教授费增为八成,共实支一一六八二元,如照原标准计算应为一四六〇二元。统计廿七、八两年度薪金项下减发六六七四元。[11]

至1940年侨校办学趋向稳定,校方"补送酬金及津贴,共三八六〇元,较原标准尚省支二千八百余元"[11]。为缓解教职员因薪金减少而带来的生活困难问题,校董会筹集资金每年发放一些生活津贴,如1939年教职员薪金收入总额为8948元,津贴收入总计1900元,相当于薪金的21.23%;另据统计,1938年8月至1942年7月,学校发放教职员薪金总额为62585元,发放津贴总计7856元,津贴额相当于薪金的12.55%。太平洋战争爆发后,1942年作为"临界点",中国国内通货膨胀、

为祝贺侨校教师陆文蔚30岁生日,部分师生在教工宿舍门前合影

物价上涨迅速,如国统区物价1942年比1937年上涨57倍,1943年至1945年则为200倍、548倍和1795倍。[12]侨校所在地域紧邻日寇在华东的统治中心上海,毗邻汪伪统治中心南京,又是华中抗日斗争的最前沿,政治经济环境复杂,斗争

激烈。在此背景下，一方面，侨校教师薪资增长远远落后于物价上涨速度，如1944年度第一学期校董会支出职教员工资、津贴合计法币43.2万元，为1938年度第一学期教职员总收入3244元的133倍，但远跟不上1944年物价增长548倍的速度。因此，教职员在滨海的生活越来越艰辛，尤其有家属随行的教师，如尤慎铭一家8口，在求学年龄的子女有6人，更显生活拮据。另一方面，侨校所在地域为敌我反复争夺之地，流通货币复杂，国民政府发行的法币、汪伪发行的中储券、苏中根据地发行的抗币并存。为稳定教育秩序、保障学校办学，1942年海启行署决定启海一带中小学缴纳学杂费一律改收学粮，侨校自1942年度第一学期起也援例改收。后来，在日伪对启海地区不间断的扫荡、清乡、清剿过程中，校董会也将垦牧学田师范仓的部分元麦、玉米收成直接拨给学校，作为常用经费。因此，为减少教职员工收入损失，保障基本生活，学校也直接将薪给折算成元麦、玉米发放，如1942年度第一学期发放教职员生活费津贴元麦6石，校工3.3石；1943年度第一学期尊素、具孺学塾学生缴纳学粮元麦93.6石，支出教职员职务费、教授费元麦50.8石，生活费津贴42石。对侨校教师的艰苦与坚守，初中部教员陆文蔚后来曾有生动回忆：

> 这一时期的教师生活极端艰苦，青年教师每月只能领到元麦或玉米籽一石（每石180斤，包括家属生活费在内）；年长的教师因家口重，最多的也只能拿到两石元麦或玉米。教师的伙食，收到元麦就吃纯麦粞饭，收到玉米就吃纯玉米粞饭；中午一碗青菜，早晚一碟子咸菜。但从银髯飘拂的60多岁的顾怡生先生到20岁出头的青年教师，没有一个人说一声苦的。偶然有人从通西带一两斗米，煮两碗米饭，送给于、顾二位老师。但他们总是把米饭倒在

麦䅟或玉米籽饭桶里,掺和后让大家一起吃。老教师以身作则,和我们同甘共苦,我们中青年教师再苦也不敢松懈自己的斗志。当时所有教师晚上备课或批改作业,起初用煤油灯,后来用蜡烛,再后来连蜡烛也没法买到,就在豆油灯下看书、批改作业,但始终勤勤恳恳,一丝不苟。记得1944年校庆,工友设法搞到几斤肉和几尾鱼,全体教师在极端艰苦的环境中庆祝校庆,于、顾几位老先生即席赋诗勉励大家,中青年教师也有和诗的,有"他日欢聚在濠堂"之句,对抗战必胜,一定能回到南通原校复课的信心,坚定不移。就这样,一直艰苦奋斗,坚持到抗日战争胜利。[8]34-35

四、侨校学生的学习、生活与活动情况

(一)招生与毕业情况

1938年9月,侨校学生中,师范部二年级旧生27人,另增复学、借读生2人;一年级旧生30人,另增复学、借读生4人;初中部三年级旧生17人,另增复学、借读、补习生13人;二年级旧生16人,另有转学、借读生5人;一年级旧生6人,另招新生48人。在招生方面,侨校共招收师范、初中各7届。档案资料显示:1938年和1939年,学校招生收取报名费每生半元,1940年和1941年收取报名费一元;学校除将侨校本部作为考点外,还在吕四、余东和四安、石港等地设立招生考点;

侨校学生在运动场做操摄影

为吸引考生投考,1941年7月,学校在中共苏中四地委机关报《东南晨报》上刊登了招生广告。[13]为满足南通、启海地方初中入学需求,1939年2月,学校还专门招录了一届春招初中生。侨校新招学生均来自南通、海门与启东,不再像之前那样有不少如皋、泰县、泰兴、东台、靖江籍学生。1944年和1945年,侨校因局势紧张、办学困难,未招录新生。

比起迁校之前,侨校的学生情况发生了较大的变化:一是师范、初中各级缩减为单轨,在校生人数锐减。二是各级学生人数时时变化,不时有转学、借读学生插入,也有不少学生辍学、转学。如学校第34届师范生入学时48人,12人中途辍学、转学,毕业36人。三是由初中部升入师范部就读的学生保持在一定的比例。如第34届师范毕业生中有14人是第10届初中毕业生;第35届师范毕业生有37人,其中来自第11届初中的有5人;第36届师范毕业生有50人,其中来自第11届初中的有1人,第12届初中的有13人。四是从过去只招男生改为男女兼收。1938年9月,侨校初中三年级接受了蒋沂、徐宝贤两名女生转学,其在次年1月毕业,这是南通师范历史上第一次接受女生入学。1939年春季,南通女子师范一年级师范生邱克勤、尤其珊未随学校迁往上海,转学进入通州师范侨校第33届师范科,成为南通师范最早的两位师范女生。为此,顾怡生在赠邱、尤二生的诗中说:"濠堂造士已三千,有女英英二子先。"[3]65此后,通州师范的初中与师范男

"俭群"10位女生毕业合影

女兼招。在侨校时期,师范部女生最多的一届是1939年9月入学的第34届,共有女生15名。其中,10名女生在侨校西边租屋集体居住,生活自理,她们"日与食大麦、苞米之屑,罕有粟;佐者为盐,间有腥,亦至少。自爨自浣涤,约而劳,因相与命其群曰'俭群'"。次年,顾怡生感于这群女生"困苦求学"之行有古代士人之风,为她们起表字,"概以'士'而加文为别",并撰《俭群十士字说》,以纪其事。[3]185

侨校期间,毕业的师范生共8届,初中生共7届,总计师范毕业生261人,初中毕业生273人。其中,第31届师范生应在1938年7月毕业,因日军占领南通,毕业实习延期至6月开展,但学校未能及时举行毕业考试。这届学生中,有泰兴、东台的4名毕业生参加了当年夏季教育当局在泰县组织的师范毕业考试,其他28人于1940年1月和7月分两批到侨校补行了毕业考试。1940年1月,因日军空袭频繁,加之侨校周边瘟疫流行,第32届毕业生提前半年考试毕业。侨校时期的师范毕业生大多坚持在敌后担任教学工作,不少校友投身于中共领导的革命工作。在侨校后期,1942级初中生因校董会在1944年议决停办侨校而未能回校复课,所以未能毕业;抗战胜利后,1946年9月侨校招收师范、初中各一级,后与侨校一同并入东南中学。此外,在1942年2月和9月招收的两届高中生,因1943年5月后学校疏散学生停办,均未能毕业。

(二)学习与生活状况

虽然身处战地,时局动荡,条

1942年侨校高中师范科毕业证书

件艰苦，但侨校的教育教学井然有序。走读生在学校门房挂有名牌，学生入校将对应名牌有名字面朝外，放学离校则翻转名牌。寄宿学生有早操和早、晚自修，晚自修时教室点亮汽灯，教师每夜巡视，及时进行督促、检查和指导。课程学习之外，学生的文体活动丰富多样。学生会举办演讲会、辩论赛、读书会，组织歌咏队、民乐队，篮球队不时邀请四分区的学校来校比赛，定期出墙报和学生刊物，每年春天学校组织师生踏青看海，"试向春潮一放歌"，激励青年开阔胸襟。师范的毕业班，从第33届到第35届，毕业前就在第二附小开展见习、实习活动，第36届仅组织了见习。

  侨校学生们的生活艰辛、紧张、忙碌。如"校外寄宿生每个星期六下午上完课，匆匆忙忙步行几十里路赶回家磨粮，准备油、盐、菜、柴，星期天下午自己肩挑手提或自推小车运到校外宿舍，合伙自炊，轮流值日。白天，既要上课，又要一日三餐自己料理生活，晚上用墨水瓶做成煤油灯，在绿豆大的灯火下自习"[14]。寄宿生成立膳食委员会，轮流值厨，自管伙食。学生在校用餐按级列队，唱歌后入座，走读生所带午餐可在伙房加热。考虑到部分学生生活困难，一方面，校方补贴他们的伙食，如1938年9月至1941年6月，学校津贴学生膳食费总计707.258元。另一方面，学校发放清寒奖学金。奖学金基金除战前大生纱厂林咏清、大达轮步公司鲍心斋和校董会主席校董张敬礼的捐款外，侨校时期又增加了通遂火柴公司经理习鉴清，本校教职员、邱克勤姊妹，以及德贤等8位居士的捐款，到1944年12月清寒奖学金基金累计达旧法币51900元，基金存于各处，所生利息用于每学期发放补助。关于津贴对象，1938年学校订有《清寒奖学金津贴标准》：第一，家境清寒而品学兼优者；第二，家境清寒而课余为校服务者；第三，家境清寒而其父兄于学校有劳绩者。据统计，1938年9月至1942年7月，学校发放清寒奖学金总计旧法币1760元，发放标准分10元、20元、30元三等。抗战最后两年，奖学金也折算成元麦发放。

（三）校园内外的革命活动

通州师范迁往海滨办学，是对日寇占领和统治的一种抵抗，也是为获得稳定安宁的办学环境。然而，随着抗战形势的发展，侨校所在的启海地区成为中共领导的抗日斗争的最前沿，侨校爱国、进步的师生也在中共指导下，以抗日救国为主旋律，如火如荼地开展起革命活动。1939年1月以后，中共江北特委领导的抗战支队第二政工队深入启海，到包括海复镇在内的乡镇及周边农村开展抗日救亡活动，举办农民夜校、教师读书会、学生学习会，并以侨校和启东中学为重点开展学生、青年工作。10月，侨校师生举行抗日救亡示威游行和宣传活动。1940年1月，江北特委领导建立了启海地下支部，积极开展侨校、战地中学的学生工作，并在海复镇办了"海星书店"，作为工作据点。9月，领导启海支部工作的姚鲁介绍侨校学生茅青拔入党，这是侨校第一位中共党员。茅青拔在校内以进步学生朱德章（章德）、曹龙飞（许云程）等为骨干，建立起学生会，开展读书活动和抗日宣传活动。

顾怡生为侨校毕业生题写的赠诗

新四军东进之后，1940年11月，侨校师范部学生吴迪顺、初中部学生王兴隆等6人去盐城抗日军政大学第五分校学习，不久又有赵国柱等30多位学生去盐城鲁迅艺术学院华中分院训练班学习。1941年2月,茅青拔发展学生王味章、陈启昌(苏明)入党,建立了侨校第一个党支部,茅青拔任支部书记,支部属中共海五区区委领导。4月,侨校学生自发成立青年工作队,组织开展宣传抗日、劝募寒衣、支援前线、禁吸鸦片等工作,并发行《青年工作者》刊物。7月,侨校20多名进步学生到丰利参加苏中四地委举办的青年夏令营,朱德章、曹龙飞、邱立夫等在夏令营期间加入了党组织。10月,党员学生在学校西南的合兴镇租了一间校外宿舍,作为支部的秘密活动场所。1942年2月,新四军一师师部移驻通海垦牧公司,并在侨校开办抗大九分校,掀起了侨校青年接受进步思想、开展革命活动的高潮。部队首长和地方党政领导经常到校视察、讲话、动员,部队作家亚丁及音乐家沈亚威、涂克、田克等先后来校作文艺创作报告,培训歌咏队,传授作曲、木刻知识。5月4日,侨校联合崇启海联中、继述中学等学校,在学校举行纪念五四运动二十三周年活动,粟裕师长在大会上讲话,号召各界人民广泛行动起来,团结一致,实行全民抗战,把日本侵略者赶出去。各校举行了作文、数学、歌咏、演讲、篮球、田径比赛,新四军一师为师生们演出了精彩的文艺节目。12月底,为辞旧迎新,学校师生在部队文工团指导下,公演了话剧《大红灯》。次年1月寒假期间,留在滨海的部分学生参加了"三冬"运动,举办成人识字夜校,于忱、顾怡生也步行下乡巡视冬学状况。

1943年春,日伪着手对苏中四分区进行"清乡"。为团结广大爱国人士,组织一切反"清乡"力量,"开展学校工作,团结在乡青年、学校当局与教师界",海启县委确定"县级机构以联中、通师为中心对象",抓中心推全盘。[15]同时,苏中区党委根据"坚持原地斗争"和"作两手准备"的战略方针,在坚持武装斗争的同时,在敌区和反"清乡"斗争地区建立党的乙种组织,隐蔽积蓄力量,在公开斗争受挫时组织第二梯队继续战斗。为此，在苏中四分区学联工作的钱习之（若愚）、彭义方（方晓）经组织决定返回侨校复学，就地开展工作。钱习之接任侨校党支部书记，后来他曾回忆当时支部的情况：

> 1943年初，我回到通师师范部读书，这时通师支部的党员除我以外还有张正平（支部副书记）、查觉生（季淮）、吴淑芳（女）、黄步嘉、陈思安（金利生）、曹轶千（鲁卓）、顾延冲、茅秀岐、张宏媛（女）、高峰等人，张宏媛是从南通县转来的新生，高峰原是四地委机关秘书室的干部，通过关系介绍到通师教务处任文书。此外，还有原四分区服务团的队长柳爽（化名刘海白）也到通师任音乐教员（后转移去上海埋伏）。[16]

3月，侨校党支部在海启党的乙种组织特派员徐智的单线指导下进行了甲、乙种组织的改组，其中面目已红的学生党员张正平、张宏媛转回各自家乡工作，高峰由县委另作安排；其他党员面目不红，留校隐蔽，相机打入敌人内部。隐蔽在校的同志与公开的党组织不发生横向联系，支部通过二效镇东北张家仓的秘密联络点与特派员徐智等联系，接受上级指示，递送秘密情报。日伪占领海复镇以后，侨校党员青年开展了许多卓有成效的工作：一是配合学校团结广大师生办好两个学塾，坚持分散教学。二是与校内三青团控制的"兄弟会"（师范部）、"友谊团"（初中部）积极斗争，争取

1945年6月侨校第4届师范生毕业合影

对学生会（生活委员会）的领导权。三是1943年利用暑期参与组织侨校、启东中学等学校二三十名学生在向阳村举办夏令营，配合地方做好群众工作，开展"二五减租"宣传和暑期儿童教育。四是以侨校学生为骨干，在海复镇成立乙种支部，趁伪六区区公所筹办和海复小学复课之机，安排吴淑芳打入区公所任文书，查觉生、彭义方等到海复小学任教，积极刺探日伪情报，有效抵制伪化教育，相机控制敌伪组织。

到1944年，苏中反"清乡"斗争取得重大进展。2月，中共党员仲永昌经组织安排到侨校学习，开展组织工作，先后发展了许忠明、沈景由、倪嘉范等七八名同学入党；次月侨校学生党支部恢复，仲永昌任支部书记，许忠明等为支委。支部组织了30多名同学参加"读书会"，在校外宿舍购置100多种进步书刊，进行阅读、交流，还邀请中共海东区委书记沈坚如为同学们做形势报告。7月，根据上级党组织决定，侨校党员学生在暑期内全部撤离学校，在吕四区吕复乡补行党员入党宣誓仪式，读书会中的20多名党员及进步学生参加了革命队伍，党员仲永昌、吴正康到东南县委做青年工作，初中部学生陈冠明、杨汉玺、杨洁莹等参军。

抗战胜利后，通州师范校友、中共党员成子祥经海门县县长赵琅介绍到侨校担任教导处主任，与胡履之一起成为侨校的实际负责人。1946年2月，中共党组织又派茅青萍回侨校学习，建立党支部，担任书记，协助成子祥开展学生工作。不久，茅青萍任各校联合党总支委员，改由成子祥任支部书记。党支部一方面在师生中积极发展党员，另一方面通过公安部门肃清了校内"兄弟会""友谊团"势力。南通"三一八"惨案发生后，侨校和东南中学师生在侨校校园内集会，悼念死难烈士，谴责国民党暴行，会后还演出了反映惨案的活报剧。华中一地委按照《五四指示》下令开展土地改革之后，7月，侨校党支部组织进步学生成立"土改工作队",去聚阳乡小荡等地做宣传工作。在海启基本完成土地改革的基础上,华中九分区决定将东南警卫团划分为启东、海门警卫团,掀起了第一次大参军运动。10月,侨校胡荣庭(胡永盾)、成锡浚、陆恒丰、梁振球等4名同学光荣参军,全体师生集会声讨国民党反动派对苏中解放区的全面进攻,并在附近进行反内战宣传。1947年,海启地区敌我战斗激烈,侨校部分青年投笔从戎,参加革命工作,继续学习的师生配合东南县委开展土改复查运动。

侨校时期,通州师范是中共在苏中东南地区开展青年工作的重要阵地,为党领导敌后抗战和解放战争输送了一批青年干部,也为学校"红色师范"的美誉增添了浓墨重彩的一笔。对革命的青年,侨校以顾怡生、胡履之、陆文蔚为代表的教师群体,总能以爱护青年为出发点,给予他们以真挚的关怀、帮助和掩护。如为掩护党员学生茅青拔,顾怡生让人把门房里茅青拔的名牌摘掉,点名册里的名字划掉,对外说茅青拔已离校,而实际上他仍在学校正常上课。正是在有着强烈的民族气节和正义感的教师掩护下,侨校时期没有一个地下党员和进步学生遭到日伪逮捕。

五、侨校的办学经费

侨校期间,通州师范作为私立学校,原有的省款、县费和南通各实业机关的补助大多停拨,办学经费的筹集遇到前所未有的困难。其经费来源包括学校基产租息、学生学杂宿费、私人捐款和抗日民主政府津贴等4种渠道,由校董会负责收支。

(一)学校基产收入

学校基产主要为学田和房屋,其租息收入成为校董会收入的主体和办学经费的最重要来源。如,1943年校董会总收入591846.558元,其中田产租息为352997.158元,占比约为59.64%。基产中最重要的是位于侨校附近的师范仓8000

亩学田，师范仓租息收入一般包括春熟麦租、黄穄租、租花、随仓地租，从1937年至1941年，总计191416.673元，除去管田职工薪水及伙食和房屋修缮、堤防费等20多种管理、经营成本支出外，提供给校董会的办学经费为128933.49元，约占师范仓总收入的67.36%。而校董会拨给师范（包括第二附小）的经常费、设备费、建筑费和往来经费从1939年1月至1942年7月总计152368.534元，占同期学校总收入221783.23元的68.70%，由此可见基产收入成了侨校在滨海坚持办学的重要支柱。至1946年8月，根据解放区土改政策，经海门县政府批示，通州师范垦牧基产360股计底田8000亩归农民所有，侨校前后田87亩以及退耕堂自耕田100亩，保留为学校员工家属耕种及学生劳动生产之用。

（二）学杂费收入

1938年度第一学期学生缴纳学费，师范生免交，初中生每生6元，复学、转学、借读学生师范6元、初中10元，宿费2元，杂费寄宿生2元、走读生1元。这一收费标准比全面抗战前学校的收费标准要低一些，主要是考虑到战争时期不少学生家庭收入锐减、生活拮据，另外也是因为学校在乡村办学，生活成本比城市低一些。从1940年度第二学期开始，由于办学经费拮据，以及通货膨胀、物价飞涨等，学校改变师范免学费政策，并提高收费标准。师范生学费，除师范三年级由本校初中毕业升入的13人每生缴纳8元外，其他师范生一律缴纳16元，初中生学费每人20元，宿费提高到4元，杂费寄宿生6元、走读生3元。1942年度第一学期学生所缴学杂宿费一律改收学粮，但1943年春日伪发动"清乡"之后，学校不时停课休学，收入减少。如1942年度第二学期学生应缴学粮除初三毕业班减收三分之一外，其他各级均减收半数，致使学粮总收入短少80余石，按时值计算即减收12万元，因此教职员工的薪水发放和生活维持只能由校方及校董会另筹他法。据统计,从1939年1月至1942年7月,学生缴纳学宿杂费总计38343元,占同期总收入的17.29%。

除学校基产和学杂费收入外,实业机关和私人捐助主要是清寒奖学金,至1941年12月,基金总额为5290.702元。国民政府的省、县款补贴自全面抗战爆发后即停拨,只在1944年10月教育部为表彰学校坚持抗战教育颁发了4000元奖金。启海抗日民主政权在1942年与1943年自补助侨校高中开办费抗币2000元以后,每学期也下拨启海津贴临时特费计法币12000元至18000元不等。通州师范垦牧学田经土改分给农民之后,1947年10月,东南行署补助侨校苞米4000斤,作为教职员工生活费。

此外,日军占领南通后,第一附小停办,伪政权在其原校址创设模范小学(后改称实验小学、中心小学)。第二附小继续坚持办学,办学经费由校董会在拨付师范学校的经费中统筹。第二附小经费收入在1943年8月以前,包括学宿杂费、南通县教育局补贴义务学级常费、师范校董会拨给经常费、校田租金等4项,从1938年度第一学期至1941年度第二学期,总收入为33523.173元。其中学杂宿费收入为15513.666元,占比约为46.28%;教育局义教补贴926.963元,占比约为2.77%;校董会拨款、校田租金收入为16324.583元,占比约为48.70%。1942年度第一学期以后,义教补贴停拨。至1943年度第一学期附小收入有校董会拨给常费32000元,同福生号捐助奖学金利息160元,学生缴学粮元麦22.22石,校后田租缴元麦8石,校董会代拨元麦15.538石。

(三)办学经费支出

侨校时期,学校办学经费按照量入为出的原则使用,从1939年1月至1942年7月,经费支出总计174936.884元,约占同期学校总收入221783.23元的78.88%;经费支出主要用于教职员工薪金、修金、津贴、工资和伙食,总计106098.623元,约占经费支出总数的60.65%;其他支出以办公费及教授用品、纸张印刷、修缮、设备购置、图书、茶水薪炭费为常项;临时项目如1940年下半年增建校舍5间,建筑费2690.38元,1941年补贴学生川旅费1505.68元。为节省开支,侨校后田3000步(12.5亩)由师生自种自收,春熟蚕豆、青菜,夏熟玉米,秋收黄豆、芦草,除补贴师生伙食外,在1941年10月尚能积余法币190元。1944年,为特别救济清苦教员,学校将仁泰仓草地2垅以8万元出售;1944年年底,师范仓收租息皮花37市石中的17市石折算元麦51石,作为教职员生活费。

参考文献:

[1]顾怡生.书失稿[M]//学芜生室稿本(第6册).南通:南通师范高等专科学校档案馆馆藏手稿,1945.

[2]孙渠.南通师范在抗战前期[M]//崇川文史编委会.崇川文史(第1辑).政协南通市崇川区委员会,1992:129.

[3]顾怡生.教育家顾怡生诗文选集[M].南京:江苏古籍出版社,1991.

[4]曹文麟致黄稚松夫妇函[Z].1939-01-28.

[5]私立通州师范学校校董会议记录[C].南通师范高等专科学校档案馆馆藏原件,1944.

[6]朱嘉耀.南通师范学校史(第一卷·纪事)[M].南京:南京师范大学出版社,2012:69.

[7]谢国良.我心目中的"通师"[C]//世纪回眸——南通师范百年校庆纪念文集.江苏省南通师范学校,2002:151.

[8]陆文蔚.忆通师侨校[G]//江海春秋——南通文史资料精选(下).南京:江苏文史资料编辑部,1998.

[9]丁超一.怀念原东南行署文教科长江树峰同志[C]//世纪回眸——南通师范百年校庆纪念文集.江苏省南通师范学校,2002:157.

[10]倪国坛.通师侨校生活片断[C]//世纪回眸——南通师范百年校庆纪念文集.江苏省南通师范学校,2002:143.

[11]私立通州师范学校民国廿七八两年度职教员酬金及津贴表[A].

南通师范高等专科学校档案馆馆藏原件,1940.

[12]荣岫岚.略论抗日战争时期国统区的通货膨胀[J].金融科学,1989(4):108.

[13]报名费收支帐(民国二十七年九月至三十年七月)[A].南通师范高等专科学校档案馆馆藏原件,1941.

[14]沈陶真.沧海横流显本色——通师侨校不平凡的十年[C]//世纪回眸——南通师范百年校庆纪念文集.江苏省南通师范学校,2002:132.

[15]反清乡斗争的总方针与当前紧急任务(1943年3月)[G]//启东史料选辑——抗日反"清乡"斗争时期.中共启东县委党史资料征集小组办公室,1983:250.

[16]钱习之.海复乙种支部[G]//启东革命史料(第8辑).中共启东县委党史办公室,1988:185-186.

第二节 女师侨校和城内女师

一、女师四迁

1938年南通城沦陷后,南通女子师范的师生按照预先制订的方案北撤到四安小学,然后分别疏散。6月,南通县政府迁往金沙,南通女子师范借金沙北川门小学复课,学生150多人,分编5级。12月,金沙陷落,全体师生再度疏散。

1938年12月,因"各生家长,纷纷请求添设沪校,以救济失学学生,在沪校友亦有此项建议"[1],南通女子师范遂在上海静安寺路戈登路口保安坊求是妇女补习学校设立临时办事处,学校租借位于上海公共租界大通路167号的夏光中学校舍用于教学,另租妇女补习学校房屋作为宿舍。[2]1939年1月,经江苏省教育厅驻沪办事处批准,学校召集师生由金沙绕道海门,自青龙港赴沪。除老生外,学校还招收春季始业的高中师范科和普通高中、初中一年级新生,原有各级也接收插班生、借读生。2月1日,学校开学复课,学生共有180多人,分编7级。同年和次年1月,师范科第22届、23届和初中第13届、14届学生先后毕业。

1939年年底,上海日伪势

1940年7月南通女子师范毕业生在丰利文昌宫前合影

力日渐强大,南通女子师范又筹备迁往如皋丰利。

1940年1月,南通女子师范出资修葺丰利文昌宫并置办校具。20日开学,学生350多人,分编7级,另借张家祠、徐家祠为宿舍。迁校不久,女师进步青年和中共江北特委马塘区委取得联系,与邱升中学、掘港中学、商益中学进步学生一起建立"青年抗日协会",积极开展抗日宣传活动。7月,初中第15届学生毕业。1941年1月,师范科第24届学生办理毕业手续。8月,日伪军发动秋季大"扫荡",丰利成为新四军与日伪军数次交锋的战略要地,学校被迫再次迁移,到丰利北乡石氏大宅坚持办学。9月,学校师生在被日伪围困9天后,退迁四安,图书、校具丧失殆尽。

南通女子师范迁四安后,以最高年级附设南通县立中学,其余各级暂行疏散。1942年1月,师范第25届学生毕业。同年秋,借县立中学附班复课,同时筹建临时校舍。1943年1月,办理师范第26届学生毕业手续,毕业生仅3人。4月,日伪在苏北"清乡",南通女子师范无法继续办学,宣告停办。[3]

二、城内女师

1938年10月,伪南通城内县自治会在南通城内原江苏省立南通中学校址设立"南通公立中学",1939年3月借用前省立实验小学校址设立女生部,1940年8月增设女子高中师范科。1942年8月,女生部改设南通县立女子师范学校(习称"城内女师"或"伪女师"),招收师范科及初中新生,南通中学校长保思毓兼任女师校长。10月,迁入市河岸珠媚园原女师附小校舍办学。1943年5月,学校归南通特区教育局管辖,7月起每年为南通中学代办高中普通科女生一级。

城内女师先后由保思毓(南通中学校长)、言国楳(教育局局长)、钱彤(素凡)、汪维新、陆新球(南通中学校长)、陆颂石担任或兼任或代理校长,学校下设教导部、事务部和附属小学,钱彤、丛圻、钱亦予、顾仲基先后任教导主任，陈定九任事务主任，徐明安、缪孝勤先后任附小主事，1944年8月增设训导部，徐明安任主任。至1944年9月，女师教职员总计45人，其中年龄在70岁以上的2人，60岁至69岁有5人，40岁至59岁有10人，其余在40岁以下，伪政权还先后指派了4名日籍教员到校任教。这一年，学校各级各类学生达1014人，其中师范一至三年级各一班，师范生共165人；高中普通科两班，高中生80人；初中一至三年级均双轨，六个班初中生共366人；附小学生403人。从1943年7月至1945年7月，城内女师共有3届90名师范生毕业。

城内女师除按伪政权要求实施奴化教育、"清乡"教育之外，教育教学和管理日趋严格。1943年，学校曾一度呈现出"校务未免松弛"，"教导实施缺乏连贯的普遍的精神"，授课时间表"编排未尽适合"，学生书本不全，各级各科作业"未见齐全，殊属玩忽"的混乱状况。[4]为此，伪教育局在审定各级学校课程时，规定师范学校可自编教材，并以七折、八折价格每学期收回各级教科用书，循环出售、使用。伪教育局对三年级师范生组织毕业抽考，对初中生组织毕业会考，如1944年4月抽考了教育心理、小学行政、各科教材教法三门科目，均分分别为85.6分、73.2分、73.7分。伪教育局还规定三年级师范生在每年4月举行毕业考试，5月至6月组织实习活动，其中见习1周，在附小实习5周，联合指定实习2周。同时，经教导主任钱彤、事务主任陈定九等人的勤恳工作、协力整顿，城内女师的教风、学风渐趋优良，并在严格教学管理、提倡生产教育、办理寄宿生膳食等方面"可为各校楷模"。[5]1944年开始，城内女师每学期组织成绩展览会，1945年6月24日举行建校40周年纪念大会，并由师范毕业生捐资重修了"珠媚亭"。

城内女师办学经费由伪教育局统筹，从1943年8月至1945年6月，伪教育局拨付经常费总计伪币25646元。为解决教员生活困难问题，1944年3月，学校依据省第一区"清乡"督察专员公署制定的中小学生献米暂行办法，按初中以上每学期每生献米1斗、小学生献米6升的标准，组织各级学生献米，9月再次组织，标准提高到初中以上每生2斗、小学生1斗。据统计，1944年度第一学期师范学校收到献米69石和代金伪币131720元，附属小学收献米32.2石。

  南通城内残酷的日伪统治，激发了进步人士尤其青年对现实的强烈不满。在中共地下党的领导之下，城内女师的进步师生在南通城内参与了一些爱国行动。其中，1944年1月，为揭露日伪在沦陷区贩卖鸦片毒害中国人民的罪恶，城内女师与南通中学、县立中学的进步学生一起发起了"禁烟运动"，青年们冲入烟馆，查抄鸦片，没收烟具，并集中到南通中学操场，当着伪政府官员的面烧毁了烟膏、烟具。这次斗争为中共领导南通城的青年运动打开了局面。[6]1945年3月，女师学生又参加了中小学教师要求增加工资、改善待遇的请愿斗争，为此有几个进步学生遭日伪逮捕。

参考文献：

[1]南通女师添设沪校寒假后即开学[N].申报,1938-12-23(12).

[2]南通女子师范招生[N].申报,1939-01-14(6).

[3]南通县立女子师范学校概况[A].南通师范高等专科学校档案馆馆藏原件,1948.

[4]南通特别区教育局第一次特殊视察第一阶段视察意见报告[N].南通教育,1943-05-03(7).

[5]南通特别区各校馆三十三年度第一学期特殊视察报告(一)[N].南通教育,1945-02-01(1).

[6]穆烜.南通学生禁烟运动[M]//江海奔腾(第3辑).中共南通市委党史资料征集研究委员会办公室.1985:225-227.

第三节 两所师范学校的复校重建

日寇占领期间，南通各项文教事业遭到严重摧残与破坏，抗战胜利后国民政府迅速着手南通城各项事业的接收、整顿工作。同时，张謇事业的继承人、大生纺织公司及与张謇事业有渊源并热心维护地方文教事业的社会人士"以集中意见，共同致力于恢复并完成南通张季直先生手创教养事业之志愿为宗旨"[1]245，共同发起组织"张季直先生手创教养事业复兴委员会"，与地方政府一起推动两所师范学校在南通城内的恢复与重建工作。1945年9月初，南通县政府任命范北强为南通女子师范代理校长，负责接收日伪时期的女师。同时，通州师范侨校校务会议决定呈请发还三元桥校址、第一附小、博物苑及其他校田、校产，10日获南通县政府教字第一号指令同意发还。16日，通州师范在第一附小成立复校筹备处，派曹风南为代表负责接收事宜，并由其继续担任第一附小主事。对通州师范回城内复校的计划，中共领导的民主政府希望学校暂不返通，继续留在根据地办学。11月，苏北四专署文教处处长干仲儒专程到侨校视察，劝于忱校长说："目前不要到南通城里去复校，将来党和政府要支持通师复校的，大生纱厂的余纱能分到可存储，以备日后之用。"[2]至1947年1月，国民党军队占领海复镇，时任东南行署主任的干仲儒再次约请胡履之、成子祥谈话，请他们转告已在南通城的校长于忱，希望侨校在自卫战争最紧要的关头能坚持办学。但抗战胜利后,一方面广大教师盼望回城复校,如曹文麟曾赋诗说:"大道直照平,吾当并马行。依稀入濠景,楼上数明灯。"[1]246另一方面,通州师范垦牧基产已分给农民,继续在滨海办学没有经费保障,因此校董会决议:侨校停办,第二附小所有校舍、校具由胡、成二人保管。此后,虽然胡、成二人遵照党和革命政府的指示,设立三所学塾坚持办学,但校董会的经费则完全停拨。由此,通州师范最终选择了在南通城内复校重建的道路。由于抗战期间,两所师范学校尤其是通州师范的校园与设施设备受到严重破坏,战后师范学校的重建成为南通地方各项文教事业恢复工作中资金投入最多、建筑规模最大、牵涉面最广的一项工作。

一、南通女子师范的恢复

1945年9月,由于范北强在上海,一时无法回通,南通县政府改派在全面抗战前曾任南通女子师范教育课教员的李槐(也三)出任教务主任,兼代理校长,9月30日正式到任,接收市河岸珠媚园伪女师。随即学校发布人事任命,聘姜龙章为教务主任,施致纯为训育主任,蔡汉杰任事务主任,程武英任附小主事。调整后专兼职教职员共47人,学生初中双轨,师范单轨,并代办南通中学女生部高中普通科三级,共12个班,另附属小学有8个班级。由于南通城厢求学初中的学生多,女师决定增招初一、

南通女子师范复校后学生在南院校门合影

初二各一个班。又因南通中学新任校长一时未能到校接收,高中普通科仍委托女师暂时办理。新旧交替之际,南通女子师范和南通中学的教员因人事变动及薪水、聘书等问题,先

后请假乃至罢课,要求县政府和校方补发薪给并加薪。为稳定局面,11月3日南通县政府重新任命南通女子师范前任校长罗玉衡出任女师代理校长。19日罗玉衡到校接任,宣布除事务主任由陈定九接任外,教职员多不加更动。由此,南通女子师范恢复工作方得以平稳展开。

1946年1月,南通女子师范向县政府上报战时学校损失情况,并组织学生"甄审试验",以考试成绩为依据,对学生重新编级。2月,接办省立南通实验小学,暂改为附属小学二部,设10个班级,聘邢德文任主事。同时,增招师范和初中一年级新生,附小增招五年级及成人班,并将暂管的高中普通科划归南通中学办理。4月17日,学校举办开校40周年纪念活动,回顾办学历程,谋划今后发展。此时,南通女子师范珠媚园校址师范部有4个班196人,初中部有9个班525人,经常费每月法币16.58万元。

随着南通女子师范各级学生人数增多,而原城南段家坝校址被驻军占领,学校只能将附小部分学生移至二部上课。为改善办学条件,女师积极开展移走驻军和修复校舍的工作。8月,南通女子师范在上海召开了战后第一次校董会,共商复员大计,争取到"张季直先生手创教养事业复兴委员会"出资法币2.5亿元用于学校建设。随即,学校修葺珠媚园校舍并为城南校址添置图书、仪器、床架、桌椅等用具。10月,城南校址驻军全部撤出,女师随即兴工修建,经费由县政府拨助及校董会、校友集资。次年2月,城南校址部分校舍修建完成,学生迁入开学。为便于学生就学,学校"分设两院:段家坝为第一院,设师范五级、初中三级;市河岸为第二院,设初中七级"[3]。一院又称"南院",除少部分住在附近的走读生外,都是寄宿生;二院又称"北院",全部是走读生。4月,大生纱厂又拨助修建费法币5000万元。8月,一院校舍除原有食堂及音、美、劳教室未能重建外,其余均修建完成。为此,师范增招一个班,恢复全面抗战前双轨规模。9月,地方人士和校友集资在一院校园内重建了"纪念小学"。至1947年度第一学期,南通女子师范有高中师范科6学级268人,初中10学级666人,附属小学21学级1365人,纪念小学4学级248人,学生总计2547人。附属小学一部和纪念小学又组织民教部,招收妇女班学生94人。师范教职员56人,小学教职员39人,校工28人。由此,南通女子师范得以恢复并成为当时南通规模最大的学校系统。

恢复后的南通女子师范组织了校董会,新一届校董有沈乃虞、郑勉、曹次珊、张乐陶、张敬礼、张文潜、于敬之、顾怡生、曹书田、宋子敬、管劲丞、姚味香、范北强等。校长由南通县政府任命,校长室下设事务部、教务部、训导部、体育部、辅导部、童子军团部,以及附属小学一部、二部和纪念小学,组织招生委员会、各科教学研究会、升学服务指导委员会、教生实习指导委员会、童军团部委

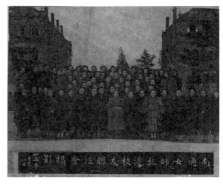

1946年12月南通女子师范召集旅沪校友筹集办学资金

员会、经济稽核委员会。学校召集校务会议决策学校重大事务,定期组织教导联席会议和各部门会议,学生组织学生自治会,倡导自我教育管理。

南通女子师范各级课程设置依据部颁标准略加变通,高中师范科增加了文史课程及技能课程,并开设音、体、美、劳及英语选修课;初中增加了国文、英语和数学课时数。各级教材大多选用部定教材,针对部分教材内容简略或不完备的情况,组织编写补充读本。如1947年3月,女师教

师唐雪蕉编成《初中国文补充读本》，又与同事张梅安合编《中学国文补充读本》，此读本发行后，不仅作为师范教材，南通中学、南通县中、商益中学、敬孺中学乃至江阴南菁中学、南京东方中学、浙江衢州中学等都竞相订购。没有适用部定教材的课程由教师编印讲义纲要，如师范用小学体育、小学劳美教材等。学校加强对学生的学业考查，分为平时考查、学周考试、学月考试、学期考试、毕业考试和抽考。其中，月考规定周课时在3小时以上的课程一学期考试3次，周课时2小时和1小时的课程分别考试两次、一次，每学期由教务部统一安排；抽考由教务部不定期组织。考试成绩差的学生由辅导部聘请教师分组指导补习。

关于师范生教育实习，学校在二年级安排学生参观、见习，三年级上学期试教一周至两周，下学期毕业考试结束后安排学生到附属小学、纪念小学正式实习。实习生分组，在单式、复式和单级编制班级轮流实习两周，然后进行指定班级实习。实习期间，学生每天下午课后分组组织批评研究会并做记录。

在训育方面，注重团体训导与个别训练相结合。团体训导强调各科教学在教材、教法两方面适应训育宗旨，达到训育目标。组织课外训育活动，由导师通过集训、谈话开展集团训练；有自治训练，各级设级会，下设总务、文书、学艺、体育、清洁、风纪六股，宿舍设室长，养成学生自治自律习惯；组织德行竞赛，分整洁、秩序、勤学三种，每日记载，每周结分，优胜者给予锦标；组织劳动生产，分农事实习、工艺实习和家事实习三类；组织研究出版、参观旅行、社会服务等活动。个别训练分家庭调查、个性考查、个别谈话和升学、就业及服务指导等。

学校体育部负责体育及卫生健康事务。在体育卫生设施上，一院有体育馆、田径场、卫生室、浴室，以及篮、排球场各两片；二院有田径场、浴室，以及篮、排球场各两片。课程教学除体育课外，初中增加童子军训练，师范增加看护训练。学校每天上午二三节课间组织课间操，下午课后组织全体学生参加的体

1948年6月南通女子师范复校后首届师范生毕业合影

育运动，先集体跑步，后分组运动，运动项目分韵律活动、游戏运动、球类运动、竞技运动四种。学校卫生方面，除卫生检查外，聘厚德医院冯省知医师为校医，每学期组织一次学生体检，定期组织种痘防疫工作。

南通女子师范办学经费由南通县政府划拨，每月经常费98.02万元，教职人员生活费补助及加成2343.01万元。另外，大生纱厂每月拨给津贴，补助师范学校、附小和纪念小学教师生活费和一部分办公费。恢复时期，南通女子师范还积极整理学田基产，设立刘海沙女师范案沙田围务处，鸠工围筑涨滩685亩，除保留50亩准备在当地兴办小学招收农家子弟外，其余土地全部放佃，所收田租用于围筑费用。

抗战胜利后，国民党抢占胜利果实，南通城成为南通地区国民党的政治中心和制造内战的大本营，南通地区也成为国共斗争的前沿。为争取和发动青年，中共南通地下党组织以南通中学和南通女子师范为重点积极开展工作。1946年1月国民党军队破坏停战协议，侵占如皋白蒲等地，打响了国民党反动派在停战后向苏皖解放区进攻的"第一枪"。为发动南通城的青年学生投身反对内战、争取和平民主的斗争运动，2月地下党组织利用南通女子师范招收新生和插班生的

机会,派共产党员邱云和进步学生丁友竹、穆国玺分别到师范二年级、一年级和初中一年级学习,邱云负责南通女子师范地下党工作。3月中旬,为欢迎调处白蒲事件的淮阴执行小组驻通,争取和平,反对内战,在中共党组织直接指导下,三位党员在学生中积极开展宣传发动工作,组织南通女子师范学生与南通中学、南通文艺协会的进步青年一同发起了南通"三一八"斗争,青年们高喊"要求和平,反对内战""反对一党专政,取消特务机关"等口号,突破军警封锁,派代表向执行小组递交了请愿书,并到南通县政府、县党部和警察局门前进行了示威游行。19日下午,在南通女子师范礼堂举行了南通文艺协会招待执行小组的茶话会,虽然执行小组成员由于国民党的阻挠未能参加,但青年们邀请到随执行小组来通的新华社记者,向他们揭露了国民党在南通城的黑暗统治和伪造民意的把戏。南通青年的英勇斗争,激怒了国民党反动派,制造了骇人听闻的"南通惨案",逮捕并杀害了包括曾任女师校长的钱素凡在内的8名民主斗士。惨案发生期间,南通女子师范和南通中学以全体学生名义,在上海《时代学生》杂志上刊登了《向全国同学紧急呼吁书》,说明南通青年们斗争的情况,揭露国民党政府的丑恶行径,并"紧急向全上海、全中国的同学们控诉特务份子的暴行,我们要求全中国的人民一同来注视这一个暴行!"呼吁"我们处在极危险的境地了,随时随地有失踪的可能,全上海、全国的同学们,请做我们的后盾!"[4]惨案发生后,南通中学的党员和进步学生由组织安排转移,而南通女子师范的党员和进步学生在"三一八"斗争中注意隐蔽,"和多数群众在一起活动"[5],因而除面目较红的邱云撤回解放区之外基本未暴露。同时,地下党组织将南通城内学生工作的基本任务和要求调整为:"抓住女师为重点,尽力向通中收复失地,建立小块阵地。运用现有的个别关系,发展通院、县中等校的群众运动。"[6]1946年夏，党组织又派小学教师支部书记穆国纯插班师范三年级，领导南通女子师范地下党的工作，通过单线联系的方式发展了穆国玺、丁友竹、钱学涑、穆国林、李淑娟、成寿民等为党员。女师分两院办学后，成立了两个地下党支部，南院由丁友竹任书记，北院由穆国玺任书记。随着组织力量的不断壮大，在"隐蔽精干，长期埋伏，积蓄力量，以待时机"[7]的工作方针指引下，女师党支部和党员积极开展地下斗争：在校内，组织膳食委员会、助学委员会，抵制"联保切结"和三青团的发展工作，团结起一批进步青年和贫苦学生；在校外参与抵制反苏游行，抗拒"美援"，声援小学教师争取"献金"和发放欠薪、保障职业的斗争。

二、通州师范的复校重建

抗战胜利后，通州师范的教职员在为胜利欢欣鼓舞的同时，都积极盼望回到南通城三元桥校址继续办学。1945年9月，学校在第一附属小学成立"复校筹备处"。学校东迁侨校办学之后，"不与敌伪妥协，以是深遭敌伪之忌，于原有校舍，破坏无所不至，校中器具，亦荡然无存。从三元桥北望，剩瓦颓垣，凄凉满目"[8]。对破败的校园，早在1943年8月通州师范校友吴冀阶、言行一等就曾筹议修复，并请曹文麟撰写启示文稿，请留居南通城的美术教员陈琦勘察校园并估工。但由于修复工程浩繁，未能实施。抗日战争结束后，通州师范要在城内复校，首先就要重建校园。为此，1945年9月23日，

通州师范校友制定的
《复兴母校的计划》封面

在通师范校友联名向政府、社会呼吁帮助学校在城内恢复、重建，并拟定《复兴母校的计划》，就"呈报政府请予协助""请由校董会负责主持""请由张氏所办之实业团体拨助经费""发动多数校友分头募款""设计建筑校舍"等五方面提出具体建议。

11月，于忱校长赴上海争取用作复校重建经费的大生厂存纱配额。当时，国民政府经济部委派大生纺织公司官股代表洪友兰、陆子冬接收厂务，在资产清理过程中，发现敌伪时期存留的棉纱2300箱。旅居上海的张氏事业代表人、通州师范主席校董张敬礼在得知情况后，要求将此项存纱用于复兴南通地方张謇创办的文教事业。经国民政府经济部批准，张敬礼、张融武（张謇长孙）等组织"张季直先生手创教养事业复兴委员会"，通州师范校长于忱被推选为七位主任委员之一。委员会设立执行部，由于忱和通州师范校董朱警辞担任正、副主任。除大生存纱外，张敬礼又将华成垦牧公司个人股份垦田4万亩捐充基金。经委员会研究，划拨1000箱棉纱用于通州师范复校重建。

1946年1月，通州师范在上海大生事务所召开校董会，出席校董有徐静仁（张敬礼代）、朱警辞、袁翰青（姚味香代）、张敬礼、徐肇钧（庚起）、沈燕谋、顾怡生（王绍锾代）、于忱等7人。会上于忱校长汇报了抗战胜利后侨校师生迁回第二附小上课的有关情况，以及赴省请求特助经费的经过。为更好地推动复校重建工作，增补了抗战期间所缺4名校董，并成立复校委员会，函聘校友及各界热心教育人士担任委员。会议商定在1946年暑假后从侨校迁回南通城上课。3月，校董会主席张敬礼打算将南通城内恒孚里房屋借给通州师范复课。

4月，张敬礼、于忱联名发出《通州师范学校捐募启》，请历届校友、社会各界"慨予捐款或代为劝募"，"倘有以建筑材料、图书、仪器及各项校具见助者亦所欢迎",[8]拟定《募捐办法》,捐募总额以法币1亿元为最低限数,捐募期为3个月。随后分请吴萱阶、张乐陶、罗玉衡、张通武、刘云阁等十多位知名人士协助捐募。6月,罗玉

1946年1月通州师范成立校友会
上海分会募集复校资金

衡、汤典等9人联名在南通县临时参议会第二次大会上提出议案,认为:"抗战期间,本县男、女师范及南通学院为敌伪摧毁,校舍残破不堪,亟应兴工修建,应请速将大生余纱2300箱提拨充用。"[1]72会议讨论后决定推举于忱、罗玉衡和南通学院院长张渊扬赴沪交涉。7月10日,通州师范收到"复兴委员会"提供的迁校应急款法币6800万元。15日,学校收到由校友黄善伦募集的第一笔校友捐款法币102万元,以后校友捐款陆续汇到,其中刘云阁、顾仙培为学校募集捐款法币600万元和54万元。

8月,通州师范再次召开校董会,会议决定:先就南通城内第一附小增设师范一年级新生一个班;于忱负责校园重建工作,校务拟函邀在美国纽约的第13届本科毕业生张钟元回国主持,过渡时期暂由曹风南代理,侨校仍由胡履之主持;请复兴委员会配拨法币10亿元作为通州师范复校基金,推选于忱、朱警辞、姚味香、沈燕谋、徐肇钧等5位校董组成经费保管委员会。9月,通州师范在南通城内招收高中师范科一年级新生一班,借第一附小开学复课。

9月17日,三元桥校舍设计图纸由建筑大师陶桂林创办的上海馥记营造公司工程师施术麟设计完成。因该公司承

造成本过高,学校决定自己营建。同月,国民政府经济部行文批准大生纺织公司拨助通州师范、南通女子师范法币10亿元和2亿元。10月,由校友刘云阁、校董姚味香介绍,学校请扬子公司管理工厂工程师曹之龙、竟成工程公司工程师刘俊杰为监造工程师。12月底,"复兴委员会"会同南通各教养机关将抗战时期南通地方教养事业财产损失呈报江苏省政府,请求向日本政府索赔。通州师范战时损失校舍547间,各种校具设备近30000件,照时值估价计约法币55.96亿元。

1947年1月,校长于忱、主持校舍重建工作的校董朱警辞携监造工程师刘震南、曹之龙从上海回南通,成立通州师范学校建校工程处,由于忱、朱警辞、顾怡生分任正、副处长。为了校舍重建工程开工,学校邀请地方军、政、教及新闻界代表30余人举行茶话会。会上报告重建计划,刘、曹两位工程师宣布为支持通州师范复校不收佣金,同时第5届讲习科毕业校友钱啸吾等在会上号召"充实母校内部,责任由校友承担"[9]。此后,在学校

通州师范学校复校募捐启

校舍重建工程进行得如火如荼之时,校友和热心教育人士纷纷捐助图书和教学仪器设备。其中,校友会上海分会购赠《新中学文库》及各式教学图标;南通旅沪人士王晋杰以其父王慕陶名义捐赠价值法币2.1亿元的理化实验仪器,学校特设慕陶仪器馆;陶桂林为祝贺学校复建,购赠聚珍仿宋版《二十四史》一部500册;地方人士强邦俊、刘浩然、刘达六及初中第4届校友陆自成等分别捐赠了《四部丛书》、史地教室设备等;李云良购《小学文库》三辑300册和《中学文库》

253

200册分赠通州师范、南通女子师范。

2月,参照民国政府教育部1945年10月公布的《限制私立师范学校办法》的有关要求,教育部批准由省教育厅委托通州师范办理师范科,所有师范生公费待遇由教育厅通饬学生原籍县政府拨给。

7月,通州师范在上海举行校董会,南通两所师范学校校董张敬礼、朱警辞、曹书田、管敬丞、宋子敬、范北强、周静寀等邀请两校在沪校友200多人集会,欢迎由通赴沪的于忱和顾怡生

重建后的通州师范校景

两位老教育家登台演说通州师范侨校办学和复校重建经过,"语极恳挚,听者动容",对南通两所师范学校"于我国师范教育所创独特之风格,称颂备至"。[10]9月上旬,通州师范复建的教学、办公和生活用房建成。随即在新建大礼堂举行开学典礼,校董张敬礼、朱警辞、于忱、顾怡生与学生200余人一起参加。12月,复建工程全部完工,建筑费用共计法币34.9亿元,其中大生纱厂先后拨款法币16.1亿元。重建后的新校园有钢筋水泥三层楼房前后两幢及平房多间,前楼1900平方米,后楼1600平方米,"计有普通教室十二,理化教室、史地教室、音乐教室、美术教室、劳作教室各一,实验室二,仪器室一,图书馆二,体育馆一,大礼堂一,办公室三,会议室一,会客室一,寝室七十二,及天水池、厨房、膳堂、浴室、厕所等。各项设备,均已粗具完备"[11]。

1947年度第一学期,通州师范教员17人(其中兼任3人),职员5人;学生273人,其中师范3个班(二年级1个班,一年级2个班)140人,初中一、二年级各1个班共133人;办

学经费由校董会筹拨，年度经常费预算法币2.52亿元（其中，薪给预算1.92亿元，办公费0.36亿元，特别费0.24亿元），临时费预算法币1.8亿元。师范生应受公费待遇，"由教育厅呈准教育部，由原籍县政府拨给"，但"通籍学生仅领到副食费每月三万元，其他各县学生尚未领到"。[12]

　　通州师范的复校和重建是抗战胜利后南通文教事业恢复工作中的一件大事。因此，在通州师范新校舍破土动工之际，朱警辞校董曾说："今年的南通，该是教育第一。"[1]249 通州师范三元桥新校舍按照"求其合于理想，成为现代学校之建筑"的要求，采用了当时最新的建筑设计理念，其前后两栋主建筑是南通地方最早的钢筋混凝土结构的楼宇，成为当时南通新建筑的典范。对于新建的校舍，后来担任通州师范校长的张梅安曾诠释说："我们的新校舍可算是现代建筑的形式。这样一个庞大的立方体，屏除一切繁琐细碎的装饰，遂使轮廓异常鲜明，线条单纯而有力，如同读一篇'主题'显示得极其强烈的文艺作品那样明快。我们的视线一接触到它，立刻会起崇高、坚实、朴素、单纯的感觉，似乎涌现在我们面前的，不是钢骨水泥的楼屋，而是超乎物质的总和的力，健全的美，混凝的坚强，与不可摧毁动摇的永恒和镇定。"[13]

参考文献：

　　[1]朱嘉耀.南通师范学校史(第一卷·纪事)[M].南京:南京师范大学出版社,2012.

　　[2]王承原.通师侨校始末[G]//九秩春秋——南通师范校史资料专辑.南通:江苏省南通师范学校,1992:25.

　　[3]南通县立女子师范学校概况[A].南通师范高等专科学校档案馆馆藏原件,1948.

　　[4]向全国同学紧急呼吁[J].时代学生(上海),1946(11):16.

　　[5]穆国纯.忆抗战胜利后的地下斗争[M]//江海奔腾(第16辑).中共南通市委党史工作办公室,1999:60.

[6]穆国玺.南通惨案发生后学校党的地下组织及其活动[M]//江海奔腾(第16辑).中共南通市委党史工作办公室,1999:225.

[7]丁友竹.南通惨案后女师的党员发展工作[M]//江海奔腾(第16辑).中共南通市委党史工作办公室,1999:72.

[8]张敬礼,于忱.通州师范学校复校捐募启[A].南通师范高等专科学校档案馆馆藏原件,1947.

[9]质夫.教育摇篮之重建——通师复校座谈会上[N].南通报,1947-01-13.

[10]通州师范校友欢迎老教育家[N].申报,1947-07-14(5).

[11]私立通州师范学校述略[A].南通师范高等专科学校档案馆馆藏原件,1949.

[12]江苏省公私立中等学校概况表(民国三十六年度第一学期)[A].南通师范高等专科学校档案馆馆藏原件,1947.

[13]陆文蔚.修辞讲话及作文批改——师范教育家语文教育家张梅安遗著选辑[M].南京:东南大学出版社,1992:151.

第四章 涤旧布新探索行

(1948—1952)

第一节 南通解放前夕的两所师范学校

1948年前后，南通解放区所属中共华中九分区军民在反国民党军队的"会剿""清剿"进程中不断取得胜利，尤其是岔石战斗的辉煌战果、三余垦区反"重点驻剿"的胜利和向沿江一线挺进，使得如东、通如、南通连成一片，为解放军的全面反攻打下了坚实基础。国民党部队在南通城设立第一绥靖区南通指挥所，调整兵力部署，做最后的垂死挣扎。南通两所师范学校在南通城内紧张、混乱的环境之中想方设法维持学校办学秩序，保障师生基本工作、学习、生活条件，进步师生也积极开展保护权益、助学救济等各种活动，更在南通城解放的关键时刻发起了护城护校的革命行动。

一、两校维持办学

（一）健全组织与规章

通州师范重建校舍并迁入之后，师范、初中两个年级仅有5个班270多人，教职员20多人，办学规模尚未恢复到全面抗战前的水平。因此，学校行政组织较为简单，校长于忱由校董会聘任，统辖全校行政。下设教导、事务二处，教导处主任曹风南、事务处主任张象离分别负责处务。教导处下设教务、训导及体育卫生三组；事务处下设文书、会计及庶务三组。全校各种会议，以校务会议为最高组织，由全校教职员共同参与，此外还有教导会议、事务会议和各项特设委员会，分别计划各种行政事务。

学生方面，"以充实知能，联络情感，养成合理之自治生活为宗旨"[1]，修订《私立通州师范学校学生自治会简章》。简章规定：权力机关为会员大会，闭会期间为理事会；理事会设理事11人，由各级推举候选人5人，提请会员大会选举，理事任期半年，连选得连任一次，理事会推选常务理事一人；理事会分事务、风纪、康乐、学术及社宣五股，各股设总干事2人，由理事兼任，干事若干人，由理事会指定会员担任；会员大会每学期召开两次，于学期开始及结束举行，经学校允许理事会可召集临时大会；理事会每月召开一次；举行各种会议须先期请教导处派教职员指导，各种活动由学校级导师分别担任指导；全校学生均为会员，每学期缴纳会费金圆券二角。制定《私立通州师范学校级会简章》，以级为单位，设正副主席各一人，负责本级一切级务，下设事务、风纪、康乐、学术及社宣五股，每股设股长一人，均由全体会员选举产生；各股设干事若干人，由股长会同主席确定；全体大会间周（或每月）召开一次，请本级级导师担任指导。

为引导学生适应重建后的校园环境，建立学习、生活的新秩序，学校修订《学生生活规约》，包括教室规约、教室服务生服务规约、学生请假规约、通学生规约、自修规约、生活规约，以及寝室规约、膳堂规约、会客室规约、盥洗室与厕所规约等10项。修订了《考试规约》，并"为养成学生机警敏捷、沉着应变之习惯"[2]，拟定《紧急集合办法》，实施训练。

（二）拓展规模与学制

依据1946年6月教育部颁布的《战后各省市五年师范教育实施方案》要求及战后南通国民教育恢复对师资的实际需求，两所师范学校在复校后积极谋求扩大办学规模，提高师范生培养数量和规格。1948年两校保持师范双轨，南通女子师范在校师范生274人，是1945年的2.5倍；通州师范初中扩展为双轨,女师则保持三轨。同时,两校规划师范部逐渐增加至四轨,并且根据以往经验,如师范生接受六年一贯训练,更有利于提高未来教师素质,因而计划初中也增加至四轨,从而增加初中部升入师范部学习的学生数。为便利实习,南通女子师范拟将校园内纪念小学扩大为8级,附属小学则重建幼稚园。至1948年年底,南通县教育局又委托两所师范学校自1949学年度起附设简易师范科,招收初中毕业一年制和高小毕业四年制简师各一级。同时,两所学校规划实施师范分科设置,认为"师范教育固因趋重于广泛的陶冶,然以三年至暂之时间,而欲修毕三十余科之学程,每一科目之教材内容,又至为繁复,故教者学者均感精力时间之不敷。且师范生全同于一般青年,个别差异至大,欲使每一师范生对于各种性质不同之学科,在校一一学成,殆非易事。故为适应各型之个性,予以比较专门之训练,以提高其程度起见"[3],计划分设普通师范科、音乐师范科、美术师范科、体育师范科和幼稚师范科。所分五科学生在第一年均注重基本学科的知识学习和能力训练,第二年起各科加强专门训练,增加教育课程及实习。同时,为推进江苏国民教育实验区建设,试行国民教育制度,并以科学方法建设农村,南通女子师范计划将刘海沙2000亩基产沙田所在区域全部辟为实验区,设立国民小学及中心校,以政教合一为实验体制,以管教养卫合一为工作内容,将学校建设成区域社会中心和农村建设枢纽,并以相关实验成果作为训练师范生及辅导地方教育的参考。

为推进国民教

1948年7月通州师范初中部毕业生合影

育辅导工作，1948年7月至8月，通州师范承办县教育局国民学校教师暑期讲习会，研习科目12项；举办启秀暑期补习班，为初中一年级、高小一年级学生补习文化与技能。为开展失学民众补习教育，南通女子师范在纪念小学增设妇女班，通州师范一附小举办成人班，并接受教生指导实习，以此锻炼师范生实施社会教育辅导的能力。

(三)改进教育与教学

为适应学校办学扩张需要，两所学校增招教职员。至1948年度第一学期，通州师范教职员增至31人，其中专任教师15人，兼任教师7人，专任职员9人；南通女子师范教职员达60人，其中专任教师42人，兼任教师18人，加上附小、纪念小学教职员共计100人。两校教职员继续保持"坚苦自立、忠实不欺"的优良作风。1947年年底通州师范校长于忱、附小校长曹凤南同受国民政府教育部嘉奖，1949年1月教育部又特颁"智"字奖状给于忱、顾怡生、尤慎铭三位先生。两校注意选聘大学毕业的青年教师，南通女子师范聘用了中央大学肄业的聂静涵、西南联大毕业的王楫、复旦大学毕业的徐冬昌、大夏大学毕业的李昌权、大同大学毕业的李振鹆等；通州师范则聘用了西南联大毕业的王均、刘琳，他们的年龄均在27岁和32岁之间。

两校师范、初中科目设置遵部颁课程标准，每周授课时数包括各科教学33课时、导师谈话1课时、纪念周1课时、课间操2课时（每日20分钟）、课后分组运动6课时。教材尽量选用各大出版社通用教材或专业教材，如师范一年级选用世界书局出版《葛氏平面几何》，启明书局出版、唐长孺著《英汉对照新中国》（选科用），中华书局出版、薛德焴编《生物学》，正中书局出版、陈训慈编著《历史》，正中书局出版、王凤喈编著《教育心理》，正中书局出版、寿勉成编《师范公民》；师范二年级选用福建教育图书出版社出版、戴景曦编著《教材及教学法》，正中书局出版、王书林编著《教育测验及统计》，世界出版社出版、俞易晋编著《本国地理纲要》，中华书局出版、储润科《师范化学》，中华书局出版、宋文翰编《新编高中国文》，新亚书局出版《郝克氏大代数》，正中书局出版、钟导赞编《教育辅导》（选修社会教育用）。初中教材选用国立编译馆、中华书局、开明书店、正中书局等出版的初中各科适用教材。国文、国语，以及师范用音、体、美教法由学校编印补充读本或教材。

1948年3月至4月，两所师范学校积极举办"第七届师范教育运动周"活动，3月29日组织参与了在南通学院举办的"南通各界庆祝青年节暨推进师范教育运动大会"；4月3日与南通县教育局联合组织"师范教育问题座谈会"，邀请南通各机关代表和中小学校长及记者参加，围绕师范生欠费、公费补贴等问题进行了讨论。其间，两校印发师范教育辅导小册，围绕"师范教育重要性"的主题举办演讲比赛，组织师范生就献身教育事业宣誓，并制定"推进第七届师范教育运动周发给奖学金办法"，评选、颁发清寒优秀师范生奖学金。4月，南通女子师范在江苏全运会选拔比赛中，在田径赛上获10个第一，其中武德频获50米和100米第一，韩湧获铅球第一，李淑娟获200米第一，蔡佩兰获标枪第一，华碧云获跳高第一；韩湧、成寿民被选为省篮球队队员。5月，成寿民、韩湧等参加了在上海江湾体育场举行的第七届全国运动会。此外，根据国民政府教育主管部门及地方政府要求，两所师范学校还开展了"勤俭建国"等中心教学活动。

在训育方面，两所师范学校全面采用导师制度，积极探索个性考查、个别谈话、核心领导、小组检讨、自治活动等训育方法，在思想和行为上积极引导学生。两校利用校庆活动，梳理历史，总结经验，教育广大师生。1948年5月17日，通州师范隆重举行"开校45周年校庆纪念大会"，部分校友及师范、附小全体师生近1000人参加大会。校长于忱、顾怡生、尤慎铭、理弁都相继演说,会后举行师生文艺表演,下午组织全校排球、足球比赛。首届校友理弁都赠送1906年度第1届师范本科毕业合影、1907年附小第1届师生合影及师范校舍全景摄影等珍贵校史资料。之后,又出版纪念特刊,刊载了《总理开校演说词》《南通师范歌》《南通师范附属小学校歌》等文献,以及纪念大会上校长于忱等人的演说稿。11月4日,南通女子师范在南院举行复校三周年纪念活动,邀请地方军政长官及教育界名流出席,附小、纪念小学全体师生也一同参加,规模近3000人。纪念仪式上回顾了学校办学历史,尤其是全面抗战期间学校办学四迁、惨淡经营的历程,并举行团体操表演和同乐会。下午,学生表演了戏剧家袁俊创作的四幕话剧《万世师表》。这些活动既

1948年编印的校友录封面

团结、教育了广大师生,又在社会上起到了宣传学校和师范教育的作用。

二、整理学校基产

张謇、张詧等创校人本着"以产养校"的思想,为两所师范学校尤其是私立通州师范学校添置了数目较为庞大的学校基产,包括田产、房产、股份等。全面抗战期间,通州师范位于城内的部分基产,如附属博物苑、西南濠滨及易家桥北田产等被日伪侵占,两校在川沙县境内高墩沙和南通县境内刘海沙的4200亩沙田,因仅围筑小部分或尚未围筑而疏于管理,产权亦受侵占。抗战胜利后,通州师范垦牧学田经土改分给农民,大生纱厂生产、经营又有待恢复,学校办学经费的

筹集面临极大困难,加之战后国统区物价飞涨导致师生生活困难,两所师范学校积极开展收回产权、整理基产工作,以期增加经费收入,缓解办学困难。

(一)索还江家桥田产

通州师范在西南濠滨江家桥南放生庵附近有田2000步,日军占领南通城后,设立江北医院,将此地块侵占,抗战胜利后南通县政府接收江北医院并改为县立医院、县立卫生院。1945年10月,通州师范具文呈请县政府归还此校田,至1946年7月县政府指令县卫生院与通州师范办理归还手续,学校代表曹风南与卫生院代表成惠民签订了租用合同,卫生院不得在该地块上建造房屋。

(二)回收易家桥校地

通州师范创校时期,在三元桥校址南易家桥西北即有土地44.5亩及水稻田2亩,一向由农户佃种,并作为师范生农业课程实践场所。全面抗战期间,此地产被日伪江北综合研究所占用。抗战胜利后,先由四区专员公署接收,后由江苏省党政接收委员会指令发还。1947年12月,中央信托局苏浙皖区敌伪产业清理处通知通州师范接管该地块,并要求学校"作价缴款承购"。1948年4月,学校呈报有关该校产的各类证明文件、材料,原有产权获敌伪产业清理处承认。

(三)保护狼三山产权

1948年9月,南通县紫琅乡乡长向县政府呈文要求领管狼、军、剑三山,将山地所产芦柴拨归公用。通州师范与狼山广教寺等七寺庵一同向县政府申述:1915年经北洋政府农商部长批准,军、剑、狼山由通州师范及七寺庵共同管业,黄泥、马鞍二山则由南通农校(农科)管理;1929年,国民政府农矿部确认通州师范领管三山权;学校历年在三山共植树3.9万株,每年收割柴草则归各寺庵使用。由此可证明三山产权明确,有案可稽,防止了学校公产被侵蚀。

（四）索赔博物苑文物

1935年7月，博物苑的管理权由南通学院重新移交给通州师范，由胡履之兼任苑主任。全面抗战爆发后，在日军占领南通城前，学校将苑内部分珍贵藏品先后经金沙孙氏小学、海复侨校辗转运抵上海，交张敬礼、张融武寄存于金城银行保管。日军侵占南通后，博物苑被占用，成为日军南通警备队本部。苑内园林被当作马厩，未被转移的藏品大部分被损毁。抗战胜利后，南通县政府将博物苑发还通州师范管理。1947年前后，苑内一度驻扎国民党军队。当年1月，通州师范通过张季直先生手创教养事业复兴委员会要求第一绥靖区司令部下令撤出驻苑士兵，随即由复兴委员会筹资、拨款对博物苑进行修缮。1948年4月，通州师范根据县教育局指令，清查敌寇盘踞期间博物苑损失，向外交部申报按照"远东委员会文物补偿案"索取赔偿。7月，盟国远东委员会出台"日本劫掠物资归还办法"，要求学校在8个月内尽快申请。通州师范再次依县教育局指令，将博物苑损失文物开列名单上报索赔。

（五）围筑刘海沙沙田

1926年，张謇在去世前夕，出资购买南通县境内刘海沙涨沙田，捐赠给通州师范1000亩、南通女子师范2000亩，分称男、女师范案。全面抗战爆发之前，两校沙田未能围筑成田。抗战胜利之时，涨沙愈多，各方纷纷抢筑。1946年9月，江苏省政府将南通县所属刘海沙区划归常熟县暂管，当地豪强、沙棍乘乱抢筑、侵占师范沙田。11月，女师案300多亩沙田被抢占，后经校长罗玉衡赴沙调处并请政府保护才得到解决。1947年1月，南通女子师范设立刘海沙沙田围务处，开始围筑，至1948年1月围成沙田992.5亩放租。刘海沙通州师范案由学校在1946年12月向江苏省公有地产管理局南通区分局登记并缴足法币20万元登记费，但紧邻的集成案业主认为其拥有师范案内部分涨沙区域的产权,于是派人抢筑。1948年1月,通州师范委托汤静山组织围垦,议定六四分成。2月,师范案开工围筑,但围筑人员遭集成案人员追殴。冲突发生后,通州师范一方面呈请南通县政府、省教育厅保护学校公产,并请江阴要塞派部队到现场弹压,而集成案方则得到了青年军的支持。另一方面,学校发布《通州师范学校为围筑刘海沙滩地被阻告各界人士书》,积极寻求社会各界支持。4月,南通县政府训令刘海沙通州师范案滩地改由第五区区长赵殿勋代为围垦,官厅的直接介入基本平息了产权纠纷。5月底,通州师范案基本围成,按协议学校得成田410亩(其中20亩捐赠静山中学),随即放租给26家农户,议定每年收租米292.5石。6月,校董会决议必要时变价出售成田,用于添置校内设备。

(六)贫民校产权争议

通州师范附设贫民小学创办于光绪三十三年(1907)六月,1914年移建新校舍于望仙桥南养老院西侧,占地2亩有余,学校改为南通市立,但仍由通州师范附小管理。全面抗战爆发后停办,校舍房屋出租。日伪占领期间,租户砍伐校园内树木,增建房屋。从1947年起,通州师范与租赁方交涉、诉讼经年,最终收回产权。1948年6月,校董会为增加学校收入,决定利用重建师范校园的剩余建筑材料,在贫民小学校址建市房30多间。消息传出后,当年9月,张謇公创立慈善事业总管理处提出,贫民小学校址原为所辖养老院的一部分,教育贫民也本是慈善事业的范畴,当时建校的经费又是从慈善项下拨付的,因而产权应归还养老院。为此,于忱校长向兼领师范校董会和慈善事业总管理处的张敬礼具文申诉,提出学校与租赁方诉讼时,养老院曾派代表在法庭为学校作证,因此贫民小学校址确为师范所有,同时也表示:师范与慈善都是张謇先生留给后人的重要事业,贫民学校产权由张氏后人裁决归谁,学校均无异议。对此,张敬礼等张氏后人并无决定,产权争议一时未能解决,师范增建市房的计划也未能实施。

此外,两所师范学校在川沙县高墩沙教育公团案各有圩田1200亩,全面抗战前已有成田,均放垦收租,收入较为稳定。在学校公产收入管理方面,1948年4月按江苏省政府几次训令各县市应将公有教产孳息收入统一收管入库的要求,南通县政府通知南通女子师范遵照办理。为此,学校呈文省教育厅,提出女子师范经管的公产与一般县立学校性质不同,系创校人张謇捐赠,并指定孳息用于补助学校经常费,由此呈准省教育厅设立校董会管理有关学田基产。后经省教育厅请示教育部,教育部同意南通女子师范自管校产及其收入。在校园资产维护方面,1948年7月南通女子师范二院北楼部前檐及过道坍塌,并且所有楼房均已超过安全年限,经县教育局筹资、大生纱厂拨助和校友陈辉清等人捐资,学校启动校舍修葺、加固工程。8月,南通女子师范与省立南通中学因女师附小二部(前南通中学实验小学)校舍归属问题发生争执,经第一绥靖区南通司令部政工处邀集各方协调,由县政府、教育局筹款兴建附小二部新校舍,原校舍全部归还南通中学。

三、两校办学经费与清寒助学

(一)日常办学经费

两校的办学经费除学校基产收入外,在公款方面,南通女子师范经费由县政府每月发放大米146.2石,省教育厅也不定期拨款补助,如1948年2月收到法币300万元补助;通州师范依靠校董会拨款,其中大生纱厂每月补助两校旧币3000元。1949年1月,大生纱厂预拨两所师范学校、附小及敬孺中学、实业小学、大生纪念小学、南通医院等棉纱60件,成立"大生一厂预拨经费管理委员会",核定拨给各单位经费数分配比例,通州师范得旧币3932元,南通女子师范得3000元。

当时,受国共内战形势影响,国民政府教育经费无着,而大生纱厂等张謇创办的地方实业经营未能恢复,两校较为稳定的收入则是学生缴费。1948年2月学生缴费项中,学杂费分为学费、体育费、图书费、杂费、医药费、童子军活动与设备费、讲义费、劳作材料费等八项,其中师范生学费、体育费、图书费免交,无童子军费,总计每学期寄宿生缴纳法币51万元,走读生43万元;初中寄宿生169万元、走读生161万元。另,学生须缴纳教职员生活补助费,师范生每学期100万元,初中生90万元;师范二、三年级学生还需缴纳实验费,每学期12万元。寄宿生每学期缴纳籼米2.8石(每石156斤),分开学和期中两次缴纳;走读生在校午餐费折米计算。各级所用书簿由学生自行向书店购买,每人约需法币30万元。

(二)通州师范清寒学生贷学金

为帮助和鼓励贫寒学生坚持学业,1947年9月,通州师范顾怡生、张梅安等发起组织清寒学生贷学金委员会,向热心教育的各界人士劝募基金。11月,制定《私立通州师范学校清寒学生贷学金委员会贷金办法》,规定在"师范部肄业一学期以上,家境清寒,学业成绩平均在七十五分以上,操行成绩在乙等以上"的学生可以申请,并"须经本校校友或本会认可之人士保证",借贷名额依据基金利息数额确定,每人借贷金额折合实物计算,分每学期中光饭米一石或半石,借贷学生须在毕业后三年内按原借贷实物数额分期偿还,不能偿还则由保证人负责照数偿还。[4]1948年2月,因粮价飞涨,全校教师在校用餐吃麦糊,为学生做榜样,同时提倡生产劳动,在校园空地师生分组种蔬菜。3月,学校向各界劝募清寒奖学金,收到贷金法币2320万元,其中郑棣斋捐募700万元,顾怡生200万元,校友邹贤群100万元,贷给学生

2150万元。4月,贷学金委员会首次发放奖学金,以第一次月考成绩为标准,凡学科成绩每科在95分以上者奖励法币10万元,90分以上者奖励法币5万元,参与校内公共服务积极的同学也给予奖学金,共有10多名同学获奖。此外,贷学金委员会还为贫困生设立临时贷款,凡在学满一学期、月考均分75分以上、操行乙等以上的同学均可申请,每人至多可贷八斗米。

(三)南通女子师范助学劝募委员会和膳食委员会

解放战争时期,南通城政治情况复杂,一批家住解放区,土改后逃亡到南通城的学生,入学两所师范学校。三青团以救济"流亡学生"为名搞募捐、演戏,大肆进行反共宣传,让有正义感的学生极度反感。南通女子师范的地下党组织不失时机地开展了针锋相对的斗争,一面揭露国民政府发动内战,投靠美帝国主义的反动实质,一面发动学生组织助学委员会,开展社会募捐,帮助真正清寒的同学解决生活困难。如1948年7月,暑假来临之际,为在新学年帮助更多清寒学生,助学委员会学生四处劝募,其中南通县银行行长易综六慷慨捐赠法币9000万元。同时,助学委员会又编辑《助学运动》特刊,加大宣传力度。8月上旬,在中共南通学委的直接领导下,助学委员会主席彭新颖负责组织女师同学,小教支部和其他方面的地下党员积极配合,借更俗剧场义演吴祖光编的三幕话剧《少年游》,连续近10天;同时在剧场门口义卖纸扇,纸扇上写着鲁迅、邹韬奋等人的名言,宣传进步思想。演出的纯收入约法币13.05亿元,新学期开始后全部分发给了清寒同学。[5]

南通女子师范复校以后,办学体系扩大,规模骤增。在国民党统治和战争背景之下,学校也出现了一些管理混乱的情况,现象之一是学校食堂办得不好,克扣、占用学生伙食费。在学校中共地下党组织的领导下,学生们提出公开伙食账目,参与伙食管理的要求,先是派两名寄宿生值厨监督,后成立膳食委员会,经斗争让学校将师生伙食分开,学生伙食由自己管理。由此,学生不仅伙食明显改善,还有了积余分给就餐的同学。

通过开展助学运动和伙食自管运动,不仅清寒学生得到了帮助,学生的切身利益得到了维护,中共党组织也团结了大多数学生,培养了一批积极分子,在组织上和实践上壮大了校内的进步力量。

参考文献:

[1]私立通州师范学校学生自治会简章[A].南通师范高等专科学校档案馆馆藏原件,1948.

[2]私立通州师范学校紧急集合办法[A].南通师范高等专科学校档案馆馆藏原件,1948.

[3]南通县立女子师范学校述略[A].南通师范高等专科学校档案馆馆藏原件,1948.

[4]私立通州师范学校清寒学生贷学金委员会贷金办法[A].南通师范高等专科学校档案馆馆藏原件,1948.

[5]穆国纯.女师地下党二三事[M]//江海奔腾(第7辑).中共南通市委党史资料征集研究委员会办公室,1989:168-173.

第二节 南通解放初期两所师范学校的改造与发展

一、两所师范学校接受中共的领导

1948年12月，苏中大部分成为解放区，蜷缩在南通城的国民党军政人员惶惶不可终日，随时准备逃跑。1949年1月26日，于忱、顾怡生、罗玉衡等五人发起组织"南通县和平促进会"，作出撤销国民党组织的南通戡乱建国动员委员会、劝告人民勿相惊扰等九项决议，以维护地方秩序。2月1日，两所师范学校师生放寒假。在此前后，根据党组织部署，针对国民党军队撤退时实施破坏、毁城的可能，南通女子师范支部布置了党员和积极分子轮流到校观察动静，关注形势发展，随时准备展开护校斗争。2月2日，南通城解放。由于两所师范学校进步力量较强，学校无一损失，自此在中国共产党的领导下开展工作。

（一）接管两所师范学校的过程

1949年2月3日，南通城解放的第二天，南通市人民政府成立，同时南通市教育局成立，副市长邹强兼任教育局局长。同日，苏北区南通区军管会接管南通市境内公办学校，对私立学校加以保护。南通县立女子师范学校一被接管，即更名为"南通市立女子师范学校"，罗玉衡因任伪国大代表等被撤销校长职务，邹强兼任校长，吴韵篁任副校长，姜龙章任教导部副主任，陈定九任事务部主任。接收之时，南通

1949年7月通州师范师范部毕业证书

女子师范原有教职员59人，除罗玉衡被撤职外，逃亡14人，自动去职2人，解聘4人。为保证战争环境下师范学生能安心求学，2月苏皖九专署教育处决定补贴两所师范学校每位师范生大米60市斤。3月，专署要求南通女子师范将南、北两院初中、师范16个班合并为12个班，集中于南院，北院初中部校舍交由文研会、干部子女教养院使用。8月，南通行政区专员公署（简称"南通专署"）派人到上海，邀请曾任南通女子师范教务主任的范北强回通接任校长，并派中共党员赵景桓担任教导部主任。赵景桓为南通女子师范师范科毕业校友，曾任纪念小学主任，全面抗战爆发后在抗日根据地参加革命工作，先后在如皋中学、四联中、如东第一中学任教，担任总务主任、副教导主任等职。至1948年度第二学期末，经南通专署教育处先后调派教职员补充，南通女子师范教职员总计42人，其中专任教师26人，参加文研会调训11人。9月，学校改称"南通女子师范学校"。

1949年3月，通州师范校董会任命于忱为校长，张梅安为副校长，顾怡生为驻校校董，胡履之为教导部主任，张象离为事务部主任，曹风南为师三实习指导兼仪器管理，他们都曾在通州师范侨校时期参与管理和教学工作，并接受过抗日民主政权的领导。同时，南通专署委派20世纪30年代初加入中共党组织的王颂旋任教导副主任。渡江战役前夕，中国人民解放军第三野战军副司令员粟裕视察南通江防，与华中局工委书记陈丕显、三野副参谋长兼后勤司令刘瑞龙等专程到通州师范探望师生并讲话。5月，设立"私立通州师范校务委员会"，于忱、顾怡生、张梅安、胡履之、王颂旋、陆文蔚任校务委员，16日召开第一次校务委员会议。6月，南通专署专员叶胥朝、副专员邹强发出训令：私立中等学校教师的任免，由校董会提出任免意见及理由，报南通专署批准。7月，通州师范召开解放后第一次校董会，张敬礼、于忱、顾怡生、曹书田、姚味香、袁翰青等6位校董出席，尤慎铭、管劲丞、成子祥、张梅安、张象离、曹风南等教职员代表列席，南通专署教育处副处长丁冲列席指导。会议改组了校董会，公推张敬礼、徐赓起、曹书田、姚味香、袁翰青、吴蕡阶、于忱、顾怡生、张梅安为校董，并请南通专署指派代表二人担任校董。南通专署指令：政府对私立学校应负领导帮助之责，不需派代表参加校董会，校董会组织章程准予备案。同时，训令通州师范及附属小学人事任命由校董会决定，发给聘书。校董会邀请校友、南通军管区宣传部部长孙卜菁和校友、南通专署教育处副处长丁冲担任校董。8月，通州师范聘请曹风南替代王颂旋任教导副主任，南通专署调派南通区干校夏令营政治指导吴华世任学校生活指导兼党、团支部书记。10月，加推吴华世为校委，同时指定两名学生会代表参加校委会。

南通女子师范校长范北强工作照

在隶属关系上，南通城解放后，两所师范学校归苏皖九专署教育处和南通市教育局共同领导，1949年4月以后改隶南通专署教育处(南通区行政督察专员公署文教科)。1951年11月,苏北行署文教处通知通州师范、南通女子师范等11所中等学校由文教处直接领导,各项报告及呈报文件由文教处负责批复,南通专署文教科予以指导、协助。

(二)党团组织的建立

南通城解放后,两所师范学校在原有地下党组织基础上,发动民主建设运动,建立新的学生会组织,公开建立党团组织,积极发展党团员。1949年3月至5月,南通女子师范党支部指导成立学生会筹备委员会,并在此基础上选举产生了学生会执委会。具体过程为:先把各班级学生编成若干小组,派定小组长,由学生联谊会召开小组长会,研究级委候选人条件,由各级票选产生级委。然后各级委会选举三名代表参加学生会筹委会选举大会,产生学生会筹委会。筹委会成立后,各小组民选小组长,重选级委,产生学生会正式候选人,各级候选人竞选,同时组织助选团。在此基础上,由全体学生票选学生会执委会,最后执委参加宣誓就职仪式。历时两个月的学生会改选过程,是学校发动"民主建设运动",对学生进行民主建设教育的重要内容。此后,学生图书、体育、劳作、讲义经费由学校事务部移交学生会经济委员会管理,账册、单据仍由学校事务部保管。3月底,为培养青年团建团干部,南通市委青年部与南通女子师范党支部选派曹进、方明、贾本如、张志刚等4位学生去苏北工青妇女干部学校青年队(即苏北团校第一期)学习,结业后曹进、方明分别被派到南通女子师范和通州师范负责团建工作。5月,两所师范学校成立了团支部,市委青年部部长裴定还专门到南通女子师范作"建国动员报告"。此时,南通女子师范党员由解放时的5人发展到15人,团员则有75人。教职员中的党员有赵景桓和聂静涵,其中聂静涵是在1937年就读贵阳女子中学时入党,1938年贵阳"二一九"事件后经组织安排到重庆由陶行知创办的育才学校和昆明中华业余中学从事地下革命工作,抗战胜利后按组织指示在国统区埋伏并就读于国立中央大学外文系,1947年与丈夫王楫一同到南通女子师范任教,南通解放后恢复组织关系。女子师范13名学生党员分布在7个班;学生会执委会18人中有党员10人、团员16人,其中学生会主席和生活股、总务股、社教股各有党员2人,学习股、文娱股各有党员1人;学校团支部委员4人则全部是党员。1949年11月,两所师范学校团员人数增加,先后成立团总支。通州师范组织第一次新团员入团宣誓仪式,87名正式团员(包括3名教师、3位工友)和5名候补团员、9位转正团员、2名团友,以及南通市小学教师团支部、南通学院团支部的10名正式团员,一同进行了庄严的宣誓,地委宣传部部长孙卜菁、市委青年部部长裴定参加仪式并讲话。

（三）开展"思想进步运动"

1949年6月,为庆祝南通解放,通州师范组织作文比赛,获奖同学合影留念

1949年11月底,通州师范两名二年级师范生针对物价问题,写了《是谁害了他》《什么都没有》两篇作文,反映了新旧交替之际青年学生的思想问题。学校将情况向市委青年部反映后,青年部决定在通州师范开展"思想进步运动"。在两名学生做自我检讨的基础上,各级学生举行小组会批判这两篇文章;国文、政常教师在对各级学生的批判材料做启发性说明的基础上,编印了《重华》校刊第五卷第四期"思想进步运动专号";学生组织文艺研究会、教育研究会配合运动,邀请副校长张梅安、教导副主任曹风南等做了题为"歌颂与暴露的对象问题"

"共同纲领中的文化教育政策"的讲座,帮助学生提高政治认识;学生会学习股组织全校作文大赛,师范部题为"思想进步运动中的我",初中部为"读了《谁害了他》以后"和"读了《什么都没有》以后"。在此基础上,召开全校师生大会,为进一步开展思想进步运动做动员。为号召"大家勇敢奔赴思想战线",教导部、学生会又联合举办"思想进步运动辩论大赛",引导青年学生坚定立场,明辨是非。12月上旬,通州师范组织全校大会,张梅安副校长总结运动的初步收获,教师代表谈对运动的看法和希望,孙卜菁、裴定出席会议并做报告。会后,学校各级学生再次组织小组会,每位学生交流运动小结。这一教育运动前后持续十多天时间,成为南通地方在解放后党关心学校青年思想动态,用马克思主义的思想方法教育青年、引导青年的重要案例,相关工作方法、过程和收获成为通州师范总结学校思想教育成绩,报送给在年底举办的全市思想教育成绩展览会的重要内容。

二、建设新型规范化师范学校

1949年9月通州师范制定的教导计划

南通解放以后至1952年,两所师范学校的办学从"旧的制度、旧的办法完全解体,新的制度、新的办法没有确立,所以形成怀疑彷徨状态",到"知道怀疑是不必,彷徨是无用,要自己动手摸索,创造经验",再到"摸索中贯彻各科制度,推进各项工作",经历了一个从"被动的应付"到"主动的解决",进而"逐步做到'原则的掌握'"的转变过程,从中确立起建设新型正规化学校的办学目标。[1]

(一)调整办学目标

随着在新旧政权交替之际办学的逐步稳定,两所师范学校按照苏北行署和南通专署教育行政部门的要求,拟定了1949年度第二学期教导计划,这也是两校历史上首次按学期或学年制定学校教育教学工作计划,1951年度第一学期以后又改为更为全面的校务计划。自1949年度第二学期起,两所师范学校在建设新中国的大时代背景之下,贯彻《中国人民政治协商会议共同纲领》规定的"民族的、科学的、大众的新民主主义教育的总方针",调整学校的办学目标和培养要求:师范部"培养小学师资和初级教育行政干部,使学生毕业后能掌握业务知识和技术,并具有为人民教育事业服务的专业精神";初中部"培养具有中等文化水平、基本科学知识的青年,打下各种发展的可能基础,使学生毕业后经过一定的专业训练,或直接参加工作,或继续升学深造,以适应各方面的需要"。[2]1950年,两所师范学校贯彻国家为工农开门的办学精神,进一步明确师范学校"以培养人民小学教师及工农文化教育师资为基本方针",尤其工农文化教育的师资,"除尽可能动员厂矿企业及机关团体中识字较多的职工及家属,学校教师、社教机关的职员及热心为工农服务的知识份子外,应由师范学校来培养,以适应迫切的需要"。[3]1951年度第一学期,苏北行署文教处为迅速扩充培养初级中学师资,委托通州师范举办文史专修科,由此学校的办学任务调整为"更好的培养中等和初等教育师资"[4]。1952年度第一学期,通州师范改归公立,停办专修科与初中,专办培养小学教师的纯师范。同时,南通女子师范开设幼儿师范科,学校办学任务调整为培养幼儿园和小学教师。

(二)改革学校管理机制

在学校行政方面,两所师范学校建立集体领导、民主决策、按级负责的机制。

首先，两所师范学校加强校务委员会职能。人员组成方面，通州师范校委会在1949年5月成立，由校长、驻校校董、副校长、教导部主任、事务部主任及教师代表1人组成。不久，依据苏北教育会议决议要求，增加教师代表1人、学生代表2人。1950年3月，又增加教师代表2人。6月，经校务会议讨论决定：校务委员会为学校行政最高决策机构，正、副校长和正、副教导主任为当然委员，另民主推选教师代表3人、校工代表2人、师范部学生代表2人，共11人组成。1952年11月，为贯彻《教育部试行师范教育暂行规定草案》中"师范学校实行校长负责制"的要求，两所师范学校先后取消校委会组织，改行校长负责制。运作机制方面，校委会委员分工协作。如1949年12月，通州师范校委会对学校日常工作进行了分工：胡履之负责校产，张梅安负责学校事务，曹风南负责教务工作，吴华世负责思想领导和课外活动，学生校委曹钦、葛勇赴负责学生生活，陆文蔚负责生产节约。随着学校对教育教学和管理要求的不断提高，1950年9月通州师范进一步细化校委分工：副校长张梅安负责学校事务、图书馆、校园文艺工作；教导主任马骏负责级导师、学生会、寄宿生工作；教导副主任曹风南负责教务、教师进修、工农夜校工作，协助学生会工作；事务主任张象离负责后勤事务工作，协助寄宿生工作；教师陆文蔚协助教师进修、学校文艺工作；王景山负责青年团工作，协助图书馆工作；刘子美协助学校文艺工作；赵景周负责生产劳动；学生代表龚培根、方明分

20世纪50年代初通州师范全校景

别协助学生会、青年团工作。

其次,两所师范学校建立会议决策、布置机制。组织全体教职员参加的校务会议,每月召开一次,总结部署工作,是学校计划和部署学校工作的最主要会议。召开校务委员会议,"起参谋部的作用,使其成为校务会议的准备会议"[4],各校委分工协助校长工作,必要时召集会议。举行各科教学会议,以改进教学研究、交流教学心得为主要内容,至少每两周开会一次。召集班主任联席会议,以研究班务工作、学生思想情况及贯彻校务会议决议为主要内容。召集特种会议,必要时,在班主任联席会议基础上,召开各部门乃至教师、学生参与的扩大会议,以布置、落实、解决中心任务和突击任务。

最后,加强部门领导,健全规章制度。解放初期,两所师范学校下设部门有教导部、事务部,1951年10月改称教导处、总务处。事务部设主任1人,任职人员相对稳定,南通女子师范是陈定九,通州师范是张象离。教导部是学校教育教学管理的核心部门,在民主建国的新形势下,要求"执行教导合一方针,建立指导小组,发挥集体力量,在不妨碍课程本身的要求下,更好的贯彻思想政治教育,使政治学校与文化学校相结合"[5],使学生的认识与行动、学习目的与效果统一,让每位教师担负思想领导的任务,加强进修,努力提高政治业务水平,全心全意地教好学生。南通女子师范教导主任最初是赵景桓,副主任是姜龙章;1951年4月,赵景桓调专署文教科工作,教导主任由副校长吴韵篁兼,聂静涵被任命为第二副教导主任;1952年8月,聂静涵调任扬州师范教导主任,12月苏北行署文教处任命龚逸民任第二副校长兼教导主任。龚逸民在1941年参加革命工作并入党,曾任涟水县政府、岔庙区政府文教科科长、股长,涟水中学、泗阳中学及渔沟中学教员、教导主任,解放后调任扬州夜中校长。

通州师范教导主任最初是胡履之；副主任先是王颂旋，后是曹风南。1950年，通州师范在推进各项工作的过程中，"总觉得贯彻的深度不够，进步的速度不够，影响的广度不够，团结的密度不够，检讨体验的结果，知道我们校里缺乏中心领导力量，几度向行政领导上要求"[1]，因此，在是年2月南通专署委派曾参与东南中学、海门中学创办并任校长的成子祥回校担任教导主任，胡履之则改任校产管理委员会主任；3月成子祥因病去世，5月聘马骏为教导主任。马骏在1944年参加苏中四分区文研会学习，后任九分区专署文教处编辑、九分区南通中学教师，调任师范学校教导主任前担任南通中学副教导主任。成子祥、马骏到任后，"在各项工作的开展和深入上起到了很大的作用"，使学校的中心工作"由摸索走向进展"。[1]1951年4月，聘陆文蔚任第二副教导主任，11

张梅安校长像

月曹风南调苏北行署文教处工作。1952年7月，通州师范改为公立，苏北行署任命张梅安为校长，文教处任命马骏为副校长，陆文蔚任教导主任，张象离任总务主任，吴志仪任附小校长。

为建立民主学习秩序，加强教育教学领导，密切理论与实际联系，提高教育教学效率，自1949年度第一学期开始，两所师范学校建立、健全各种制度。这些制度包括：第一，会议制度。除校务会、校委会外，定期召开的还有教导会议、级导师会议（班主任联席会议）、学级教导会议、部务会议、级长与小组长联席会议，以及教生实习指导委员会、升学就业指导委员会等。第二，汇报制度。各科教师的教导情况，每月向教导部汇报一次；级长、小组长每周向级导师汇报一次；级导师每周向教导部汇报一次；教导部工作情况每月向校委会汇报一次。第三，办公制度。两所师范学校在创办以后，由于专任教职员大多住校，因此未有明确的办公制度。解放后，两校分别增建校外宿舍，带家属的教职员逐步迁出学校。为加强学校管理，自1949年9月起，两校先后明确常驻办公人员，建立办公制度。要求"教导部职员一律集中在办公室办公，办公时间每日上午自预备钟声起至放午学止，下午自一时半起至五时半止""各级级任导师每日上午课前及下午，除参加学生活动或上课外，以集中办公室为原则"[5]。当时，通州师范分第一、第二办公室，分别有张梅安、曹凤南、陆文蔚等14人和胡履之、吴华世等6人常驻办公，办公人员每日上下午均须签到。第四，请假制度。教师请假经教导部批准并安排调课或补课，请假一周以上则由教导部安排代课；学生请假须通过小组长、级长办理请假手续，经级导师批准。第五，审查制度。自编教材由教导部送专署教育处审查后使用，各级级刊由级导师审查后印行，文件、标语、口号、布告、表册及校刊（画刊）、墙报、通讯稿等由校委会审查通过后发布、刊印。此外，还制定或修订了教师进修制度、作息制度、会计制度、文书制度、文印制度、发薪和借薪制度、请购和领用办公用品制度等。

（三）加强师资队伍

南通解放后，在南通专署文教处的领导之下，经过一年时间的努力，两所师范学校的办学规模和教职员队伍逐渐稳固。到1949年度第二学期，两校教职员数均为42人。在家庭出身方面，南通女子师范教职员中无工人、贫雇农、手工业者和城市平民出身，中农、富农出身14人，地主、没落地主、小地主出身7人，小资产阶级、商人出身13人，小市民及自由职业者出身8人；通州师范教职员中无工人、手工业者出身，贫雇农出身4人，城市贫民出身5人，中农、富农出身10

人，地主出身5人，商人出身6人，小市民及自由职业出身者12人。在学历方面，南通女子师范教职员中大学毕业或肄业20人，专科毕业8人，高中师范科或高中毕业12人，初中学历2人；通州师范教职员中大学学历15人，专科学历6人，高中师范科或高中毕业19人，初中毕业2人。同时，在两校教职员中曾毕业于两所师范学校及南通中学高中师范科的人员比例较高，南通女子师范有15人，占比约为35.71%；通州师范有24人，占比约为57.14%。这部分教职员"因与学校关系深切，服务精神有其传统的优点，至于一般表现，事业观念比较强，工作情绪比较稳定，业务研究比较有成绩"[1]，并在过去大多得到了学校的重用。但是，这一群体也存在平均年龄偏大、学历偏低、思想保守、活力不足的问题。针对当时教职员队伍的状况，两所师范学校在新中国成立初期以"肃清封建的、买办的、法西斯主义的思想，确立为人民服务的思想，拥护人民民主专政""逐步认识革命的新爱国主义和国际主义"[2]为目标，积极推进教职员队伍的改造，加强政治思想教育，建立教师进修制度，并着力引进一批专科、大学乃至研究生学历的中青年教师，以适应办好新型规范化中等教育的需要。

首先，两所师范学校自1949年8月起每年选送教师参加南通专署、苏北行署组织的暑期文研会和思想改造学习，至1952学年度第一学期，通州师范"全校百分之六十点八的教师均经过思想改造"[6]，南通女子师范专任教员和兼课教员总计37人，其中参加过思想改造学习的有18人，占比约为48.64%。

其次，建立教师进修制度，要求"有计划的加强教职员的政治进修与业务进修，联系实际，实行互助学习，以确立为新民主主义教育服务的信心，并在工作作风与工作效能方面，得到改进与提高"，强调"每个教师均负思想领导的

1952年夏南通师范参加思想改造学习的教师合影

任务"。[2]政治学习的组织，是将专任教员分为三个至四个小组，由学校教联小组学习股股长与各小组组长组成学习委员会，负责筹划和实施政治进修的具体工作；学习内容主要是南通市教联会统一规定的学习材料；学习方式分个别学习、小组学习、大组学习及交流汇报，同时将政治学习与各项中心运动紧密结合。如1949年度第二学期的主要学习内容有中苏各项盟约、《论开展学校中的新民主主义学习》、土改问题、社会发展史等，结合新道德运动、生产节约运动、新民主主义学习运动、土改运动等开展。业务学习要求以新民主主义的立场观点，研究并改进课程设置及教学方法，提高教职员业务知识及技术水平，提升教学效率。组织方式包括：联合全市中等学校组织各学科及教导工作者联合会，校内组织政常、语文、史地、自然、教育、艺术等六个研究小组配合研究；学校各科教师组成学科研究小组。研究内容包括：教材的批判和编写、教参的选订、教法的改进、教导计划的拟订、教学与实验实习设备的规划、教学心得的介绍与交流、学生课内作业与课外阅读的指导等七项。研究、进修方式包括：教师进行学科教材、教法的个别钻研，每月组织一次关于教材教法具体问题及经验总结、交流的小组研究，学校每学期至少举行一次观摩教学，以及定期征求学生意见。各研究小组每月末将研究情况与结果向教导部汇报,教导部加以总结后定期向校委会、教联及教育处汇报。

针对教师中老教师多、中等师范学历教师多的状况,两所师范学校提出教师队伍"要青年化,破除落后保守的习惯,养成青年活泼的气氛"[1]。一方面,通过南通专署、苏北行署文教处从各地调入一部分专家、学者。如南通女子师范聘用了原金陵大学、光华大学化学教授冯寅冲,原南通学院教授张谷孙,原省立艺专音乐副教授洪波,原上海开明中学教务主任、《人文月刊》编辑许逸民,教育家、心理学家、复旦大学教授袁哲,以及华东军政委职工会俄文班教员严摩罕、华东军政大学政治助教黄宗耀等;通州师范聘用了中国文学史专家、原交通大学教授张振镛,史学专家、原暨南大学副教授童伯璋,原西北大学、省立江苏学院教授姬步周等。另一方面,选派接受过高等教育的青年教师。如1952年南通女子师范37名专兼任教师中,高等学校毕业、肄业的教师有28人,占比约为75.68%;1948年以后院校毕业或参加工作的青年有14人,占比约为37.84%。如此,教师的学历结构和年龄结构更符合举办中等教育的要求。

(四)实施思想教育

南通解放后,为培养具有一定政治文化水平与业务水平的知识分子和人民教师,帮助学生初步树立革命的人生观与世界观,肃清敌人遗留的毒素,培养自力更生、当家作主思想,两所师范学校贯彻新爱国主义和国际主义教育要求,强调对学生的思想政治教育。

首先,两所师范学校在初中及师范各年级均设置政治常识课,1949年度第一学期通州师范各年级每周均为3课时,南通女子师范除师范三年级外每周也为3课时,师范三年级在前十周教学时间内不排政常课,3课时分配给国文、历史、物理各1小时,之后实习三周,实习结束统一进行四周的政治学习；从1951年度第一学期起政常课改为每周2课时。政常课的教学目标为：使学生"初步确立为建立新民主主义的中国而服务的志愿与信念""初步建立革命人生观和世界观，打下为人民服务的基础""理解社会进化的规律及中国社会经济的发展方向""坚持人民民主专政的立场，确立一边倒的思想""从研讨思想方法与学习方法，学习马列主义与毛泽东思想的观点"。[2]在教学方法上，学校注重联系实际，通过组织学生讨论、总结，使其发现中心问题，确定中心要求；在考查理论知识的同时，学校更注重平时对学生的思想意识和行为发展情况进行比较观察，并予以适当的表扬与批评。

其次，"在各科教学与活动中有计划、有重点的贯彻爱国主义思想教育，使能起潜移默化的作用"；进一步要求师范生"以爱国主义思想为动力，加强为人民教育事业服务的专业思想的教育"。[4]在普通课程方面，如国文、国语课要求启发民族的、科学的、大众的思想，培养热爱真理、热爱人民、热爱国家的情感，确立为工农兵服务的观念；历史课要求以阶级的立场，认识社会发展的规律并总结经验教训，认清历史发展的方向，坚定对中国革命与世界革命的信心；地理课要求正确认识自然环境与人民生活的关系，培养劳动创造新社会的意识，并了解两大阵营在地理上的对比情况和经济、政治的发展形势，增强社会主义必胜的信念；数、理、化、生等课程要求认清这些课程对国家建设事业尤其是工业建设的重要性，培养学生科学的思维方法。在师范教育课程方面，如小学教育课程要求培养对教育专业研究的兴趣和为人民教育事业服务的专业精神；教育概论课程要求了解教育的阶级性，掌握新民主主义教育的原则与科学方法；小学行政课程要求把握小学行政与社会建设的关系，并培养利用教育力量推动新社会建设的能力。

最后，围绕中心运动，开展学生课外活动。两所师范学校在过去已形成以丰富的课外活动辅助课内学习，注重理论与实践相结合的优良传统，在南通解放初期更注重通过课外活动培养学生为劳动人民服务的人生观、革命的世界观，"培养学生在生活学习工作中的民主作风、质朴作风、劳动观点、群众观念、组织观念、集体观念，与一定的工作能力，并充分发挥其积极性、自动性与创造性"[2]。除经常性的学习、生劳、康乐、社教活动外，围绕国是要政和思想教育要求，两校在广大师生中开展中心活动。如1949年度第一学期两校的中心活动有生产节约运动、团爱运动、修订公约活动、"保卫世界和平，庆祝人民政协成功和中央人民政府成立"活动、鲁迅逝世十三周年纪念活动、考试运动、评免运动、纪念苏联十月革命活动、世界青年日和世界学生周活动、民主改选活动、建团运动，以及纪念"一·二·一""一二·九"运动和冬学运动等。除了个人和集体开展的政治（时政）学习及讨论、反思和整改活动之外，学生还组织歌咏、戏剧、运动、写作、艺术、社教活动组及寄宿生俱乐部，在团总支、学生会和指导教师的带领下，用秧歌、活报剧、歌咏、报刊、板报和口头宣传、生产劳动等形式参与实践，参加城乡宣传。在全市性的纪念、庆祝活动中，两

南通师范腰鼓队合影

所师范学校组织领袖像队、红旗队、运动员队、化妆队、湘莲队、少年儿童队等积极参与。

在南通解放初期的中心运动中，抗美援朝、保家卫国运动和参军参干运动是两所师范学校持续时间较长、教育效

果鲜明、实践成果丰富的中心活动。1950年6月,美国在朝鲜发动侵略战争,9月美军越过"三八线",直逼中朝边境,10月中国人民志愿军跨过鸭绿江入朝作战。两所师范学校按上级指示,通过团组织、学生会重点开展时事学习,让学生初步认识到抗美援朝就是保家卫国的道理,并发起捐献寒衣运动。通州师范师生在五天内捐献棉衣211套,超额完成任务,超过部分占上级要求捐献数额的83%。11月下旬,两校开展全校性的时事学习活动,以级或班为单位,通过讲解文件、小组漫谈、公布资料、专题报告、控诉会、编辑级刊专号、回忆夕会、编剧表演等活动,在校园内营造抗美援朝的政治氛围,进一步统一思想认识。11月底,两校分别以全体学生名义,致电志愿军,致以崇高的敬意,誓作后盾。12月初,学校建立冬防委员会,以纪念"一二·九"运动为契机,开展捐献子弹援助志愿军活动,全体教职员带头认捐1120颗,并决定每天节约员工膳食费1万元,一个月折捐200颗子弹。学生以班级为单位进行捐献比赛,利用劳动课制作慰问袋;在市学联举办的"一二·九"纪念晚会上,通州师范学生表演了独幕剧《美帝暴行》。同月,通州师范行政、工会、团总支、学生会推派代表23人,组成学校抗美援朝、保家卫国运动工作委员会,发起参军参干运动。学校首先组织师生观看中国人民胜利主题的电影,举行题为"新中国艰苦缔造的经过""认清形势,了解当前学生的任务"的报告,进行参加军

通州师范参军参干同学与保送委员会成员合影

事干部学校的集体动员；又将之前报名参干的三十多名学生组成几个战斗队，让其在教师的指导、配合下深入各级各班做介绍、动员，有两位教师专程家访，花了12个小时说服师范一年级一位报名同学的家长支持孩子参军，之后报名人数增加到一百多人。12月18日，军事干部学校南通区招生委员会下达给12所中等学校第一批参干名额242人，分配给通州师范30名、女师15名，保送去向有学制2年的海军学校，学制1年的航校、炮校，学制8个月坦克学校，或参加电讯工作。两校立即组织保送委员会，再次组织报名大会。当天，报名学生数通州师范达到288人，南通女子师范176人，分别占到符合报名条件学生数的74.5%和57.7%；1951年1月，通州师范42人、南通女子师范27人通过体检、政审被录取。16日凌晨3点，通州师范学生41人、南通女子师范学生22人集中乘车出发，两校大多数师生去车站送行。7月，通州师范又保送第二批学生共14人参军参干。在此前后，两所师范学校均以继续宣传贯彻抗美援朝爱国主义教育为学校工作重点，作为教师教好、学生学好、学校办好的基本动力。1952年3月，志愿军归国代表团莅临南通，在更俗剧场作报告，南通女子师范学生王子平代表全市青年向志愿军归国代表团团长窦少毅献花，表达对最可爱的人的敬意。经过两校的精心组织，抗美援朝、参军参干运动取得了丰富的成果，据统计，至1952年2月，通州师范师生共捐献子弹2221颗，写慰问信392封，做慰问袋218只，捐慰劳品计70万元，参加中苏友协248人，制作宣传画1200多幅。

三、两所师范学校的办学发展与教学改革

（一）学校规模与多元办学

在办学规模上，据1949年度第一学期统计，通州师范共有12个班级，其中三年制师范5个班，一年制简易师范1个班，初中6个班；学生总计552人，其中师范240人、简师

52人、初中260人，男生428人、女生124人；教职员数42人，其中专、兼职教师26人（专任教员22人、兼任教员4人），职员16人。南通女子师范有14个班，其中师范6个班，初中8个班；学生总计695人，其中师范257人、初中438人；教职员数42人，其中专、兼职教师27人（专任教员23人、兼任教员4人），职员15人。在苏北行署和南通专署教育部门领导下，两校办学规模逐年扩大，到1951年度第二学期，通州师范班级数达17个，其中初师1个班、师范7个班，初中连夜班共8个、文史专修班1个；学生总计843人，其中师范生426人、初中生417人，女生152人；教职员52人，其中教师36人（专任教员34人、兼任教员2人），职员16人。南通女子师范班级数达16个，其中初师1个班、师范7个班、初中8个班；学生总计775人，其中师范生353人、初中生422人；教职员52人，其中教师37人（专任教员34人、兼任教员3人），职员15人。

在人才培养方向上，南通解放后，为适应新民主主义教育要求，面向工农开门，苏北行署和南通专署要求师范学校加快小学教师培养速度，增加培养数量。1949年度第一学期，通州师范执行1948年的计划、安排，开办一年制简易师范科，招收初中毕业生。同时，自1949年度第二学期开始，两所师范学校明确录取新生尽量招收工农子弟。从1951年度第一学期开始，南通专署委托两所师范学校招收三年制初中师范科各一级，招收高等小学毕业生；通州师范又面向工农招收初中夜班。1952年度第一学期，苏北行署批准通州师范开办高中范速成科，招收初中毕业生，学制一年；批准南通女子师范开办幼儿师范，招收初中毕业生，学制三年；同时将两所师范学校普通初中划出，使两校专办师范教育。在这一时期，两所师范学校也服务于工农，开设工友夜校，南通女子师范于1949年11月开学，通州师范则于1950年5月开学，夜校由学生会社教股成立的工友夜校校务委员会负责，师范生担任义务教员。通州师范首届夜校共计92人,除本校工友18人外,还有来自医学院、附小的工友和周边的农工学员。夜校分高、中、低三个班,开设国语、算术、文娱、常识和政常5门课程。

为满足解放后发展初中教育的师资需求,1949年7月,通州师范校委会商定创办文艺专修科,招收高中毕业生或同等学力学生,学制二年,以培养初中国文、美术师资。1951年5月,苏北行署文教处制定、下发《一九五一年下半年师范教育实施计划》,委托通州师范、扬州中学、丹阳艺术学校和苏北师资训练学校分别代办文史专修科、数理专修科、艺术专修科和教育专修科,培养能胜任初中各科教学的教师。7月,南通专署文教科两次行文正式通知通州师范增设文史专修科一个班50人,明确专修科学制二年,招收优秀的在职小学教员及应届高中师范科、高中普通科毕业生。8月至9月,通州师范组织两次招生考试,录取29人(后2名学员因个人问题退学),学生来自南通、启东、如皋、海门、泰州、兴化、涟水、崇明等苏北地区。1952年5月,苏北行署文教处又安排华东军区政治部外文学校11名学员插班学习。文史专修科办学经费由苏北行署文教处直接划拨,包括建筑费大米3万斤、设备费大米1万斤,同时专修科学生中原为小学教师的带薪学习,应届毕业生则每人每月发放津贴10万元。专修科聘请西南联大外文系毕业、任职南通女子师范的王楫为专任科主任,文史专家张振镛、童伯璋、姬步周为专任教师,张梅安、任哲维为兼任教师。专任教师薪给参照大学教师待遇,平均每月大米700斤,最高达1000斤,兼任教师每课时给津贴大米40斤,而当时学校师范部教师薪给最高为每月大米440斤。专修科课程分语文、历史、政治、教育四类,教学时间比重为4:3:2:1。具体科目分共同必修科目与分组必修科目两类,其中共同必修科目包括:语文(语法与修辞、中国文学史、各科文选读与写作、逻辑学)、历史(中国通史、中国近代史、世界史)、政治(社会发展简史、时事政策)、教育(教育学、文史教学法);分组必修科目包括:语文组(文艺理论与文艺问题)、历史组(历史研究法、专史)。1952年5月,文史专修班授课结束,举行毕业考试,并在学校初中部分组实习语文、历史课4周。随后赴苏中、苏北进行教育参观学

通州师范文史专修班毕业合影

习,并赴扬州参加思想改造学习。7月,专修科学生毕业,除2人留校任教外,其余学生由苏北行署文教处分回各地初中担任语文、历史教师。8月,按苏北行署文教处决定,通州师范文史专修科、扬州中学数理专修科、丹阳艺校艺术专修科和苏北师资训练学校教育专修科集中到扬州,合并成立苏北师范专科学校。文史专修科是南通师范历史上第一次举办的师范专科教育。

(二)调整与改进教学

在贯彻新民主主义教育的总方针下,为学习苏联教育经验,两所师范学校在教学方面及时调整、改进。

在课程设置方面,1949年初中开设政常、国语、算学、历史、地理、博物、化学、物理、生理卫生、美术、音乐、体育等12门必修课程,英语、俄语、簿记、经济常识4门为选修课程,自二年级起任选一门。师范开设政常、国文、算学、历史、地理、博物、化学、物理、劳作、美术、音乐、体育、教育概论、教导实施、小学行政等15门必修课;1950年改"教育概论"为"教育心理",又增加了"注音符号"课程;从1951

年取消"注音符号"课程,增加"教育概论""教材及教法"课程。为提高小学师资质量并充分发展学生个性,从师范二年级起设置选修科目。通州师范的师范二年级选修分甲、乙两组,每组三科,甲组为国文、应用化学、音乐,乙组为社会科学、数学、美术。学生在每组中任选一科,每周3课时;三年级选修设国文、美术两科,学生任选一科,每周4课时。1950年起调整二年级选修分组,国文、美术、音乐为一组,数学、社会科学、应用化学为一组。南通女子师范师范二年级选科分数理化、音乐与戏剧、美术与戏剧三组,数

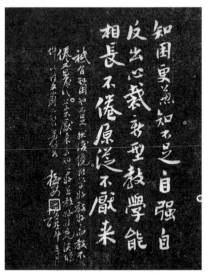

张梅安校长总结教学心得的题诗

理化组在数学、生物、化学中任选两门,每周各3课时;音乐戏剧组与美术戏剧组,音乐或美术每周4课时,戏剧每周2课时。三年级选修设美术、音乐两科,每周3课时。此外,简易师范将三年制师范历史、地理、博物、化学、物理等课程综合为社会、自然两门课,教育概论、教导实施、小学行政等课程综合为小学教育。

在学习时间方面,初中各年级周课时29节或30节,师范一年级周课时为31节,二、三年级和简易师范为33小时。从1951年度第一学期起,为贯彻毛泽东主席关于健康第一的指示,在改进学生伙食、加强保健教育、改进环境卫生的同时,两所师范学校重点调整学生的学习时间,规定每天上课、自修时间,师范生不超过9小时,初师、初中生不超过8小

时,保证学生9小时睡眠时间;学生参与社团活动,师范生每周不超过3小时,初师、初中生不超过2小时,且学生干部不超过规定时间的一倍;保证每天有固定的活动时间,除早操20分钟外,每天下午安排体育活动1小时、文娱活动半小时;课外作业每周总时间不超过14小时,其中6小时用于复习巩固,8小时用于各科作业。

  在教材选配方面,1949年两所师范学校初中、师范的数、理、化、生课本多选用开明、中华、世界、北新等书局及商务印书馆、上海书店所编适用教材,国语、国文、政常、历史、地理课程则选用中共中央设立的新华书店及在其帮助下组建的上海联合出版社新编的教材,如新华书店出版的《初(高)中国文》《青年修养》《政治经济学》《中国历史课本》《近百年史话》《高中本国史》《中国新民主主义革命史(初稿)》等,上海联合出版社编印的《中国革命读本》《外国历史》《世界地理》等。师范教育类课程则用教师选编讲义。1951年,教育类课程确定了参考用书,如教材教法课程使用教育部制定的《小学课程暂行标准初稿》(上海联合出版社),小学行政课程使用教育资料丛刊社编《小学的行政管理》和《小学校的少年儿童队》(新华书店)。

  在教学计划与课程标准方面,为加强教学领导,提高教学效率,保证教学质量,推进新型正规化学校建设,两所师范学校率先借鉴抗日根据地、解放区和苏联经验,探索教学改革。首先,统一教学计划,在1949年度第一学期教导计划中专门制定了"各科教学要求和方法",教学要求分为文化要求、思想要求,教学方法分教学要则、教学过程,同时编排教学进度。至1950年3月,通州师范制订《教学计划办法》,要求"各级各科必须根据各年级应达到的目的、要求和速度,针对学生的思想情况和文化程度,制订全学期的教学计划"[7]。教学计划分要求、教材、进度和教法四部分,各级各科要求根据具体教材分别拟订；教材要标出书名，不用书的须注明参考书主要来源；教学进度依据教材基本要点并参照学生的程度和每周教学实践来确定；教学方法分课堂教学、课外指导和效果检查方面。在计划制订过程中，强调同年级各科由两个以上教师任教的，须共同拟订；计划拟订过程中须吸收学生的意见，作为参考；制订步骤是先由各学科研究会分别讨论具体拟订办法，然后由各科教师拟订，再经各学科研究会讨论、通过后交教导部审定。同时，在新中国成立以后，师范学校被逐步确定为技术性学校，在教学上原来部分课程是依据初、高中要求和教材，如国文、数、理、化等，师范教育类课程则未有统一的要求及教材、教参。为体现师范教学的"技术性""专业性"，南通两所师范学校在过去长期积淀的基础上积极探索，推进师范教学新规范的确立。1951年8月，苏北师范教育会议在扬州举行，通州师范专门拟订了师范语文、数学、物理、化学、教育通论、教育心理、群众教育、小学各科教材及教法、小学行政等9门课的课程标准草案，供会议交流、讨论，每门课标分目标、教材大纲、教材编写说明、教学方法要点等内容。同时，又编写了《教材及教学法教学纲要》《教育心理学教学纲要》提交苏北中等教育暑期研究会师范教育组研讨。由于通州师范在新时代师范教育教学上的探索已取得一定成绩，教务部副主任曹凤南被推为苏北区代表，参加了1951年8月至9月教育部在北京召开的第一次全国师范教育会议。在课堂教学上，通州师范要求"教师备课以个别备课为基础，在此基础上要求逐步做到同年级同科目的教师或同学科的教师进行集体备课"[4]，并且在1949年度第一学期即引入苏联教育家凯洛夫组织教学、复习旧课、讲解新课、小结、布置作业的"五环节课堂教学法"，在校内研讨"复问"（复习旧课）环节的操作问题和课外作业项目与分量问题。在学生学业和成绩评定方面，1950

年度第一学期，通州师范校委会决定采用苏联"五级分制记分法"，先在师范三年级两个班试行，自第二学期起全校试行。学校在编印、学习《苏联五级分制记分法》的基础上，制定了《试用五级分制的学业成绩记分方法的草案》，规定了记分项目、记分标准（语文学科、数理科、教育与政治科、史地科、劳作科、美术科）和记分方法。1951年4月，补充完善了音乐科、体育科记分标准，决定全校试行"五级分制记分"，并将制定的《五级分制的品行成绩记分法》报经专署文教科核准后试行。1951年度第一学期，南通女子师范也开始试行"五级分制记分"。

通过教学改革，两所师范学校逐步在教学内容、方法和组织形式方面构建起具有"师范性"特点的教学体系，使师范教育教学水平有所提高，既为学校在新中国培养一批具有教学理论素养和丰富教学经验的师范教师奠定了基础，又为提高师范生培养质量奠定了基础。

（三）附属小学与师范教育实习

南通解放后，南通女子师范初中部并入南院，附属小学继续在珠媚园办学，改称第一附属小学，原附小二部改为第二附属小学。第一附小由缪镜心任校长，下设教导处、总务处。至1952年度第一学期，在学小学生共791人，分16个班；教员30人，师范毕业26人，高中毕业4人；学生一学期学费低级每生1.6万元、中级2.4万元、高级2.9万元，减免额占应收学费的46.32%。1951年8月，苏北行署文教处决定改第二附小为南通市立小学，改纪念小学为第二

1952年南通师范附小组织实习公开课

附小，由省拨款并添设幼儿园。改设时第二附小由张惟明任校长，下设教导、研究、社教、总务4处；学生共557人（包括幼儿园68人），小学生分为11个班，幼儿班1个；教员20人，均为普通师范或高中毕业；学生一学期学费低级每生米14斤、中级22斤、高级27斤，减免额占应收学费的46.32%（其中烈军属占2.86%、工农子弟占29.73%、清寒学生占13.73%）。通州师范附属小学由吴志仪任校长，刘志唐任副校长兼教导主任，学校设教导、总务、研究三处。1950年度第一学期，通州师范附小学生共918人，分16个班；教职员29人，均为师范或高中毕业，且大多数住校。

　　为提高师范教育质量，两所师范学校重视附属小学的建设与发展。首先，加强对附小领导，使师范部与附小密切联系。规定附小在师范校长领导下开展工作，师范教导部主任具体负责协调；附小校务计划纳入师范校务计划并互相保持一致；师范和附小的校长、主任相互出席校务会议；附小按期向师范汇报工作，重要问题向师范请示。其次，相互配合，加强研究工作，吸取经验，改进教学。附小在师范部指导下，组织各科研究会，学科组长出席师范学科会议；师范各学科教师除学科组长及指定人员参加外，其他教师应尽可能参加附小教学研究工作；师范与附小定期组织观摩教学，双方同性质科目教师共同参与；师范教育学科教学，应与附小实际结合，并协助附小教学的改进。最后，做好实习指导工作，使理论与实践相统一，提高师资培养品质。附小承担师范生实习工作，全体教师负责实习指导并参加实习报告会，给师范生做分享教学经验的讲座。1951年2月，苏北行署文教处发文指示：师范与师范附小为领属关系，师范对附小应负领导责任；所在县市与附小为指导与被指导关系，县市对附小应予指导。

　　对师范生实习，两所师范学校在1949年度第二学期制定了《教生实习计划草案》，明确规定了实习内容、目的、要求、指导组织、实施要领、成绩评定，并附实习教案、实习报告用表样式。其中，实习内容包括教育的整个活动，既有教学实习，也有学校行政实习，并且小学各学科和学段及单复式，力求普遍；师范学校校长、教导主任、教育学科导师与实习学校校长、教导主任及各阶段指导教师代表组成"教生实习指导委员会"，负责实习计划与指导工作；实习时间一般在师范三年级第二学期的五六月，前后六周至八周时间，大体分实习准备一周，参观一周，见习一周，教学实习三周，行政实习两周，实习总结三天。见习事项分校务、教务、生活指导、总务、社教、研究、级务、各科教学等项，听取实习学校各项事务概况报告，见习事项由实习指导委员会指定一项，分组进行，见习结束分组举行研究会，并由学生编制见习报告。教学实习采用包级重点制，三周时间内以实习除幼稚级、六年级以外三个不同的阶段为原则，实习年级与科目由指导委员会排定，每日课后分组召开实习批评会，每单元实习后实习生撰写实习报告交指导老师，第三周举行实习公开课。行政实习内容为各科教学以外各事项，实习生事先编制实习计划，实习事务指导教师随时记录视导意见，实习事项完成后实习生须编制书面报告交指导教师。全部实习结束，实习生、实习小组、指导委员会分别编制实习总报告；实习成绩按参观、见习各占总成绩的10%，教学实习占50%，行政实习占10%，实习态度占20%的比例评定，实习过程中一切记录、表簿及各项成绩由实习学校校长整理后交师范教导部。

参考文献：

  [1]校董会议记录[C].南通师范高等专科学校档案馆馆藏原件,1950-08-18.

[2]私立通州师范学校一九四九年度第一学期教导计划[A].南通师范高等专科学校档案馆馆藏油印件,1949.

[3]私立通州师范学校.苏北师范教育会议准备材料[A].南通师范高等专科学校档案馆馆藏油印件,1949.

[4]苏北私立通州师范学校一九五一年度第一学期校务计划[A].南通师范高等专科学校档案馆馆藏油印件,1951.

[5]通州师范学校一九四九年度第二学期教导计划[A].南通师范高等专科学校档案馆馆藏油印件,1950.

[6]苏北南通师范学校一九五二年度第一学期校务计划[A].南通师范高等专科学校档案馆馆藏油印件,1952.

[7]私立通州师范学校.各学科研究会主席联席会议第二次会议记录[C].南通师范高等专科学校档案馆馆藏油印件,1950.

第三节 通州师范改公历程

张謇创办民立师范学校,是其建议创设官办师范学校遭到守旧官僚激烈反对,只得先通过民立方式来倡导师范教育的无奈之举。但通州师范创办以后,无论是在经费还是地位等方面,其民立的性质使其生存与发展都遇到诸多困难。因此,通州师范一直致力于改民立、私立为公办,但数度尝试均未获得成功。

新中国成立以后,通州师范改为公立学校的条件逐步成熟。1949年12月,教育部召开第一次全国教育工作会议,明确了改革旧教育、发展新教育的方向,并强调对中国人办的私立学校"一般的采保护维持,加强领导,逐步改造的方针"[1]。在新民主主义教育方针指导下,人民政府有计划有步骤地改造了旧教育,接管各级公立学校,并从1952年下半年开始,逐步将全国私立中小学和高等学校改为公立。依据逐步改造方针,自南通解放起,南通专署、苏北行署通过思想教育、干部调配、教师聘用、教学管理和经费补助等措施,逐步加强对通州师范的管理和改造工作。

在思想教育上,自南通解放以来,通州师范全体师生员工,通过学习苏联、支持土改、拥护抗美援朝、积极捐献飞机大炮、制订爱国公约,以及参加镇压反革命和"三反"、"五反"运动等一系列政治性活动的洗礼,思想觉悟和政治素养有了很大的提高,对党的路线方针政策有了更加明确和深刻的认识。在干部调配和教师聘用上，1949年6月，南通专署规定私立中等学校教师任免须报专署批准，不少教师由专署文教科推荐到通州师范任教。1950年12月，苏北行署文教处又通知通州师范：在职教师调往外地工作必须通过组织决定；学校干部尤其是教导部主任、副主任的任命须报专署或行署文教处批准；教职员的薪给，亦取决于政府主管部门。通州师范的教学管理也被纳入政府部门的主管渠道。例如，1950年12月，苏北行署文教处通知，师范三年级学生在整个冬学运动期间，应以全部时间有计划地配合与参加各地冬学工作，并列为考试项目之一。1951年4月19日，南通专署文教科对中等学校（包括通州师范）本学期的主要工作、中心活动、教导计划，以及集体领导、经济公开、教师学习和向工农开门等问题作了具体指示，并要求通州师范排课要像南通女子师范那样，每月安排教师半天时间集中学习。在经费补贴上，南通专署帮助通州师范解决办学困难。如1949年南通解放当月，苏皖九专署教育处就补贴通州师范的师范生本学期每人大米60市斤。从1950年起，南通专署教育处拨给通州师范人民助学金名额100名，每人每月大米60市斤。为此，学校成立"人民助学金评议委员会"，在学生申请的基础上进行评议，公示并征求全体学生的意见，最后确定人选。从1951年度第一学期起，通州师范为专署代办师范2个班、初师1个班，为苏北行署代办文史专修科，所

1952年7月南通师范改公时的毕业生合影

有开办费和常费均由专署文教科和行署文教处拨给，同时学校师范、初师各级学生全部享受人民助学金待遇。因此，通州师范的行政和业务已由专署文教科和行署文教处直接领导。

南通城解放后，学校继续使用"私立通州师范学校"校名，1951年1月更名为"苏北私立通州师范学校"。学校校董会主要负责办学经费的筹集和校产的整理、处置。如1951学年度办学经费包括学费4287.96万元、杂费2858.64万元、宿费4321.12万元、校董会筹拨4.21亿元，校董会拨款占学校年度总收入的78.59%。以往作为通州师范收入重要来源的基产，在1950年6月前后除保留三元桥校址前田8亩、三元桥东田22.4亩、易家桥北田30亩、通明宫地3亩，用于扩充运动场、重建学生校外宿舍和员工住宅及作为学生生产劳动基地外，其余包括高墩沙、刘海沙学田在内的数千亩学校基产，大多交由当地土改委员会处理。如1949年10月，南通城内江家桥田产和望仙桥地产划归南通医院和养老院所有，查坝桥桑树园地赠给市劳动改造所。因此，学校经常费主要由大生纱厂补助，校董会拨款中80%由大生纱厂按月拨付，折中籼米大致每月领取130石至170石。但南通解放初期，"该厂营业不振，补助费未能按期拨付，致使学校不时经济恐慌，本校经费前途实堪忧虑"[2]。如1949年8月之前，学校向主席校董张敬礼借中籼米17.5石，维持教工伙食。新学期开学，不得不再借中籼米50担，以维持员工生活。办学经费问题已成为学校维持办学、谋划发展的最大阻碍，只有改为公办学校才能彻底解决问题。为此，副校长张梅安在1950年8月举行的校董会上提出学校建设的重点工作是"要公立化，打破本位主义、私有观念，对制度建立和领导精神的体现上，要争取和公立校同化"[3]。

到1952年，在南通专署逐步加强管理和改造的情况下，南通私立学校陆续重组、整合和改制。如1949年2月,私立精进中学并入私立崇敬中学;1950年,私立永信初中和新华夜校267人转入公立中学,余120人降一级转入五爱中级文化学校。此外,通州师范附属博物苑已经历了一个改公过程。具体情况如下。

1949年9月,通州师范参加南通市各界人民代表会议的代表向大会呈送了"修理博物苑,收回陈列品"提案,同月,南通文化名人费范九将其收藏的通州先民书画赠送给通州师范收藏。10月,通州师范校董会明确博物苑仍由师范学校负责管理。1950年11月,通州师范校董会张敬礼、姚味香、于忱、顾怡生、曹书田、张梅安等校董与管劲臣、范北强、蔡观明等地方文化人士17人组织博物苑建设委员会,决定向社会各界筹集款项,修缮博物苑,并推举管劲臣、尤勉斋负责,依托通州师范事务部组织修建工程。博物苑修建工程从1951年3月开始,至7月完成修复,工程费用总计2.74亿元,其中苏北行署文教处拨款0.5亿元,大生纱厂和泽生船闸公司拨款0.95亿元,通沪两地热心人士捐款约1.1亿元。1952年4月,通州师范决定将博物苑移交南通市政府管理,并将通州先民书画移赠博物苑;6月学校与南通市人民公园完成所有移交手续。

正是在上述背景之下,1952年年初,根据各方面形势发展的需要,通州师范决定申请将学校改为公立,并争取升格为师范学院或师范专科学校。

1952年1月,主席校董张敬礼致函各位校董,征求对通州师范改公和升格的意见。校董会达成共识,一致同意向苏北行署文教处正式呈请改公及升格。呈文如下:

> 本校创办于一九〇二年,至一九五二年,已经有五十年历史,造就师资先后达二千二百多人。抗日战争期间,校舍全部被毁,迁校于海复镇坚持抗战

教育。日寇投降后，就原址建造钢骨水泥楼房平房二四七间，为今后校舍的发展定基础。解放以后，在党和教育行政机关及教育工会的正确领导之下，校务日益发展，班级数由十二学级发展为十七学级，学生亦由五百八十人增加到八百六十三人，教职员工数由五十四人扩增为八十五人。学校一切工作，在一定的计划、步骤之下稳步前进，尤其在思想领导和教学方法方面，从实践中努力不断改进，获得提高。基于学校发展的历史，全体师生员工一致有把学校改为公立的要求，从一九五一年起，全校师生即在学校行政与工会委员会的号召之下，从各方面努力准备条件。按照政务院颁布的新学制的精神，师范学校要在全国师范教育系统的领导之下统一考虑，本校不应保持私立，应归公办；而为适应国家当前迫切的建设需要，须大量培养人民教师师资，本校不应再为兼办初中的混合编制，应成为单纯的专业学校。本校经过一年多的准备工作，不但在物质方面具备了变更学校性质的条件，在思想方面，也经过了相当时期的酝酿，我们认为，通州师范学校改为公立，在物质条件方面是可能的，在当前国家教育事业发展的形势下，也是必要的，因此，我们提出这样的要求：改设为师范学院或改设为师范专科学校。

师范学院在苏北有增设的必要，本校是苏北办理师范教育具有较久历史，在解放后具有一定成绩的师范学校之一，我们的校舍、设备、环境，尚能符合要求，因此，本校有条件改为师范学院。如不能改为师范学院，则为培养初高中师资，举办二年制和一年制的专修科，计教育、语文、史地、心理、艺术十个班，兼办初级师范及初级师范速成班十二个班，共办理二十二个班，初级中学停办。除寝室须添建一部分外，其他场所尚敷应对。

为求符合新学制的要求，并充分发挥学校设备的潜在能力，更好地为当前迫切的建设需要服务，特提出上列要求，究竟如何付诸实施，请予考虑并转呈决定。本校经费，向由南通大生纺织公司提供，拨助一个时期，作为充实设备之用，借以解决学校一部分困难，此项意见是否有当，并祈核示![4]

6月，南通女子师范召开校务会议，讨论提交苏北公私立中等学校校长会议材料，其中提出南通女子师范与通州师范两校合并的建议。如不合并则主张一校专办初中，一校专办师范；或者在城南地区创办一所规模较大的初中，把两所师范学校初中部全部划出，南通女子师范全办幼师，通州师范全办普师，或者南通女子师范兼办普师、幼师，全收女生，通州师范办普师，全收男生。不久，行署文教处指令两所师范不合并。1952年7月17日，苏北人民行政公署主任惠浴宇签发苏教人字第91号命令，批准私立通州师范学校改归公办。内容如下：

你校呈请变更学校性质，改归公办一事，曾由本署文教处将你校办理情况和提请改为公办的理由，以教中字一七四号文报中央人民政府教育部核示。兹接华东教育部转中央人民政府教育部师字第〇二四号复函，同意你校改归公办。特转知遵照。并将由私立改归公办过程中有关事项作如下规定：

1. 自文到日起，你校改名为"苏北南通师范学校"。校印长戳依照规定格式自刊，报模备案后启用。

2. 委任张梅安为校长，马骏为副校长，希即接任工作。原任校长于忱年老,同意其退休;至应发退休金数额,可由学校报请批核。

3. 本学期即将结束,所需各项经费,除人民助学金外,仍应通过校董会洽请大生厂援助。

4. 按师范学校规程中"师范学校不应由私人办理"的规定,结合你校创办多年的实际情况,应在师生中动员。澄清某些错误看法,俾改办工作得以顺利进展。

5. 对学校的一切财产(包括校舍、校具、图书、仪器、表簿册籍)及有关文件资料,应协同校董会组织专门人力,进行清查交接,并分项缮册送本署文教处备查。

以上各点,统希遵照办理。

8月1日,正式启用"苏北南通师范学校"新印。至此,南通师范作为全国第一所民立师范学校,终于名正言

通州师范改公前后的学校印章

顺地真正成为国家、人民的公共财产和事业。当然,改公之时,校董会和大生纱厂依旧在经济上对南通师范予以支持。8月14日,大生纱厂通过校董会一次性拨给南通师范3亿元,帮助学校兴建校外女生宿舍,这也是大生纱厂支持南通师范建设的最后一次巨额拨款。

8月26日,南通师范召开最后一次校董会。校董于忱、顾怡生、张敬礼、张梅安、孙卜菁、曹书田、丁冲、袁翰青(胡履之代)等8人出席,张象离、吴志仪、陆文蔚列席,主席校董张敬礼主持。会上张梅安校长报告呈请学校改归公立的经过及学校建筑设备等情况,总务主任张象离报告1951年度

学校收支概况，附小校长吴志仪报告1951年度附小收支概况。校董会研究决定：第一，推定曹书田、胡履之审查1951年度师范及附小决算。第二，改公立以后，师范部所有大生厂、淮海银行、

通州师范最后一次校董会记录

翰墨林印书局股票，由南通师范校长呈文苏北行署文教处请示处理办法，然后按指示办理。附小部分市房，如学校发展需要留用的部分仍归校有，不需用的部分交南通市政府接收管理。第三，于忱、顾怡生、尤慎铭退休金由校董会具函大生纱厂，按照薪金数按月支拨。第四，关于具体交接问题，由前任校长于忱移交，现任校长张梅安接收，丁冲科长及张敬礼校董监理。第五，改公立后，创校人及于忱、顾怡生、尤慎铭三位老先生的照片和历年经费来源统计表等，悬挂于校内图书馆或专室陈列，永资留念。会议最后，前任校长于忱、现任校长张梅安、科长丁冲及主席校董张敬礼在移交清册上签名盖章。会后，交接手续连同移交清册，报苏北行署文教处鉴核备查。其中，校产清册中大生一厂股票13张计22888660股（每股原值伪币10元）、大生三厂股票9

张梅安校长的任命书

张1833260股（每股原值伪币10元）、淮海银行股票1张20股（每股原值伪币100元）、翰墨林印书局股票1张1372股（每股股金银5两）。9月25日，南通师范按文教处指示将以上股票移交交通银行南通办事处。

1952年10月，南通师范召开改公后第一次校务会议。会议决定聘季修甫为政治学科组长，曹祖清为教育学科组长，唐雪蕉、陈云谷为语文学科组长，徐立孙、王炯为自然学科组长，王育李为史地学科组长，戚豫章为艺术学科组长，进一步完善教学管理机制。

南通师范改为公立学校后，停办初中，专向发展师范教育。经苏北行署文教处批准，1952年度第一学期，南通师范招收高中师范科2个班，高中师范速成科3个班，初中师范科2个班，文教处拨给增级费2亿元，连校内原有高师6个班、初师1个班及接办海复中学高师2个班，女师转并来初师1个班，共17个班级，学生总计831人；教职员工109人，其中教师40人、职员19人、工人34人。南通女子师范同样停办初中，1952年度第一学期招收幼师4个班，连校内原有高师5个班、高师速成科2个班，共11个班级，学生总计527人；教职员工79人，其中教师35人、职员19人、工友25人。两校初中部与私立崇英女子初中（即南通市第一中学前身）、商益学校（即南通市启秀中学前身）合并成立公办"南通市初级中学"，该校分一、二部：一部在原崇英女子初中办学，二部在原商益学校办学，1953年南通市初级中学第二分部更名为"南通市第二初级中学"。

1953年苏南、苏北行政公署合并成立江苏省，6月南通师范和南通女子师范分别更名为"江苏省南通师范学校"和"江苏省南通女子师范学校"。1958年5月，经江苏省人民政府批准，两所师范学校合并，仍称"江苏省南通师范学校"。

参考文献：

[1]中国教育年鉴(1949-1981)[M].北京：中国大百科全书出版社,1984:685.

[2]私立通州师范学校校概况表(1950年6月)[A].南通师范高等专科学校档案馆馆藏油印件,1950.

[3]校董会议记录[C].南通师范高等专科学校档案馆馆藏原件,1950-08-18.

[4]苏北私立通州师范学校校董会为呈请变更学校性质改归公立设为师范学院或师范专科学校祈鉴转批准由[A].南通师范高等专科学校档案馆原件,1952.

后 记

  1992年我大学毕业被分配到江苏省南通师范学校担任历史教师。那时在学校教务处里边的一间办公室，已离休多年的杨得心老校长正孜孜不倦地整理着南通师范的校史资料，补编校友录，编写大事记。因为我学历史的缘故，杨老校长也经常跟我讲一些南通师范的光荣历史。2001年至2002年，我和时任学校教科室副主任的曹炳生老师一起参与了百年校庆筹备工作，我们帮助策划了校庆活动方案，编辑了《百年通师》画册，并拟两人分工编写一本百年校史。后来，由于曹老师调到南通市一中工作，因此校史仅写成一小部分，未能最终成稿。2006年，学校组建校史编撰工作组，由刚退休不久的朱嘉耀校长领衔主编，沈行恬副校长、培训处王建维主任、科研处张静秋处长、语文学科陈艺鸣老师和我一起参与了《南通师范学校史》（第一卷·纪事）的编写，该书整理了1902至2005年南通师范的大事编年和要事本末，并由南京师范大学出版社在2012年12月出版。

  "江海文化丛书"总编尤世玮先生认为，南通师范是实业家、教育家张謇创办的中国第一所民立师范学校，是南通学校教育的源头，且办学不辍，代有发展，在120年的历史长河中已然成为"江海文化"的一张靓丽的名片，故而2021年1月，他鼓励我写一本《南通师范史》，并建议主要叙述学校前50年民立、代用、私立时期的历史，兼及同时期南通女子师范和两所师范学校附属小学的沿革变迁。在写作过程中，我将南通师范前50年的历史分成了四个特征鲜明的发展阶段来叙述，但由于这四个时期存留下来的史料不等量，如在全面抗战时期，两所师范学校之前三十余年的档案、文献在战火中大部分散佚、损毁，而当时保留下来的办学资料更少之又少，相较而言南通女子师范更甚一些。所以，本书对这四个时期历史叙述的篇幅和详略不同。总体而言，前两个阶段篇幅长，对南通师范历史的梳理详细些，南通女子师范则显简略，其中的不足只能留待今后有关历史文献有所发现之后再做弥补。

经过两年的时间，本书终于完稿。但如果没有杨得心老校长在生前用数十年时间收集、整理的校史资料，没有朱嘉耀老校长领衔梳理的学校大事编年和要事本末，则很难撰成本书，这也算是前人栽树，后人摘果了。同时，因水平所限，撰述难免有错漏舛误之处，敬祈指正，以便今后修订完善。

都 樾

2022年12月